JN228231

最速で経済的自立を実現する方法

FIRE

Financial Independence, Retire Early

グラント・サバティエ＝著　岩本正明＝訳

朝日新聞出版

ものごとの真の姿を見たいのなら、
固定観念を捨て去る心構えが必要だ。

――ティク・ナット・ハン
（ダライ・ラマ14世と並ぶ世界的仏教者）

FINANCIAL FREEDOM
:A Proven Path to All the Money You Will Ever Need

by Grant Sabatier

Copyright © 2019 by Millennial Money LLC
All rights reserved including the right of reproduction in whole or in part in any form.
This edition published by arrangement with Avery,
an imprint of Penguin Publishing Group,
a division of Penguin Random House LLC
through Tuttle-Mori Agency, Inc.,Tokyo

Book Design 遠藤陽一（design workshop jin）

FIRE【ファイア】

Financial Independence（経済的自立）と
Retire Early（早期リタイア）の頭字語。
雇われ仕事をすることなく不労所得だけで
毎年の生活費を賄えるよう貯蓄と節約に励み、
できるだけ早くリタイアしようとする考え方。
お金の悩みから解放され、
お金のために働く必要がなくなること。

2010年、当時25歳のグラント・サバティエは朝起きると、
自分の銀行口座に2・26ドルしかないことに気づいた。
それから5年、彼の純資産は125万ドルを超え、
30歳ですでに経済的自立に到達していた。
それまでの過程を通して彼が気づいたのは、
お金や仕事、リタイアに関する従来の考え方のほとんどが間違っている、
不完全、もしくは時代遅れだったということだ。

本書はあなたが心から好きなことに人生のより多くの時間を使えるよう、
より短い時間でより多くのお金を稼ぐためのやり方を教えてくれる懇切丁寧な手引書だ。
これまでは数十年間、9時5時の仕事を続け、さらに毎日の支出を切り詰めることで、
ようやく65歳でリタイアできる権利を得られると言われてきた。
本書はそうした従来の定説にノーを突きつけ、新たな考え方を提示してくれる。
あなたが望む生活を実現するためには、
これまでのお金にまつわる定説をすべて忘れろというのだ。

サバティエは次のようなテーマについて、
直感に反する意外なアドバイスを提供してくれる。

- 不労所得やフルタイムの事業に転換できるような儲かる副業を立ち上げる。
- 幸福を感じさせてくれるものを諦めることなくお金を貯める。
- これまで可能だと思っていた以上のものを会社から交渉によって勝ち取る。
- より少ない費用で世界を旅行する。
- タダで生活する——もっと欲を言えば、いまの生活環境からお金を稼ぐ。
- ほとんど手間のかからないシンプルながらお金を稼げる投資ポートフォリオを構築する。
- 創造力を働かせる——世の中にはお金を稼げる多くの方法が転がっているが、我々は単にそれを見逃している。

サバティエが強調する何よりも大切な教訓は、
あなたのお金を稼ぐ能力は無限だが、あなたの時間は有限だということだ。
また、節約には限度がある一方、あなたが稼げる収入には限度がない。
誰も自分の嫌いな仕事をしたり、家計のやりくりで悩んだりして、
人生の貴重な時間を無駄にすべきではない。

おそらく最も驚くべき事実は、
30歳のときの方が65歳のときよりも少ない貯蓄額でリタイアできるということだ。
本書は決して単なるアドバイスリストではない。
できるだけ早く思い通りの人生を送るための、成功が約束されているロードマップだ。

著者のグラント・サバティエは
読者数が1000万人を超える「MillennialMoney.com」の創設者で、
CNBCでは「ザ・ミレニアル・ミリオネア」と呼ばれた。
パーソナル・ファイナンス、投資、アントレプレナーシップ、
マインドフルネスについて主に執筆し、
ポッドキャスト「Financial Freedom」のホストも務める。
シカゴ大学を卒業し、これまでにニューヨーク・タイムズ、
ウォール・ストリート・ジャーナル、ワシントン・ポスト、
NPR、マネー・マガジンなどのメディアで取り上げられた。
フォルクスワーゲンのキャンピングカーで旅をしていないときは、
ニューヨークに住んでいる。

FIRE

目次

FIRE contents

第1章

お金とは自由

MONEY IS FREEDOM

私は5年でいかにして
2.26ドルを100万ドルに増やしたのか

「グラント、起きなさい！」

階段の下から母親の大きな声が聞こえてきた。時刻は午前11時。私はその声を無視して二度寝を決め込む。子どものころに使っていた寝室で目が覚めると、中学時代にタイムスリップしたような錯覚を覚えた。ただ、私は当時25歳。失業中で、両親と同じ屋根の下に住んでいたのだ。私のようなミレニアル世代にとっては、特段珍しくもない境遇だった。

2010年8月。2カ月ほど前に新聞社のリサーチャーの仕事を解雇された後、私は実家に戻った。うちで寝泊まりしてもいいけど、3カ月で出て行ってね。お金は一銭もやらないよ。両親にはそう言われていた。毎晩夕食のとき、目を合わせない私を疑い深い目で見ながら、職探しはどうなっているのか問い詰められた。

実はすでに、仕事を探すのはやめていた。その1カ月前から、200枚以上の履歴書を送っていたがなしのつぶてだった。やる気を失うには十分な数だ。

その朝、ベッドで寝返りを打ちながら、足元の経済状況のことだけは考えまいとしていた。いずれにせよ、もっと原始的な欲求に襲われていた。チポトレ［訳註：米国のメキシカンフードチェーン］のブリトーが無性に食べたかったのだ。

預金残高が底を突きかけているのはわかっていたが、しぶしぶ携帯電話で残高を調べてみた。失業した後に「DO NOT TOUCH（手をつけるな）」と名付けていた普通預金口座には、1セントしか残っていなかった。当座預金口座の残高もそれほど変わらない。2・26ドルだ。

Watch demos　From Citibank

Last visit: 08/26/2010

Account Summary

Checking	On Deposit	Available Now
Checking: XXXXXX4510	$ 2.26	$ 2.26

Savings	On Deposit	Available Now
DO NOT TOUCH	$ 0.01	$ 0.01

ブリトーどころかサイドメニューのグアカモーレでさえギリギリだ。そのときの気持ちを忘れずに将来のモチベーションにしようと、私はその預金残高の写真を残しておいた。毎日思い出すように私はその写真をクローゼットの中にかけ、今でも毎朝見ている。

打ちひしがれてはいたものの、お腹は空いたままだ。私はターキーのサンドイッチを手作りし、裏庭に出た。夏のワシントンD．C．郊外にしては季節外れに涼しかった。あたりには芝刈り機の音と夏休みの最後を楽しむ近所の子どもたちのはしゃぎ声が響き渡っていた。

子どものころに何度もそうしたように、私は芝生の上に身を投げ出した。ワシントン・ナショナル空港に向かう飛行機がときおり横切るだけの澄みわたる青空を見上げながら、どうして自分がこんな風になってしまったのか、いまの境遇に至る過程を思い返していた。私は「やるべきこと」を常にやってきた。トップの大学に行き、がむしゃらに勉強し、良い成績を取り、卒業前に仕事のオファーをもらっていた。大学卒業後は分析会社で働き始め、富と成功へとつながる道を歩んでいると思っていた。ところが実際は、大きなものを犠牲にしていたのだ。

会社のあるさびれたオフィスパークまでは、家から2時間もかかった。建物の窓は閉めきられており、オフィスの管理人がエアフィルターを取り替える労を惜しんだため、空気はいつもよどんでいた。まぶしすぎて見えないくらいの蛍光灯の明かりに照らされながら、幅4フィート［1・2メートル］ほどのブースに座って仕事をしていた。

成果を出して上司に気に入られようとするあまり、家に帰り着くころには気晴らしすらできないほど消耗しきっていた。テレビの前ではもうろうとする。退屈しのぎに過食に走り、20ポンド［9キロ］も体重は増えた。翌日のことを心配するあまり、いつも疲れていたのになかなか寝つけなかった。朝の4時50分に目覚ましが鳴ると、同じ1日を繰り返すためだけにベッドからはうように出る。オフィスで仕事をこなしながら、パソコンの時計で自分の人生が刻一刻とすり減っていくのを眺めていた。

「じきに慣れるから心配するな。ようこそ、これが現実社会だ」

私が愚痴を言うために電話をすると、父親はそう励ましてくれた。

こんな生活にもすべて価値がある。オフィスのデスクに座って働く1秒、そうやって稼ぐ1ドル。小さな努力を積み重ねていくことで、遠い夢の将来に近づくことができる。いつしか理想とする生活を送れるようになる。私はそう自分を納得させようとした。ところが現実は、生活に必要なお金を稼ぐために、自分の時間を犠牲にしていただけだった。月に2回お給料をもらい、その日暮らしをする。1回目の給料は家賃に消え、2回目の給料で増える一方のクレジットカードの請求金額を支払う。

月末にはお金を残そうと自分に言い聞かせるのだが、実際は稼いだ額よりも使っていた。平日ずっと身を粉にして働くため、週末には外で散財してしまうのだ。懸命に働き、懸命に遊ぶ。それの何が悪いんだ？　来月こそはお金を貯める。もっと稼げるようになったらお金を貯める。もっと歳をとったらお金を貯める。私はそう自分を納得させた。

ところが仕事を始めて6カ月後、会社に十分な利益をもたらしていないという理由で私はクビを言い渡された。その後自分で計算してみると、その6カ月の間、1万5500ドル（税引き後）を稼ぐために人生の1400時間を仕事に捧げていた。その結果、何も手元に残っていないどころか、クレジットカードには1万2000ドルの借金が残った。

その後の2年間、失業と転職を繰り返したが、私は一銭もお金を貯めることができなかった。お金の心配をするあまり、私は不安発作に苛まれ始めた。心臓が止まるのではないかと感じるほど、発作はひどかった。このまま死ぬかもしれないと本気で思った。人生で最良の時期の最良の時間を、月2回の給料のために使い切っていたのだ。

ひどい話だが、こんな経験をしているのは決して私ひとりではない。ギャラップが行った2017年の米国労働人口調査によると、米国の7割もの従業員は仕事にやりがいを感じていない。一方、69％の米国人は預金額が千ドル以下で、貧困や破産、莫大な借金と隣り合わせの生活だというのだ。

グレート・リセッション［2008年前後の世界的な景気後退］を受けて、私はまた職を失った。社会に出てから3年。実家に戻るころには、人生の4700時間を仕事に捧げていた。その間の稼ぎは8万7000ドル（税引き後）で、預金口座に残っていた2・26ドル以外には何の成果も残せていなかった。大切にしていたフォルクスワーゲンのキャンピングカーすらも、生計の足しにするために6カ月前に売り払っていた。

実家の裏庭で寝そべりながら、思考は過去から将来へと向かった。自分に残された選択肢を考えながら、この先40年間——人生最良の年月——に思いをはせていたのだ。どこかにあるさびれたオフィスパークのわびしいオフィスにある息がつまるブースに自分がまた閉じ込められている姿を想像する。うまく貯金をすれば、60代にはリタイアできるかもしれない。

ただ自分たちの世代のトレンドを考えると、そんな憂うつな見通しすらも夢物語に思えてくる。米国に8300万人いるミレニアル世代の平均年収は3万5592ドル。インフレ率で調整すると、親の世代が自分たちの年齢のときに稼いでいた額の半分以下だ。また、平均で3万6000ドルもの学生ローンを抱えており、我々世代の大半の人は預金を始めるどころか、しばらくは借金に追われる生活だ。

こうした数字をつぶさに見れば、30～40年後も、リタイアするために必要な預金など手元になくても不思議ではない。投資の指南書は通常、収入の10～15％を預金に回すよう推奨している（後でわかったことだが、それでも十分な金額ではない）ものの、25歳未満のミレニアル世代は収入の3・9％しか預金に回していない。少し上の25～34歳の世代でも、貯蓄率は5・35％だ。つまり我々の大半にとって、リタイアすること自体が不可能なのだ。文字通り有り得ないのだ！

まだ実感がわかない人もいるかもしれないが、政府の政策や経済情勢の変化が我々の将来にどのような影響を及ぼすのかなど、誰も知る由もない。40年後も社会保障制度は存続しているだろうか？ コストが増大し、ますますニーズが拡大する中で、我々は医療費を賄えるのだろうか？

インフレ率はすぐには低下しない。つまり、わずかばかりの貯蓄も実質的な価値が今より下がる。いったいどうすればいいのだ？ オフィスのデスクで死ぬまで働くのか？ 我々は自分たちでなんとかしなければならないのだ。

やるべきことをすべてやったところで、なんの保証も得られない。40年以上後のリタイアでさえ保証されていないのだ。なんてひどい人生なんだ？ 私はただなんとか生きていくためだけに、嫌いな仕事をして毎日を浪費したくはなかった。仕事に情熱を感じたかった。自分の人生を愛したかった。

常にお金に悩まされていたくはなかった。家賃を払うためだけに、気まぐれで私をクビにできる上司になど頼っていたくはなかった。自分の収入と時間を常に自分でコントロールしたかった。お金に余裕がないから、年に10日しか休暇が取れないからといって、世界旅行を先延ばしにしたくはなかった。真の意味で世界を探検することができる、十分な時間を持てるようになりたかった。これからできる子どもの最も貴重な瞬間を、会社のオフィスで過ごして見逃したくはなかった。彼らの成長を見守りたかったし、彼らが夢を叶える手助けをしたかった。

65歳で目が覚め、これまで9時5時で働いて人生の7万時間以上を捧げたのはいったい……何のためだったのか？　そんな風に思いたくはなかった。

もっとお金が欲しかった。もっと人生を充実させたかった。

何か違う人生が欲しければ、何か違うことをしなければならないことに私は気づいた。その日、芝生の上で横になりながら、非現実的とすら思えるふたつの目標を定めた。１００万ドルを貯めること。そしてできるだけ早く「リタイア」することだ。

どうすれば実現できるのかは――もしくは実現できるのかどうかも――わからなかったが、それから5年間、私はそのふたつの目標を実現するためにあらゆる手段を尽くした。パーソナル・ファイナンス（個人の資産管理）に関する本や投資ガイドを手当たり次第乱読した。福利厚生と人脈のために9時5時の仕事をした後、ふたつの会社を立ち上げ、副収入を得るためにいくつかのサイドハッスル［本業以外に自分の特技や趣味を活かした仕事。本書ではその意味を込めた「副業」とする］も手がけた。

収入のうち最初は25％、それから40％、最後には80％を貯蓄に回し、資金を増やすために株式市場で運用した。そうした生活を経験していく中で、私は収入と貯蓄を最大化しつつ、その経過を大いに楽しめるようライフスタイルを最適化する手法を編み出した。

５年後の２０１５年には、私の純資産は１００万ドルを超えていた。宝くじに当たったわけではないし、遺産が転がり込んだわけでもない。グーグルに10億ドルで人気のアプリを売って大儲けしたわけでもない。マフィアの手先として不正を働いたわけではないし、銀行強盗をしたわけでもない。

できる限りあらゆることを学び、お金にまつわる一般的なアドバイスをすべて疑いながら、資産管理とアントレプレナーシップと投資、これら３つを組み合わせることで、自分の時間の価値の最大化を図っただけだ。それら３つは誰でも――残高が２・26ドルしかなく、取り立ててスキルのない人ですら――独力でできるようになることばかりだ。

確かに道のりは険しかった。実際、私の人生の中で最も難しい難業だった。ただそれは、決してあなたが思うような理由からではない。私が実践した戦略にはある程度の努力と規律が求められるが、それほど複雑なものではない。

何が難しかったのかというと、自分の安全地帯から抜け出し、ある程度のリスクを承知で賭けに出て、自分の周りが誰もやっていない、知人の誰もがやったことのないことをやらなければならないということだ。多くの人は私のことをクレイジーだと思っていた。付き合っていた彼女でさえも、安くてブタ箱のような私の部屋には寄り付かなかった。

確かに多くの人が思いもしないような決断をした。ぎりぎりの生活だったが、私には成し遂げるべきミッションがあり、それが自分を常に駆り立ててくれた。どうすれば誰もが今よりもお金を稼いで貯められるやり方を見つけられるのか。その難題について非常に多くのことを学んだ。

私が自らの経験を通して学んだ最大の教訓のひとつは、お金や仕事、リタイアに関する「従来の考え方」の大半は間違っているか、不完全、もしくは時代遅れだということだ。両親や祖父母の世代がやってきたという理由で、我々もその「現実社会」のやり方を受け入れてきたが、そんなものはもはや通用しない――ひょっとして30~40年後にリタイアしたいのであれば別だが。世の中は変わった。

多くの人にとって、将来の経済状況は悲観的な見方であふれているが、実際はかつてないほどお金を稼ぎ、運用し、典型的な9時5時の仕事から解放された自由な人生を送ることは容易になっている。難しいのは、その機会を受け入れ、他人のアドバイスややり方を疑い、他人にクレイジーだと思われようがこれまでとは違うやり方を貫くことだけだ。

本書に収められた内容のほとんどは、ほんの10年前ですら不可能だった。学校では決して教えてくれないし、あなたの知人の大半は可能であることさえ気づいていない。私はそれをやり遂げることを自らの使命とし、あらゆることを学ぶために途方もない時間を捧げ、自分で試行錯誤し、過ちを犯したからこそ学べたのだ。私は多くの知識を得た。これからはその知識を世の中と共有する番だ。

２０１５年に目標額である１００万ドルに到達してすぐ、私はコミュニティを作るためにMillennialMoney.comを立ち上げた。できるだけ早く富を築く上で役にたつ、私自身の戦略や習慣、テクニックを共有することを目的としたサイトだ。

過去3年間で１０００万人以上がそのサイトを訪問、もしくは私のポッドキャストを聞いた。さらに、数万人が質問するため、もしくは自分のお金にまつわる成功体験を共有するために、直接私に連絡をくれた。最近の例を挙げると、8万ドルの昇給を勝ち取ったヴィクター、2万ドルの収入のある自身初の副業を売り込んできたミア、2カ月で貯蓄率を3%から40%に引き上げたエリック、サイトの情報を使って１００万ドルの豪邸にタダで住んでいるメリッサなどがいる。

さらに多くの仲間が儲かる副業を立ち上げ、投資を始め、人生を変える効果のあるリモートワーク［自由な場所で仕事をする働き方］を職場と交渉し、情熱を追いかけるためにフルタイムの仕事を辞めた。多くは経済的自由にいち早く到達できる道を歩み、10年以内にもリタイアできそうなペースだ。

こうした戦略を駆使していなければ、リタイアはさらに数十年先だっただろう。そのサイトがすばらしい情報源であることは証明済みであるものの、それでもなお私は「具体的にどうやったのか?」といった質問を必ず受ける。その答えはひとつのブログの投稿で説明するには長すぎるため、私は本書にしたためることにした。

本書に収めた戦略は、できるだけ少ない時間でできるだけ多くのお金を稼ぐ役にたつことが目的だ。次章から、私がたった5年間で資産を2・26ドルから125万ドル以上に増やし、経済的自立に到達するために利用した具体的なフレームワークとそれぞれのステップを明らかにする。なぜ予算が必要ないのか、なぜ1ポンド当たり20ドルもするスモールバッチ［少量生産］のコーヒーを買い続けることができるのか、なぜ友人と外で羽目を外すべきなのか、なぜヨセミテ国立公園には直前で飛行機を予約すべきなのか。それらの理由をつまびらかにするつもりだ。

そのほかにも、文字通り家賃を払わずに部屋を借りる、もしくは家を買って毎月家賃収入を得るやり方を紹介するほか、プロに任せるのではなく、毎日5分かけて自分でお金を運用すれば、長期的には数十万ドル余分に稼げることも明らかにする。

1％貯蓄率を上げるだけで、最大2年早く経済的自立に到達できることもわかるし、最短5年でリタイアできる貯蓄率の引き上げ方も教えるつもりだ。そして最も重要なポイントだが、どうすれば二度と働かなくて済むほど十分なお金を稼げるのかも、本書を読めばわかるだろう――もちろん、働きたいのであれば別だが。

話がうますぎる、金融の天才じゃないとそんなことできない――。あなたはそう思っているかもしれないが、ご心配は無用。そんなことはない。私はこれまで一度もビジネスや金融の授業を受けたことがない。お金にまつわる通説の中で最も有害なのは、それが複雑なものだという見方だ。

それはほとんど、金融業界やマネー・マネジャーがでっち上げた作り話にすぎない。凝った専門用語やわかりにくい方程式、抽象的な頭文字を使ってものごとを複雑に見せかけ、あなたの資産を運用するための手数料として多額のお金を巻き上げようとしているだけだ。そして早期リタイアなど忘れなさいと彼らは言う――ほとんどの銀行やマネー・マネジャーはあなたがお金を稼いで、それを投資しているときだけしか、あなたからお金を巻き上げられないのだ。

早期リタイアするために収入の25%以上を貯蓄に回した方がいいと勧めている銀行やファイナンシャル・アドバイザーをこれまで探してきたものの、一度も会ったことがない。

本書で紹介するコンセプトの大半は非常にシンプルで、必要な数学は小学校で学んだ程度のものだ。広い範囲を扱っているものの、ただ単にあなたが耳を傾けるべきアドバイスの長大なリストを並べることが目的ではない。本書に収められているのは、戦略であり青写真であり哲学だ。私はあなたにお金の仕組みを理解できるようになってもらいたい。仕組みさえ理解できれば、なぜこのアドバイスがうまくいくのか、いかにして早く結果が得られるのかも理解できるようになる。

より多くのアイデアを実践に移せば、より早く富を築き、人生を変え、経済的自由にたどり着くことができる。私のように5年で企業社会から足を洗いたいのであれば、本書で紹介するそれぞれのステップに忠実に従うことが最も確実なやり方と言える。

自分はそこまでクレイジーではないと思うのであれば、自分に最も合ったアイデアを選び取るだけでも、驚くべき成果がもたらされるだろう。戦略に含まれるテクニックは非常に多岐にわたるため、自分自身でカスタマイズし、拡張させ、亡くなるまで活用してもらうことができるはずだ。

本書の計画は7つのステップに分けられ、それぞれのステップを手取り足取り詳しく説明するつもりだ。本書のプランは、あなたのお金にかかわる生活の隅々まで網羅したものだ。あらゆるポテンシャルを最大限引き出すからこそ、うまくいくのだ。それぞれのステップはほかのステップの上に成り立っているため、各々を単独でやるよりもすべて合わせてやることで、大きな成果を得られるようになっている。本書のプランにきちんと従えば、自分が思っている以上のお金を手に入れることができることを約束する。

ステップ1：自分の目標とする数字を把握せよ。

私の数字は二度と働かなくて済む経済的自立を達成するために必要な金額だったが、経済的自由はあなたにとっては別のことを意味するかもしれない。あなたの目標とする数字はあなたにとっての経済的自由に到達するために必要な金額だ。借金から抜け出すために必要な額かもしれないし、6カ月の生活費をカバーするために必要な額かもしれないし、世界を旅するために2年間の休暇を取るのに必要な額かもしれないし、残りの人生で二度と働かなくて済むために必要な額かもしれない。

あなたにとって経済的自由が何を意味しようが、最初のステップはそこにたどり着くためにいくら必要なのかをしっかりと把握することだ。本書では具体的なプロセスをたどりながら、どうすればその数字にいち早くたどり着けるのかを説明する。

ステップ2：いま持っている金額を計算せよ。

必要な金額を把握した後は、いま持っている金額を分析するやり方を詳しく説明した上で、なぜ純資産がお金にかかわる生活において最も重要な数字であるのかを理解してもらう。また、あなたが抱えている借金に対する考え方や扱い方をめぐるシンプルな戦略も共有するつもりだ。

ステップ3：お金に対する考え方を根本的に改めよ。

過去の延長線上の考え方を続けている限り、自分の限界までお金を稼ぐことはできない。お金についてこれまで教えられてきた考え方が、おそらくあなたの足を引っ張っている。世の中とは異なる11の考え方を紹介し、実際に収入と貯蓄を増やすやり方を説明する。

ステップ4：予算を立てず、あなたの貯蓄に最も大きな影響を与えるものだけに集中せよ。

何にいくら使ったのかをきちんと把握することは重要だが、多くの時間を割くべき作業ではない。予算を立てることは欠乏マインド［あらゆるものは不足している、限られているという後ろ向きなものの見方・考え方」を強化するため、多くの人々にとってお金を稼ぎ、貯める上では足かせになる。

本書では、あなたが好きなものを犠牲にすることなく経済的自立により早く到達するために、貯蓄率を引き上げるやり方を紹介する。時間に対するリターンを最大化するためには、もっとシンプルな予算の立て方がある。

ステップ5：9時5時の仕事をハック［工夫、効率化］せよ。

いまのフルタイムの仕事を戦略的に活用しよう。好きかどうか、すぐにでも辞めたいかどうかは関係ない。いまの収入を上げられるように、そして将来もっと稼ぐための踏み台としてその仕事を利用すべきだ。本書では、あなたの市場価値と会社にとっての価値の計算の仕方、そしてあなたが可能な限り多くの収入を得られる昇給の交渉の仕方を紹介する。

さらに、経済的自由にいち早く到達するために、リモートワークを含めていかにあなたの福利厚生を最大限活用するか、いかにスキルを高めるか、いかにより給料の高い仕事を見つけるか、いかに9時5時の仕事を利用する機会を最大限活用するのかも説明する。

ステップ6：儲かる副業を始め、収入源を複数持とう。

儲かる副業を始め、副収入を得ることはかつてないほど容易になっている。ただ問題は、大半の人がやり方を間違っているということだ。自分のではなく、他人の副業に時間を費やしている。そうなると、可能な限り最大の収入を得ることはできない。もしくは、最初から失敗する運命にある副業を大きくしようと、無駄な努力をしている。

本書では、いかにして儲かる副業を選び、立ち上げ、成長させるのかを紹介する。より少ない時間でより多くのお金を稼ぐことができるだけではなく、金儲けの上手い人にとっての至高の目標——生活費とちょっとしたお小遣いを賄うのに十分なパッシブインカム［受動的所得＝不労所得］——を作ることができるようになる。

ステップ7：できるだけ多くのお金をできるだけ早く、できるだけ頻繁に投資せよ。

投資をすれば、あなたのお金がお金を稼ぎ、自分自身の時間を（必要な時でも）あまり切り売りする必要がなくなる。投資の方法は無限にあるが、本書の投資戦略は最小のリスクで最大のリターンを得る投資と投資戦略に焦点を当てることによって、あなたができるだけ早く経済的自由に到達できることを目的としている。

あなたのライフスタイルと目標が変化した場合、あなたは自分の目標とする数字を再調整する必要が生じる。そのため、本書が紹介する道筋とそれぞれのステップは、必要なときにその都度再訪できるよう設計されている。

最初はその道にはなじみがなく、刺激があり、またおそらく少し困難だと感じるかもしれない。ただその道をたどっていく中で、あなたのお金とのかかわり方は変わってくる。また、自分自身と自分の人生の新たな側面を発見し、いたるところに金儲けの機会を見出せるようになる。

本書に収められている内容は、単に特定の金額のお金を貯め、ある一定の年齢でリタイアすることだけにとどまらない。本書のメインテーマは自由だ。十分な額のお金を手にしたとき、あなたには世界を探検し、人とつながり、考え、成長し、生きていることを実感できるより大きな空間とより多くの時間が生まれるのだ。あなたは自分が望む人生を創造する自由を得る。ストレスは少なく、選択肢も多く、あなたを幸せにしてくれる人やものにより多くの時間を割くことができる人生。

まさにあなたが愛する人生なのだ。

もちろん、「経済的自由」とは人によってそれぞれ違った意味を持つ。これから説明するように、自由を感じるために必要な金額はそれぞれの人によって大きく異なる。

私は先日、ニューヨークに住むふたりの子を育てる若い夫婦に出会った。彼らは自由になるためには、500万ドルもの金額が必要だと考えていた。一方、アリゾナ州フラッグスタッフの駅で会ったある旅人は、年に5000ドル稼ぐだけで自由だと感じるという。あなたにとっては、経済的自由とは借金からの解放を意味するかもしれないし、家族ともっと多くの時間を過ごすことを意味するかもしれないし、企業社会から足を洗うことを意味するかもしれない。

もしくは、不労所得で月5000ドル稼ぐことかもしれないし、パソコン1台で世界中どこででも働ける十分なお金を持つことかもしれないし、亡くなるまで1日も働く必要がないほど十分なお金を手にすることかもしれない。自給自足のコミュニティで生活する道を選び、お金がなくても自由を感じる修道士もいる。

最終的にはあなたにとって必要な金額は、あなたがどんな生活を求めるのか、どこに住みたいのか、何に価値を置くのか、何があなたに「joy」をもたらすのかによって決まってくる。「joy」の定義とは極上のもの、満足感を与えるもの、心地よいものによってもたらされる大きな喜びと幸福の感覚――つまり「ザ・グッド・ライフ」だ。

自分が愛する人生を送るためにいくら必要か、もしくは「1ドル当たりの幸福を最大化する」やり方を把握するのは不可能なように思えるかもしれないが、本書で紹介するそれぞれのステップを踏むことによって、あなたがそれを把握できるような仕掛けになっている。それを把握することができれば、経済的自由を獲得するのに思っていたほどお金がかからないこと、そして思っていたより早く到達できることがわかるだろう。

自分にとって経済的自由が何を意味するのかを決め、それを達成すべき目標として定めるやり方もあるが、私はあえて経済的自由を7つの段階に落とし込んだ。それぞれの段階への到達が、人生を大きく変えてくれるものだ。

経済的自由の7つの段階

レベル1．明確化。自分の現状と行き先を把握したとき。

レベル2．自給自足。自分の支出を自分の収入で賄えたとき。

レベル3．一息つける余裕。その日暮らしの生活から脱したとき。

レベル4．安定。6カ月分の生活費を貯め、クレジッドカードの借金など悪質な借金を返済したとき。

レベル5．柔軟。少なくとも2年分の生活費を投資したとき。

レベル6．経済的自立。投資からの収入だけでいつまでも暮らせるようになり、働くことが選択肢になるとき。

レベル7．あり余る富。自分が必要とする以上のお金を手にしたとき。


（偉大な著述家であり友人でもある「Get Rich Slowly」サイトの管理人J．D．ロスに感謝の意を表する。彼が定義した段階にヒントを得て作成した）

経済的自由のそれぞれの段階に到達するごとに、あなたはより自立している、より人生をコントロールできていると感じるだろう。お金にまつわるストレスも軽減されているはずだ。また、より多くの選択肢と機会にもアクセスできるようになる。もっとお金を稼いで、人生をより豊かにするためのリスクも積極的に取れるようになっている。

お金はもはや、手に入れたいが抽象的でわかりにくいものではなく、すでに手にしているもの、どうすれば手に入れられるのかを熟知しているものだ。お金の仕組みをいったん理解し、それを飼い慣らしてしまえば、あとは放っておいて、好きなときに来ればいい。お金は心配の種ではなく、絶好の機会になる。お金があなたをコントロールするのではなく、あなたがお金をコントロールするのだ。あなたはお金を通して自由を得る。

私はできるだけ早くそれぞれの段階に到達しようと、寝る間も惜しんで懸命に働いた。本書の戦略により多くの時間を捧げれば、経済的自由の次の段階により早く到達できる。私の場合は、ひとつの目標に到達した後の次の目標はほぼ毎回、自分の資金を2倍にすることだった。つまり、1000ドル貯めれば、次の目標は2000ドル、2000ドル貯めれば、次の目標は4000ドルだ。こうすることで、簡単ではないが手が届く目標を設定するのが楽になった。

もし100万ドルという途方もない目標しかなかったら、私はそこには到達できなかっただろう。途中に小さな目標を設定して、達成しようとできる限り自分を追い込み、節目としてそれぞれの成功を小さく祝おう。

どれだけ時間がかかっても、諦めずに続けてほしい。間違いなく言えることは、続けていくほどに楽になるということだ。ひとつ前の目標を達成するための習慣と戦略のおかげで、どんどん勢いが出てくる。最初の1000ドル、1万ドル、10万ドルが最も貯めるのが難しいのだ。

やる気を出せば、レベル5（少なくとも2年分の生活費を投資している）までは数年で到達することが可能だ。ただ、最も遠いのはそこからレベル6（投資からの収入だけでいつまでも暮らせる）までの道のりだ。文字通り全力を出し切って、できる限り多くのお金を稼いで、貯蓄し、投資に回さなければならない期間だ。とにかく心が折れないようにしよう。そこでそれまで以上に時間とエネルギーをかければ、自由への道が開けるのだ。

もしあなたが本腰を入れて、犠牲を惜しまなければ、経済的自立に10年以内に到達することも非現実的ではない。本気でやる気を出して、さらに幸運も重なれば、5年以内の到達も可能だ。私は大きな上昇相場が始まる前に投資を始めた。そういう意味で自分が幸運だったことは真っ先に認めるが、もし私が当時可能な限り稼いで投資していなかったら、その上昇相場に乗ることすらできなかった。

幸運に頼ることはできないが、運のあるなしにかかわらず、本書で紹介する戦略には頼ることはできる。成功が証明済みの戦略だ。いずれにせよ、経済的自立に10年、15年、20年で到達できれば、40年で到達する――もしくは一生到達できない――よりはずいぶん早い。やりたいことをやるための猶予が十分に与えられるのだ。

私にとって、経済的自由とは一生オフィスのブースで働かなくて済むよう、30歳で経済的自立に到達することだった。お金を手にするまでは、お金の心配ばかりして身動きが取れないように感じていた。ほとんどあらゆる選択がお金に左右されていた。金銭的余裕の有る無しから身動きが取れなかったばかりでなく、お金を稼ぐ必要性から自分の時間すらもコントロールされていた。

私が決まった時間に寝て決まった時間に起きていたのは、私をいつでもクビにできる権限を持つ上司の機嫌を損ねないよう、決まった時間までにオフィスに着くためだった。旅行が好きだったが、海外旅行をするお金はあっても、足を延ばせるのは年に10日しかない休暇で回れる場所だけだ。考えていたのはお金のこと――もしくはお金がないこと――だけだった。

経済的自立に到達し、永遠に働くことからおさらばできる――結局、私はそうしなかったが――お金を手にしたとき、私はお金への悩みから完全に解放された。次第に心の中から不安が消え去った。同じように経済的自立を達成したほかの仲間の話によると、それは多くの人が経験していることだった。

私は以前よりも存分に生き、心が穏やかで、幸せだ。自分の人生をコントロールし、世の中や人ともつながっていると感じている。旅行や執筆、ギターの演奏、教育など好きなことをする時間も増えた。また、働く必要がないからこそ、生活費を払ってくれる仕事ではなく、達成感があり、意味があると思える仕事を選べる。

経済的自由、経済的自立、早期リタイア、言い方はなんでもいいが、そこには大きくて開放的で無限に広がる感覚がある。まさに芝生の上で寝そべっている子どもが、世界は開けていてどんなことでも可能だと感じているあの夏の日のように。

あなたにとって経済的自由とは何を意味するのか？　お金のために働く必要がなくなったとき、あなたはあした何をするだろう？　これらの質問に答えられるのは、あなただけだ。私に教えられるのは、そこにたどり着くまでの道のりにすぎない。

連絡お待ちしています！

あなたにとって経済的自由とは何を意味しますか？　ぜひあなたの意見をお聞かせください。ハッシュタグは #financialfreedombook、ツイッターの宛先は@sabatier、もしくは@millennialmoney、インスタグラムの宛先は@millennialmoneycom、メールアドレスはgrant@millennialmoney.com。financialfreedombook.comの中で意見を共有してもらってもかまいません。

第2章

時間はお金よりも貴重

TIME IS MORE VALUABLE THAN MONEY

なぜ早期「リタイア」できるのか、
またすべきなのか

もし90歳の金持ちのお年寄りから1億ドル渡すから自分と入れ替わってほしいと言われたら、その申し出を受け入れるだろうか？　もちろん、受け入れないだろう。なぜか？　時間はお金よりも貴重だからだ。

我々は成人になってから、平均しておよそ2万5000日もの人生を生きる。本書を読んでいるあなたは、安全で健康で幸せな生活を送るために、自分の時間を差し出してお金を稼ぐ必要があるだろう。ただ、もしお金のために働く必要がなければ、あなたは好きなようにその時間を使うことができる。

あなたの時間をあなたほど大切に思っている人はいない。他人は会議、電話、また会議といった具合に、あなたの時間を奪おうとするだろう。ただ、それはあなたの時間だ。あなたの一度きりの時間だ。本書はあなたのその一度きりの時間を、最大限に活用する手助けをするのが目的だ。お金を稼ぐことで、時間を買えるのだ。

本書の目標は、あなたができる限り早くリタイアできるよう手助けすることだ。私がリタイアという言葉を使うとき、二度と働かないという意味ではなく、十分なお金を持っているため二度と働く必要がないという意味で使っている。それこそが経済的自由の完成形――自分の時間を使ってやりたいことをやれる――なのだ。

私は従来の意味でのリタイアをするつもりはないが、私が「リタイアしている状態」だと言うことはできる。なぜなら、私はやりたいことだけをして毎日を過ごすことのできる十分なお金と自由を手に入れているからだ。

もはやお金のために働く必要はないものの、それでも私は金儲けを楽しみ、私が楽しんでいることの多くにはお金が絡んでいる。私は仕事が好きで、自分を試すのが好きで、願わくばこれからもそうありたい。つまりのんびりした生活に引きこもるのは、単に私の性には合わないのだ。

もしすぐにでも「リタイア」したいのであれば、これまでリタイアに関して教えられてきたことのすべて、そしておそらくお金に関して教えられてきたことのほとんどについて、考えを改めなければならない。

社会全体として、我々は全員がリタイアに向けてたったひとつのアプローチを取ってきた。仕事を得て、収入の一部を確定拠出年金などの年金口座に回し、40年以上かけて十分なお金を貯めて、仕事を辞めるというやり方だ。60代か70代でリタイアできる設計になっており、だからこそリタイアに関する広告にはほとんどいつも白髪のおばあちゃんとおじいちゃんが使われる（たいていゴルフコースか海辺を散歩する絵だ）のだ。

このアプローチには3つの大きな問題がある。

1. 大半の人にとって不可能。

2. 人生の最も貴重な年月を、稼ぐための仕事をしながら過ごすことになる。

3. できるだけ早く「リタイア」する手助けをする目的ではない。

まず第1の問題だが、従来のリタイアに関するアドバイスが通用しない理由をお見せするために、トラヴィスを紹介したい。

私の両親の古くからの友人で、私とも長い付き合いがある。２０１２年、私がすでに30歳までにミリオネア（大金持ち）になろうと試行錯誤していたときだった。私は別の家族ぐるみの友人が主催したクリスマス休暇のパーティーで、トラヴィスにたまたま会った。ほかの招待客とおしゃべりをし、クリスマス休暇用のジャケットを着てヴァージニア・ハニー・ハムをつまみながら、私はトラヴィスと会話を始めた。

彼は（私の両親から）私がビジネスを始めようと考えていることを聞いていた。トラヴィスとはこのパーティーで年に1度会うだけの間柄だったため、私がその1年の間にあらゆる機会——ホームページの作成、広告キャンペーンの運営、ドメイン名の転売、モペッド［ペダル付きオートバイ］の販売など——を活用して、およそ30万ドル貯めていたことを彼は知らなかった。

「で、起業家になりたいって？　いいじゃないか、ただ最初はかなり大変だぞ。それはいつの時代も一緒だ。ちゃんといくらか貯金しとけよ。俺なんか働き始めたころから、収入の５％は引退後にとっておいているんだ。10年後にはリタイアしている予定さ」と彼は言った。

トラヴィスは当時およそ45歳で、20年間働いていた。私は彼がなぜ20代のときに収入の５％を貯蓄に回すように決めたのかを訊いてみた。

「あぁ、最初に仕事を始めたときな、同僚がそれくらいは貯めるべきだって言ってくれたんだ。それでそうしたのさ」と彼は答えた。私は言葉を失った。そのころには投資やパーソナル・ファイナンスに関する本を数百冊読んでいたため、私にはわかっていたのだ。彼の自信とは裏腹に、トラヴィスは10年後どころか、おそらく一生リタイアできないだろうということが。

彼の資産報告書にはアクセスできないため、私の知らない預金や収入、資産を持っている可能性はあるが、とりあえず彼の収入と彼が仕事を始めてからリタイアに備えて貯めてきたお金を彼の全財産だと仮定しよう。彼はエネルギー・コンサルティング会社のプロジェクト・マネジャーだ。いくら稼いでいるのかは知らないが、PayScaleやGlassdoorなどの給与チェックサイトによると、彼の年収はおそらく6万ドルくらいだ。

彼の正確な給与額は知らなくても、彼が何にお金を使っているのかは熟知している。両親が彼とは長い付き合いだからだ。過去3年間で、彼は新しい家を買い（少なくとも50万ドル）、キッチンを改装し、さらに増築もしている（少なくとも15万ドル）。新車も購入している。しかも1台ではなく2台だ。

外から見ると、彼は王様のような生活をしているが、彼の稼ぎを基準に考えれば、そのライフスタイルのためには妻の収入を考慮に入れても、かなりの借金に頼って生活しているはずだ。彼の妻も似たような職種で、収入は同じくらいだろう。ふたりとも金持ちの家に生まれているわけではないため、それらの出費を賄うほどの巨額の遺産は考えられない。

では、数字を簡単に見ていこう。もしトラヴィスが年収6万ドルのうち5％を貯蓄に回していれば、年間3000ドルほど貯蓄していることになる。20代半ばからずっとその額を稼いでいるとしても（収入は通常増えていくので、ありそうもない仮定だが）、彼はこれまでにたった6万ドル（3000ドル×20年＝6万ドル）しか貯めていない計算になる。

もしその金額を彼の会社の確定拠出年金に預け、標準的な3％の会社負担が追加されているとすると、さらに3万6000ドルの預金が加わり、トータルで9万6000ドルになる（6万ドルの3％＝1800ドル、1800ドル×20年＝3万6000ドル）。

複利のマジック（43ページのグラフを参照）によって、彼の掛け金は投資期間に準じて増える。彼がどんな資産（株や債券など）に投資したのかを知らないため、彼の確定拠出年金がどのくらいの価値になっているのかを正確に把握することはできないが、最初の投資額より額が大きいというのは間違いないはずだ。

複利はお金の増殖を加速させ、あなたをより金持ちにする

アインシュタインはかつて複利を「世界で8番目の不思議」と称したと言われているが、それには理由がある。あまりに見事だからだ。複利は元本を増やさなくても、時間とともに幾何級数的にあなたのお金の価値を増やしてくれる。利子が利子を大きくするからだ（言い換えれ

元本100ドルに毎年10%の利子がついた試算

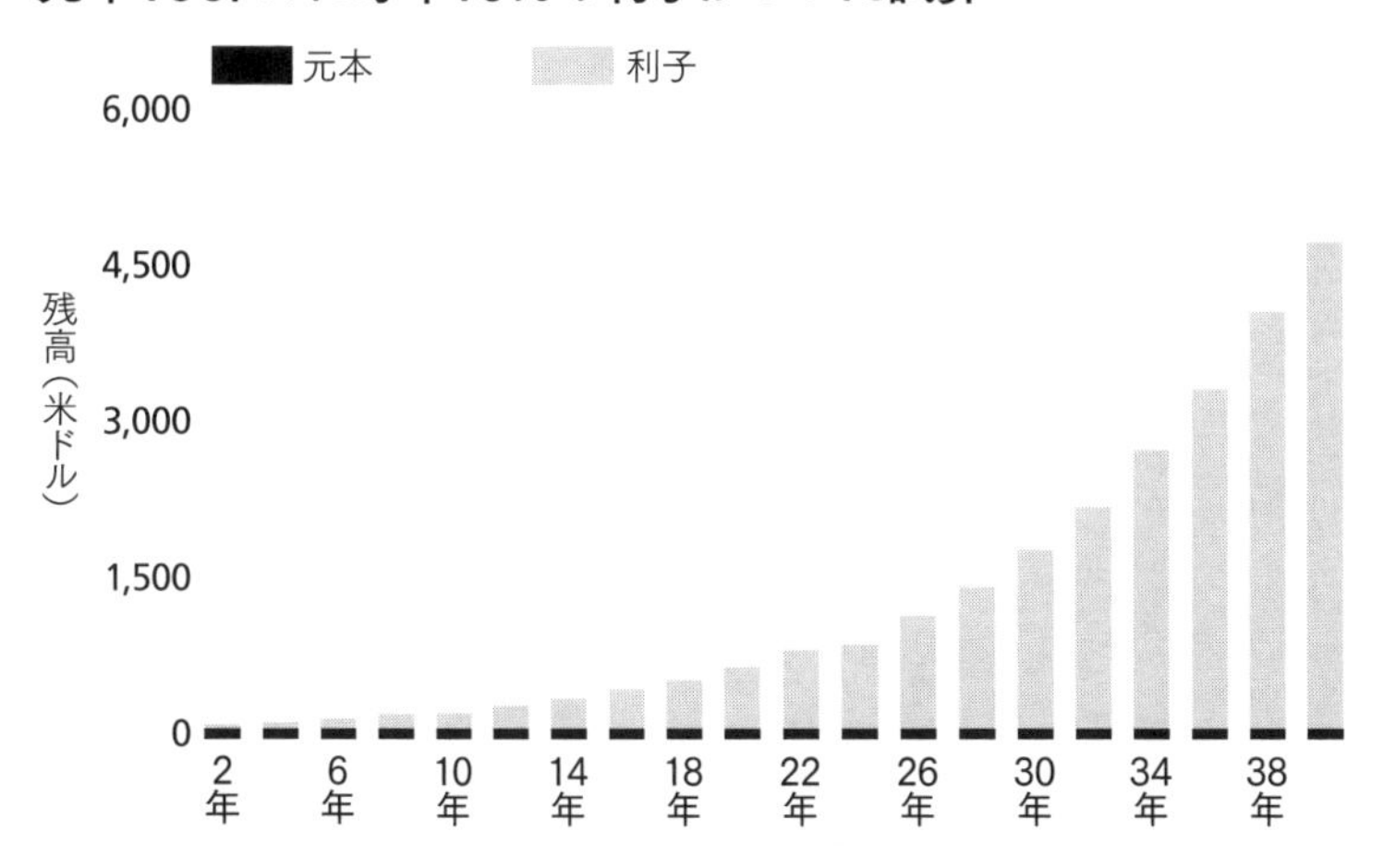

元本100ドルに毎月1ドルの追加投資をし、年間10%の利子がついた試算

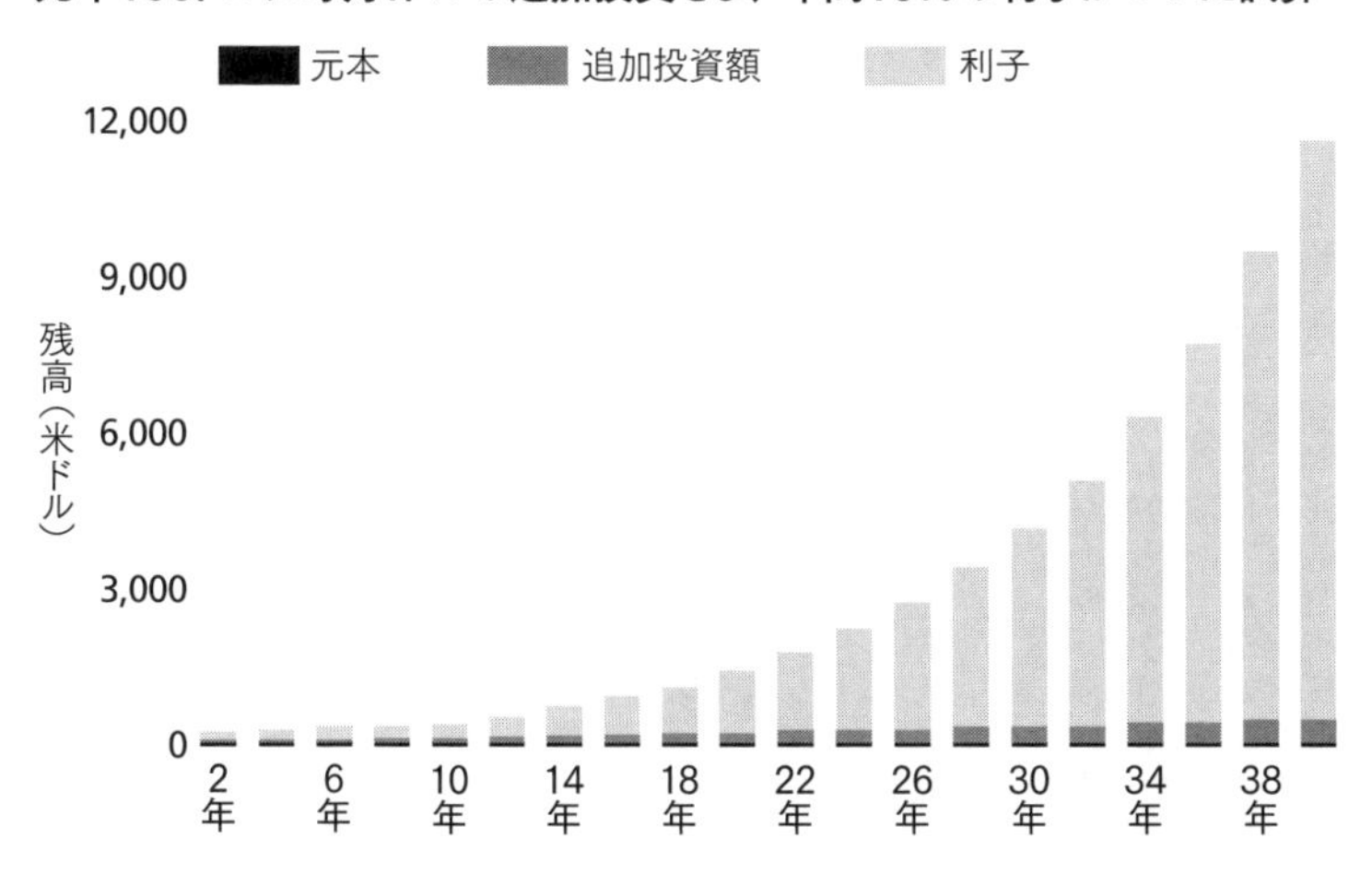

ば、あなたのお金がさらなるお金を生み出し続けるのだ)。

経済的自由にいち早くたどり着く鍵は、できるだけ早く、できるだけ頻繁に、できるだけ多くのお金を稼ぎ、投資することで、複利効果を加速させることだ。

以下のような仕組みになっている。株が上昇すると、その株に投資したお金の価値は一定の割合で増える。その増加分は利子として知られる。その株が上昇を続けると、当初の投資額に加えて、それまでに稼いだ利子も増え続ける。より多くの金額を投資し、利子がもっと増えると、さらに早いペースであなたの資金は複利で増えていく。それは43ページのグラフのような曲線を描くのだ。

もちろん、株式市場の収益(や損失)は毎月、毎年大きく変動するが、多くの経済学者の研究によると、長期的に見れば米国の株式市場の実質トータルリターン(インフレと配当を考慮に入れたリターン)は平均で年間7~9%だという。ただ、潜在的な株式市場のリターンを計算する際にはもう少し保守的に見積もった方がいいため、本書では株式市場の収益率を7%とする。

複利効果をわかりやすく示すために、ある年に株式市場が10%上昇したとしよう。もし100ドル投資して10%増えれば、年末には110ドルになっている(100ドルの10%=10ドル、100ドル+10ドル=110ドル)。もし翌年にさらに10%上昇すれば、あなたは当初に投資した100ドルだけではなく、前年に稼いだ10ドルのリターンに対しても10%の収益を得る。つまり、2年目の年末にはさらに11ドル（110ドルの10％＝11ドル）稼ぎ、121ドルを手にしている計算だ。

これこそがお金と複利の最もクレイジーな側面のひとつだ。1ドルや1％だとたいしたことがないように見えるかもしれないが、複利のおかげで長い時間をかければ、自分の資産にとてつもない影響をもたらし得るのだ。実例ではっきりさせるために、40年間毎年10％増えると、追加資金を投入しなくても元本の100ドルがどうなるのかを見てみよう。

その通り。当初投資した100ドル（つまり元本）は40年後には4525ドルもの価値になるのだ。追加資金は全く投じていない！　なんと4425ドルもの増加だ！　元本に資金を加え続ければ（少なくとも毎月いくらかは投資するため、リタイアに向けた投資では通常のケースだ）、その金額はさらに大きな価値になる。当初投資した100ドルに毎月1ドル追加しただけでも、40年間では合計で480ドルの追加投資額になり、あなたの資金は1万1694ドルになっている！　すごいことだ！

もしトラヴィスが年間3000ドルを貯め、そのお金が平均して年間7％で増えていれば、彼は20年後には14万2348ドルを手にしていることになる。確かに大きな金額だが、50歳までにリタイアして、70代～80代まで生きるつもりであれば十分とは言えない額だ。

元本100ドルに毎年3000ドルを追加投資して、年間7%の利子がついた試算

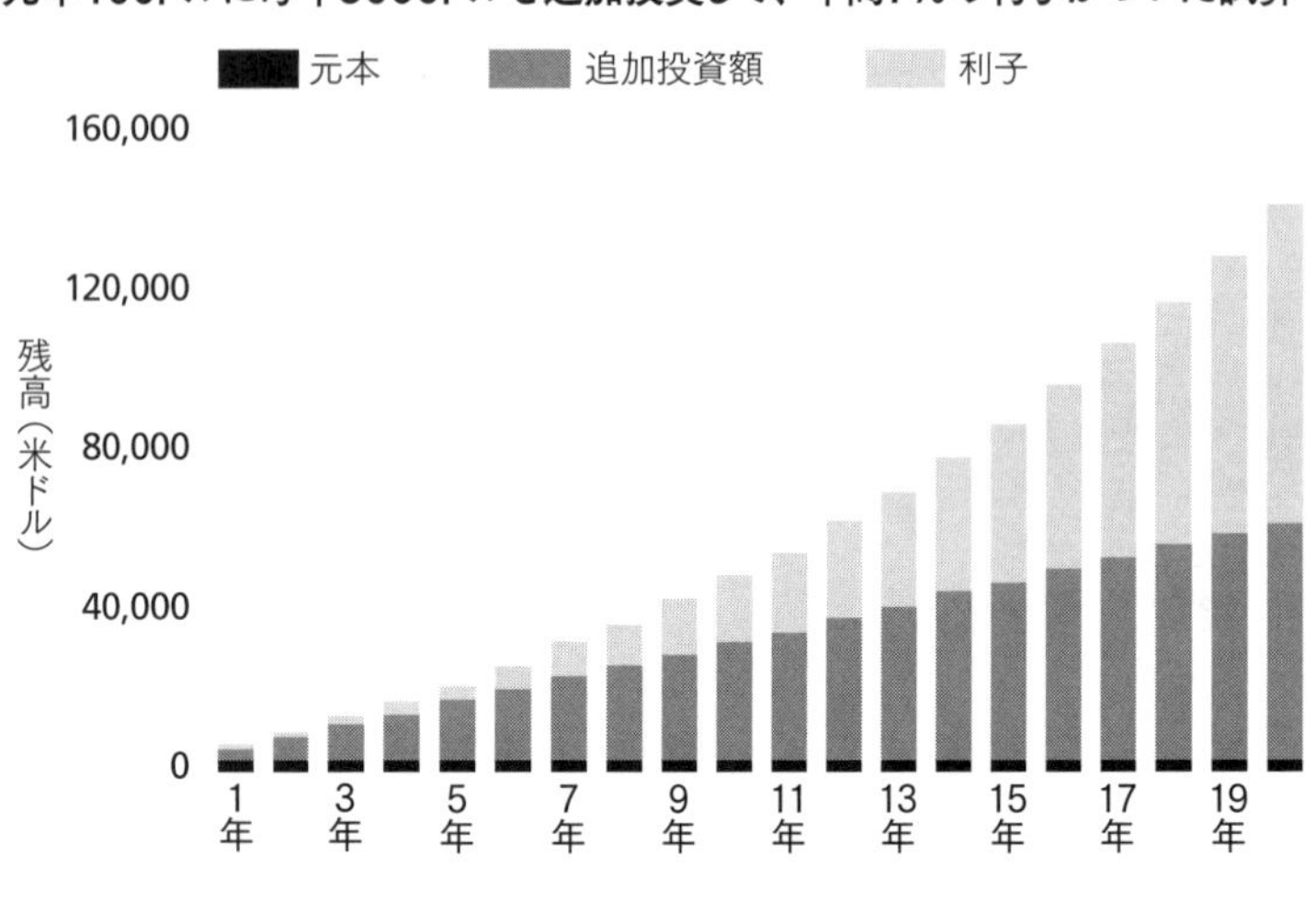

この推計は、彼が賢明にも株式市場のインデックスファンド（株式市場全体に連動しているため、長期的には平均７％のリターンを出す可能性が高い）に資金を投じていたと仮定している。もしそうしていなければ、金額はもっと少ないだろう。

　私は決してトラヴィスのあら探しをするつもりはない。実際、ほとんどの米国人は彼と同じようなやり方でリタイアに備えている。２０１６年時点で、米国の家計所得の中央値は５万７６１７ドルであり、平均的な米国人は収入のたった３・６％しか貯蓄に回していない。つまり、平均的な家計は年間２０７４ドルしか貯蓄していない――我々が仮定するトラヴィスの貯蓄額よりも少ない――ということだ。

　前章で述べたように、平均的なミレニアル

世代は収入の3～5％を貯蓄している。ミレニアル世代の平均年収3万5592ドルを基に計算すると、年間で1067～1776ドルということになる。単純化するために、年2000ドルとしよう。毎年2000ドル貯めて、それが毎年7％で増えるとすると、40年後には47万967ドルになる。47万967ドルは大金だが、インフレ（予測不可能だ）によってその金額も40年後には今ほどの購買力がないということを忘れてはならない。

インフレによってお金で買えるものは増減する

米国ではインフレによって、お金の価値は時が経つにつれて減少する。今日あるものを買うのに1ドルしかかからなくても、将来同じものを買うには1ドル以上が必要となる。1920年には15セントで1杯のコーヒーが買えたのに、今日では2ドル以上するのはそのためだ。

インフレは一般的に、供給と需要、生産コスト、税にまつわる政策によって引き起こされる。各国特有のものであり、それぞれの国の通貨の強さや購買力によって大きく変わってくる。ほかの通貨より強いドルを貨幣とする米国にいま住んでいる人の場合、一部の国に住んだときに金銭的余裕を感じるのはそのためだ。

世界の多くの国ではドルの強さを利用することで、米国に住んでいるときよりも少ない費用で生活できる。例えば、いまではバリやタイ、南米の多くの国で生活する方がずいぶん安い。

米国ではインフレによって、価格が平均して毎年2〜4%上昇する。つまり、今日貯めたお金で将来買えるものは少なくなるということだ。ただ、これはあくまで平均値であって、ある年——例えば1980年代——にはインフレ率が10%を超えていたのだ！　もちろん、すべてのものの価格が上がるわけではない。年月が経つにつれて安くなるものもある。ただ全体としては、生活に不可欠なもの——住居、交通、食料、エネルギー、衣服——の価格は10年後には今よりももっと上がっている。

ただ、インフレの影響から身を守る方法（その一部は本書で紹介するつもりだ）はある。価格が将来大きく上がるからといって、必ずしもあなたのお金で買えるものが少なくなるというわけではない。創造力を駆使し、ものを買わないようにし、もっと自給自足をすればいいのだ。

30歳そこそこでリタイアしたクリスティーとブライスは、インフレーション・シールドと称するものを自ら作り出した。母国であるカナダよりもインフレ率の低い国に住むことで、インフレが自分たちの貯蓄に与える影響を本質的に抑えたのだ。

住んでいる国や母国通貨の強さにもよるが、ほかの国に住むことによって、もしくは海外の安価なサービスを利用することで、自分のお金でより多くのものを買うことができるかもしれない。例えば、医療だと米国以外の国の方が圧倒的に安いし、タダの国さえあるのだ。

また、お金を株式市場に投じれば、当初よりも手にしているお金は増えることになるだろう。平均7%という株式市場の年間リターンはすでにインフレと配当が調整された数字だ。つまり、

7％は「実質」のリターンなのだ。

とは言え、インフレが自分のお金に与える影響をできる限り抑える方法には常に関心を持とう。そうすればより多くの資金を投資に回し、使わずに投資しておくことができる！


過去10年間、インフレ率は歴史的な低さで推移し、株式市場のリターンによって投資家は実質的にインフレの影響から守られてきた。だが、今後数十年間はインフレ率が上昇すると思っていた方が現実的と言える。平均して年間2～3％という控えめな上昇率であっても、あなたの貯蓄の将来の購買力を著しく低下させる。

例えば、2～3％のインフレ率を調整すると、平均的なミレニアル世代の米国人が収入の5％を貯蓄に回すことで40年後に手にする47万9967ドルは、現在の価値に換算するとおよそ14万4378ドルの購買力にしかならない。米国の平均寿命がおよそ79歳である（さらに上昇している）ことを考慮に入れると、もし65歳でリタイアすれば、その14万4378ドルでおよそ14年間生活していかなければならない。

社会保障給付を考慮に入れない場合（40年後には社会保障がどうなっているのかわからないのだから）、2019年の購買力に換算すると年間1万312ドルで生活しなければならない計算だ！　どんなに切り詰めても、全く足りないのだ。

本書を読んでいるあなたは、おそらくできるだけ早く「リタイア」できる状態になることに興味があるはずだ。あなたが働いているのはすごく気前の良い会社で、年収の４％を上限にあなたの確定拠出年金にあなたの掛け金と同額を拠出し（多くの会社は一定の％まで従業員と同額の掛け金を負担してくれる）、あなたはすでに収入の10％をその年金口座に回していると仮定しよう。つまり、あなたは実質的には収入の14％（あなたから10％＋雇用主から４％）分を貯蓄していることになる。

もしあなたが会社負担のある確定拠出年金口座を持っているにもかかわらず、掛け金を一切拠出していない、もしくは会社負担を最大限利用していない場合、今すぐ本書を置いて、自分の確定拠出年金のサイトにログインし、少なくとも会社負担を満額利用できる掛け金を拠出するようにしよう。会社負担は完全にタダのお金だ！　１００％のリターンなのだ！　絶対に利用すべきだ！

もしあなたがすでに収入の10％以上を貯蓄しているのであれば、まずはおめでとう！　米国の人口の99％よりも貯蓄していることになる。ただ、まだシャンペンを開けるのは早い。それでもリタイアできないかもしれないのだ。

あなたの年収を5万ドルと仮定しよう。25歳から年収の14％（年間７０００ドル）を貯蓄し始め、その貯蓄が毎年７％増えるとすると、65歳ではおよそ１６４万５３２１ドルを手にしていることになる。40年の成果としては悪くないが、それでも40年もかかるし、１６４万５３２１ドル

毎年1万ドルを追加投資して、年間7%の利子がついた試算

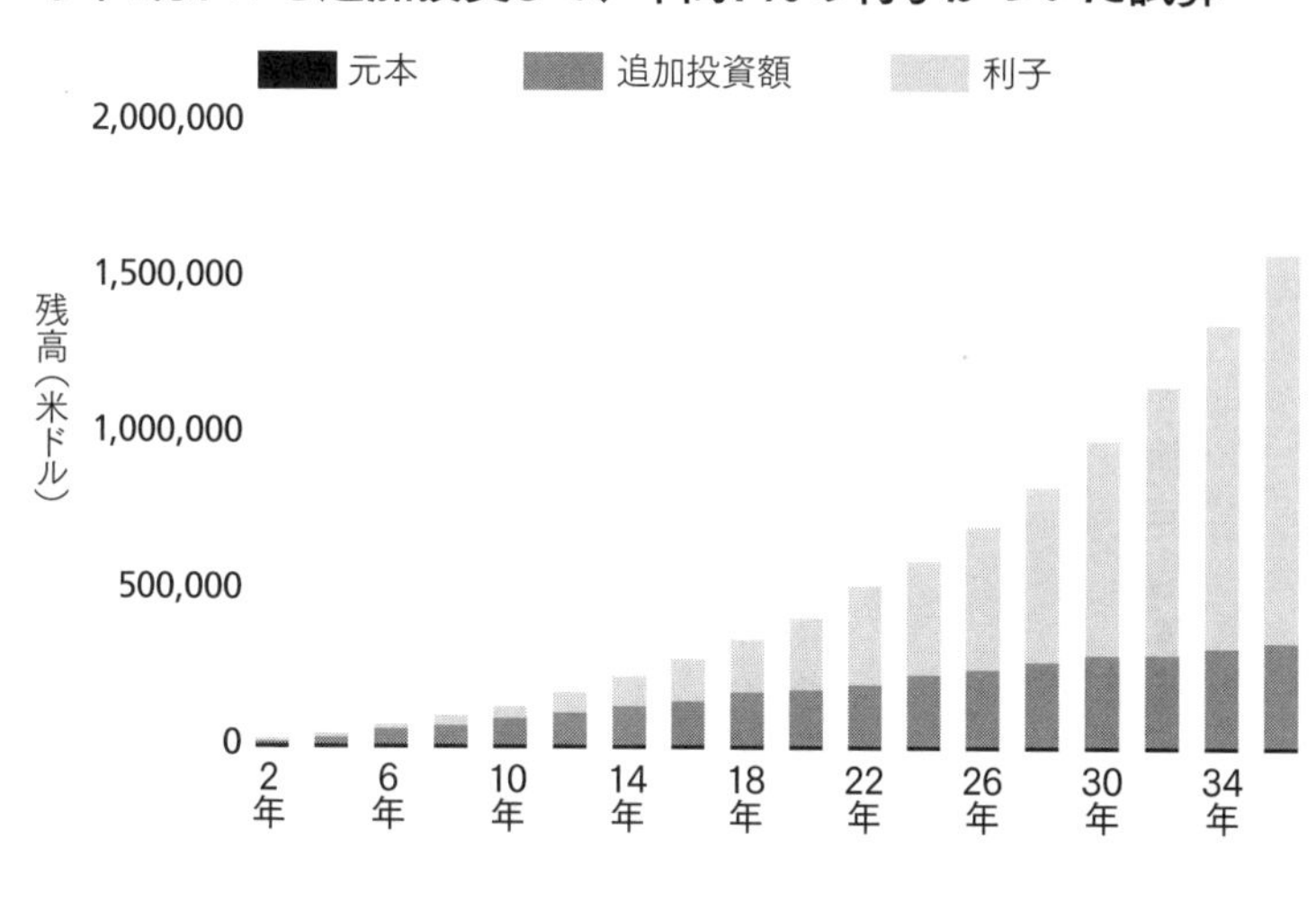

は大金のように聞こえるかもしれないが、インフレ率がさらに2・5%上昇すれば、2019年の購買力に換算するとたったの61万2768ドルにしかならない。

それでもまだそこその金額だ。ただ、あなたは確定拠出年金口座に資金を投じてきたため、資金を引き出すまではいっさい課税されていないことを忘れてはならない。引き出す際にかかる税金を考慮に入れると、その41万6224ドルの価値も、引き出し始める時点のあなたの税率区分によって、15～35%少なくなるかもしれないのだ。

気が滅入るようなニュースはもう十分だろう。すでに私が言いたいことはわかっていただけたはず。従来のリタイアに関するアドバイスの第1の大きな問題は、そのアドバイスに完璧に従った（大半の人はそうしない）と

しても、60代になったころに老後の生活費を賄える十分なお金を貯められないかもしれないことだ。

私はこの計算をしたとき、驚きを隠せなかった。一般的なアドバイスに従って収入の5~10%を貯蓄しても、明らかに十分ではないのだ。本書では目標とする貯蓄率の計算の仕方を紹介するつもりだが、とにかくできるだけ早く、できるだけ頻繁に、できるだけ多くの資金を貯蓄に回すべきだ。

もし確実に65歳でリタイアしたいのであれば、30歳から少なくとも収入の20%を貯蓄し始めなければ(そして継続しなければ)ならない。どれだけ大きな違いが出るかというと、30~65歳までの35年間、平均で5万ドル稼ぎ、そのうち20%、つまりおよそ1万ドルを貯めるとすると、リタイアするまでには34万9860ドルの貯蓄になる。

その資金を投資してインフレ調整済みで年間7%増えるとすると、161万5340ドルの価値になる。あなたの給与が全く増えないと仮定しても、それだけの金額になるのだ(給与は徐々に増える可能性が高いため、あなたはもっと多くの資金を手にしているはずだ)。

リタイアを再定義する

収入の2割を貯蓄に回せば40年後にリタイアできる可能性は大いに高まるものの、ここで従来のお金にまつわるアドバイスに関する第2と第3の問題にぶつかる。早期のリタイアを目的としておらず、20代~60代にかけてフルタイムで働くことが求められるという問題だ。

何か根本的に間違っているというわけではない。40年間働き続け、年を取ってから労働の果実を享受したところで、十分に幸せな人生を送ることはできる。ただ、そこには大きな代償――40年間お金を稼ぐことが生活の中心になる――が求められる一方、見返りは保証されていない。

ひと手間かけて自分でリサーチしない限り、長期間にわたる貯蓄に関して与えられる情報と言えば、年収の一定の割合を確定拠出年金(もし会社が提供してくれれば)や個人退職金口座(IRA)などの年金口座に入れるということくらいだ。

我々のほとんどはそれ以上のことを教えられていないため、そうしたアドバイスを疑うほど十分な知識を有していない。ほかの人がそうしているのであれば、ほかの人がそれでうまくいっているように見えるのであれば、自分もそれで十分だと思ってしまう。

ずっと働いて、ある日リタイアできればいい。私の育った環境では、みんなそんなふうに思っていた。両親はふたりとも裕福な家の生まれではなく、私は自分たちがあまりお金を持っていないことも次第にわかってきた。

決して貧しくはなかったものの、米国で最も裕福な地域に囲まれて、ワシントンD.C.郊外に住んでいたことを考えると、両親は質素な生活を送っていた。中古車を買い、毎年ビーチで休暇を過ごし、インディアナ州で休日を過ごすために片道12時間運転した。

東海岸に住んでいたものの、両親は中西部的な価値観を持っていた。私はずっと伝統的な米国の労働倫理に感化されてきた。仕事を得て、払うべきものを払い、賢く貯める。うまくやれば、老後にいつかリタイアできる。私が知っている人は全員、60代まで（それより長くはないが）働いた。祖父母は金銭的余裕がなかったため、70代まで働いた。

本書を執筆している時点では、私の両親はいずれも60代で、まだ働いている。おそらくリタイアするのに十分な蓄えはあるものの、長い先のことを考えるとまだ十分ではないかもしれないと不安に思っているのだ。

また、リタイアした後の余生をどう過ごすのかにも悩んでいる。人生のほとんどの時間をお金のために働き続けた場合、その日々の日課がなくなったときに何か起こるのか？　自分のアイデンティティが肩書や職責に紐づけられている場合、何が起こるのか？　あまりに疲れ果てて夢を追いかけられなくなっているとき、もしくはあまりに長い年月が過ぎてしまい、その途中で夢を失ってしまったとき、何が起こるのか？

父親は先日、40年間のお勤めを果たしてリタイアした数人の隣人について話してくれた。「彼らはいつも、庭でピック・アップ・スティックス［スティックの山からひとつのスティックをつまみ取るゲーム］をしてばかりいるんだ」と父親は語った。私は彼らのことはよく知らないが、それが人生の晩年にしたいと望んでいたこととは思えない。

まさにリタイアへの典型的なアプローチに付随して起こりがちな問題を如実に表している。ほとんどの人がこの問題について考えていない。リタイアできるよう懸命に働いてはいるものの、55歳以上の米国人の48％がリタイアした後に何をしたいのか考えてすらいないのだ。あなたがどうかはわからないが、これは悲しいことだ。

多くの米国人が何のためにそうしているのかを全く考えないまま、人生の数十年間、働くという道を選んでしまっている。これが本当に人生で望んでいることなのか？　それ以外にもっと良い生き方はないのか？　そうした自問自答をするために立ち止まることなく、従来のリタイアの定説――60代、70代まで働く――にみんなそろって従ってきたのだ。

その定説を疑い始めるまで、私も全く同じことをしていた。20代、30代でリタイアしてはいけないなどと言ってくる人は誰もいなかった。あまりに突拍子もないため、そんな発想は思いつきさえしなかったのだ。私の知っている人の中で、早期リタイアしたのはジムだけだった。彼も家族ぐるみの友人だが、貯蓄と遺産で十分なお金を貯めて49歳でリタイアした。両親がそのことを話しているのを耳にして、小さいころからずっと頭に残っていた。

定説をむやみに受け入れてきたことで、社会にあふれているのは選んでもいない人生を生き、お金のために働かなければならないからと自分の夢を――ときには永遠に――先延ばしにしている人々だ。

非常に感動的な本『死ぬ瞬間の5つの後悔』の中で、著者である看護師のブロニー・ウェアは人生の最期を前にした人々が感じる最も大きな後悔は次のふたつだと語っている。「他人が期待する人生ではなく、自分自身に正直な人生を送る勇気を持つべきだった」、そして「あれほど一生懸命に働かなければよかった」。

さらに彼女は、彼女が看た患者の大多数が夢の半分すらも達成しておらず、それは往々にして夢を追うのではなく仕事を続ける選択をしたからだとも述べている。彼らは仕事に邁進し、お金を貯めた結果、人生を振り返って、何のためにそんなことをやってきたのかと自問するのだ。それがあなたの求めることだろうか？　はるか先の将来まで、夢を先延ばしにしたいだろうか？1日中スティックを拾う以外、何もする気力や活力がなくなるかもしれないその日まで。

できるだけ早く100万ドルを貯めようと取り組んでみて初めて、私は典型的なお金にまつわるアドバイスや従来のリタイアの定説の限界に気づき始めた。稼ぎ、貯蓄し、投資するやり方について学べば学ぶほど、早くお金を稼ぐことは思われているよりも全く複雑ではないことに気づいたのだ。インターネットの効率性を考えると、かつてないほど容易になっている。

難しいのは従来の考え方を捨て去ることだ。リタイアにつながる絶対確実な道はひとつ――数十年間、安定的な給与を稼ぎ、老後のためにその一部を貯蓄する――しかなく、それ以外の道は少数の幸運な人にしか与えられていないという考え方だ。

確かにある程度の限度はある。早期に「リタイア」することは誰もが手にしている、もしくは手にできる特権ではない。その事実には言及しておかなければならない。米国には住む場所を確保し、家族を養うために食べ物すら買うのにも必死な人々が多くいる。年収が2万5000ドル以下であれば、早期リタイアすることはずいぶん困難だろう。年収の高い人のように貯蓄することができないからだ。

もちろん、私がアリゾナ州フラッグスタッフで会った幸福な放浪者のように、年間5000ドルで生活できるのであれば話は別だが。決して不可能だと言っているわけではないが、それにはより多くの創造力と犠牲が求められるはずだ。

それを述べた上で強調しておきたいのは、私自身の経済的自由の戦略の柱のひとつは、単に節約することに重点を置くのではなく、もっと稼げるやり方を見つけ出すことだ。支出を切り詰めるのに時間を使うのではなく、もっと稼げるやり方を見つけるために時間を使うのだ。年収2万5000ドルであれば、5万ドル稼げるようになってもらいたい。5万ドル稼いでいれば、10万ドル稼げるようになってほしい。収入が増えるほど、より多くのお金を投資に回せ、より早く経済的自由に到達できるのだ。

信じてほしいのだが、経済的に自立する上で最も困難なのは実行段階ではない。収入、貯蓄、投資の基本的なコンセプトを学んでしまえば、戦略を遂行するのは比較的容易で、すぐに目に見える成果が出るだろう。簡単だと言っているわけではない――執拗な粘り強さと厳格な規律が求められる――が、決して高度な知識は求められない。

経済的自由にいち早くたどり着く上で最も困難なのは、世の中に対する見方を変えることだ。

たとえほかに成し遂げた人を誰ひとり知らなくても、自分は数年後には二度とお金に悩まされる必要がないくらいお金を稼ぐことができると信じきることだ。

リタイアやお金を稼ぐ「最も確実」で「最良」の道を耳元でささやき続ける「専門家」や「第一人者」など――トラヴィスのような人だ――の声や、大金を稼いで早期「リタイア」するなんで絶対に無理だと言って嘲笑する友人や家族、同僚の声。始めたばかりのころは、そんな他人の声を聞き流すのは非常に難しく、恐ろしいかもしれない。ただ、思い通りの人生を歩みたいのであれば、自分のお金も思い通りに管理する必要があり、それには新たな見方が求められる。

時間対お金

従来のリタイアやパーソナル・ファイナンスに関するアドバイスに限度がある主な理由のひとつは、お金が有限であるという間違った前提に立っているからだ。世の中のパーソナル・ファイナンスに関するアドバイスのほとんどが支出を切り詰めることに重点を置き、お金が有限なのは単にもっとお金を稼ごうとしていないからだという単純な真実を認めていない。

お金は本質的に無限だ。人間が発明したものであり、人々が働き、支出し、投資することで経済を成長させようとしている限り、政府はその規模に合わせてもっと多くのお金を刷ることができる。確かに、大金を持つ人とお金を持たない人の間には大きな格差があり、それは今も昔も同じだ。また、我々のように民主的な資本主義社会に住む人々が当たり前に持っている、稼ぐ機会を与えられていない国々に、数十億もの人が住んでいる、ただ理論的には、世の中には、あらゆる人が自分に必要なすべてのお金を持つのに十分なお金があるのだ。

問題は多くの人がその機会を利用しておらず、収入を増やすほかの手立てを考えることなく、与えられるままにお金——一般的には上司が払ってくれる額のお金——を受け取っているということだ。もっと稼ぎたいと口では言うものの、自由な時間をすべてネットフリックスを見たり、ゲームをしたり、ただ浪費して過ごしている。

あまりにも残念だ。お金が希少なものだと信じてしまうと、お金を稼いで貯めるためだけに、多くの時間を犠牲にしてしまう。一方、お金とは違って、時間は本質的に有限なものだ。私の愛読書である『Your Money or Your Life』の中で、著者のひとりであるヴィッキー・ロビンは次のようなシンプルだが非常に重要な問いかけをしている。あなたの人生の時間にはいくらの価値があるのか？　人生の時間を何とだったら喜んで交換できるか？　いくらもらえれば、あなたの時間を喜んで差し出せるか？

お金を希少なものだと考えると、必要もないのにお金を節約しようと貴重な時間を浪費してしまう。クーポンをハサミで切り取るのに数時間費やしたり、ガソリンを1ガロン当たり3セント浮かすために1マイル遠くの給油所まで運転したり、数ドル安くするためだけにインターネットでお買い得品を探したりするのだ。

私はかつてネットで新しいテレビを一番安い値段で買うためだけに、4時間以上かけて探したことがある。そのために浪費した時間――二度とは取り戻せない時間――と比べると、節約した金額は全く割りに合わないと気づいたのはテレビを買った後だった。

お金を稼ぐことにも同じことが言える。お金を稼ぐために使った1分1秒はほかのことには使えない時間だ。永遠に過ぎ去った時間なのだ。大半の人はキャリアを通して7万~8万時間を仕事に費やす。その時間には働かなければならないことに付随するあらゆる時間が含まれているわけではない。米国人は平均して、往復の通勤に毎日53分かける。リタイアするまでの通勤時間は、合計でおよそ8700時間にもなる。全部合わせると、人生の1年分以上の時間をそんなこと――お金を稼ぐ必要がなければやる必要のないこと――のために使っているのだ。

この赤裸々な数字でさえすべてを語ってはいない。米国人は平均して週34・4時間働く。通勤時間を含めるとおよそ38・7時間になる。1週間は168時間だから、そこからさらに56時間の睡眠時間を除くと、73・3時間しか残らない計算だ。

十分な時間のように聞こえるかもしれない――週の労働時間の2倍以上だ――が、すべての時間が平等なわけではない。研究によると、我々は1日の早い時間帯に最も集中力があり、精力的だが、通常はその時間は仕事に当てられている。仕事を終えるころには通常、1日の仕事と通勤で疲れ果て、ソファに座る以外は何もしたくなくなっている。だから平均的な米国人は、1日

5・4時間もテレビを見て過ごすのだ。

確かに週末はあるが、往々にして平日にできなかった用事や雑用をこなそうと走り回っていることが多くないだろうか？　重要な点は、あなたが給与を得るために週の最良の時間であり、人生の最良の時間を切り売りしているということだ。私は仕事に反感を持っているわけではない。実際、私は働くのが好きだ。人間は働かないと幸福ではいられないと思っている。

ただ時間と同様に、すべての仕事も平等につくられているわけではない。嫌いな仕事に就いて、デスクにへばりつきながら週に40時間以上も働いているのと、大好きで情熱を傾けられる仕事を好きな時間だけして、ほかのこともできる自由があるのとでは天と地ほどの差があるのだ。

人生全体を俯瞰しても、同じようなトレードオフが生じている。通常は人生の後半よりも20代、30代、40代の方が活力にあふれ健康的だが、その数十年間をお金のために働いて過ごさなければならない場合、その人生の期間を最大限有効に活用していないことになる。

経済的な観点からも同じことが言える。もし四十数年間、収入のわずかな一部だけしか貯蓄に回していなければ、お金を増やせるはずの時間を無駄にしていることになる。資金を株式市場に投じれば、（長期間の平均で見ると）毎年収益を稼いでくれるため、その価値は次第に増えていく。数十年間、年収のたった5～10％しか貯蓄しない場合、大きな機会を失っている。人生のもっと早い時期から、もっと多くの金額を投資に回していれば、複利でどんどん増えていったはずだ。つまり、あなたは時間を無駄にしているということになる。

時間を無駄にしてはならない。舵を握っているのはあなただ。それはあなたの時間だということを肝に銘じていてほしい。より多くのお金を稼ぎ、そのお金を最大限活用する機会をうまく利用すれば、ずっと多くの資金を貯めることが可能だ。それに応じて、もっと多くの時間を節約できる。きょうあなたが投資した1ドルは、将来のあなたの数時間（数日とは言わないまでも）の自由の価値を有するのだ。きょう投資すればするほど、将来より多くの時間があなたのものになる。

より早く始めて、より多く貯蓄すれば、より早く経済的自立に到達できる。これが私の戦略のかなめであり、経済的自立に到達するために要する年数や金額を大きく減らしてくれるものだ。覚えておいてほしい。経済的自由にいち早く到達するための鍵は、より多くのお金を、より早く、より頻繁に稼いで投資することなのだ。

幸運にも、お金と時間の関係はまっすぐな直線ではない。より多くのお金を稼ぎたいからといって、そのためにより多くの時間を犠牲にする必要はないのだ。自分の時間や1日の勤務時間にすら制約を受ける必要はない。ちょっと周りを見渡しただけでも、半分の時間で他人の2倍稼いでいる人を見つけられるはずだ。しかも必ずしも彼らの方が賢いからでも、経験があるからでも、より儲かる分野で働いているからでもない。堅実で長期にわたる収入源を構築することに多くの時間を先行投資してきたことによって、（そういうことがあるとしても）自分の時間のほんの少しを切り売りするだけで、お金を稼げる人さえいるはずだ。

同様に、自分のお金を投資している人はそのお金を増やすのに（証券口座を開いて管理する時間以外には）最小限の時間しか使っていない。株式市場に投資し続けさえしていれば、お金は時間とともに自動的に増えるからだ。お金を稼ぐのに積極的に何かをする必要がないことから、不労所得として知られているものだ。これこそが究極の金儲けの戦略なのだ。文字通り何もすることなくお金を稼げる以上に、良い方法などあるだろうか？

お金のために時間を切り売りする必要のない段階にたどり着いたとき、その時間を好きなように使うという選択肢が生まれる。十分なお金を手にすれば（ほぼ十分という状態でも！）、収入が高いだけの嫌いな仕事を辞めて、実入りは少ないが自分にとって意味のある仕事を始めてもいい。あなたは探検し、成長し、社会に還元し、情熱を追いかけ、新たな情熱を探し出すことができる。世界中を旅し、新たな趣味を始め、新たなスキルを学び、慈善活動をしてもいい。可能性は無限なのだ。

アニータは33歳でリタイアしたため、上司と休暇を交渉することなく、重要なメールを見逃す心配もなく、毎日ゆっくり寝て、世界を旅行できる。サラは32歳でリタイアしたため、バイオリンの演奏を学び、バンドを始めることができる。ミッシェルは28歳でリタイアしたため、キャンピングカーに住んで国内を旅して回り、フルタイムでブログを書くことができる。ジャスティンは早期リタイアしたため、火曜日の午前11時にハンモックに座りながら良書を読める。

クリスティーとブライスはそれぞれ31歳、32歳でリタイアしたため、気まぐれに世界を旅して回れる。J．P．は早期リタイアしたことで、昼間に犬の散歩をし、新たな情熱を発見し、子育てに時間をかけることができる。ブランドンは34歳でリタイアしたため、音楽を作り、新たな情熱を探しながら時間を過ごすことができる。

私が早期リタイアしたのは、人生の最良の時間を照明の悪いブースの中で、特に楽しくもないストレスのある仕事をしながら過ごしたくなかったからだ。おかげで私は本書を執筆し、他人にラットレースから逃れる術を教える時間を持てている。

どうすればできるだけ短い期間で、「リタイア」するのに十分なお金を稼げるのだろうか？最初にやるべきステップは、自分にいくら必要なのかを把握することだ。

第2章まとめ

1 お金は限りのないものだが、時間には限りがある。時間を無駄にするな。

2 リタイアに備える従来のアプローチには、3つの大きな問題がある。
Ⅰ．大半の人にとって不可能。
Ⅱ．人生の最も貴重な年月を、稼ぐための仕事をしながら過ごすことになる。
Ⅲ．できるだけ早く「リタイア」する手助けをする目的ではない。

3 複利は時間とともに幾何級数的にお金の価値を増やすため、より早い時期から、より多くの金額を投資すればするほど、より早くお金は増える。経済的自由にいち早く到達する鍵は、できるだけ早い時期から、できるだけ頻繁に、できるだけ多くのお金を稼いで投資に回すことだ。

4 インフレによって住居や交通、食料など生活に不可欠なものの大半の価格が毎年上がるものの、インフレの影響を最小限にとどめる手立ては存在する。そうした対策を取ることによって、生活に必要なお金の額は減り、投資資金を増やし続けることができる。

5 夢を将来まで先延ばしにしてはいけない。人生の最期を前にして人々が感じる最も大きな後悔のふたつは、「他人が期待する人生ではなく、自分自身に正直な人生を送る勇気を持つべきだった」、そして「あれほど一生懸命に働かなければよかった」だ。

6 世の中のパーソナル・ファイナンスにまつわるアドバイスの大多数は、すでに手にしている限られたお金を最大限活用することに重点を置いている。倹約、欠乏、節減、節約に重点を置き、お金が限られているのはもっと稼ごうとしていないからだということを認めていない。

7 お金と時間の関係はまっすぐな直線ではない。より多くのお金を稼ぎたいからといって、必ずしもより多くの時間を犠牲にする必要はないのだ。

第 3 章

あなたの目標とする数字は?

WHAT IS YOUR NUMBER?

(その数字はおそらくあなたが思っているよりも少ない)

自分の目的地を知っているからこそ、そこにたどり着くまでの最良のルートを探り当てることができる。あなたはまず、自分の目標とする数字――あなたにとっての経済的自由にたどり着くまでに必要な金額――を把握する必要がある。

あなたにとっての経済的自由の意味は、私やほかの誰かにとっての意味とは異なるかもしれない。あなたの数字は、借金を返すために必要な金額かもしれない。もしくは、その日暮らしの生活から抜け出すために必要な金額かもしれないし、しばらくの間、フルタイムで旅をするために必要な2年間分の生活費に当たる金額かもしれないし、子どもと過ごす時間を増やすために仕事をパートタイムにするのに必要な金額かもしれない。経済的自由があなたにとって何を意味しようが、本書が紹介する戦略はその目的地にできるだけ早く到達することを目的としている。

私にとっての経済的自由とは、経済的自立、つまり投資からの収益だけで生活でき、二度と働かなくていいほど十分なお金を手にする状態に到達することだった。私は働き続けることもできるが、生活費のために働く必要はない。私の数字は経済的自由のレベル6（経済的自立）に到達できる数字、つまり私自身のＦＩ（financial independence）数であり、私が本書を通してあなたの数字と呼ぶものだ。

本章では、あなた自身のＦＩ数の計算の仕方を紹介する。あなたが現在、32ページの経済的自由のどの段階にあろうとも、あなたのレベル6の数字を計算するプロセスは、あなたのレベル2、3、4、5に必要な金額を計算する上でも役にたつ。本章を通して、私はその点を強調していくつもりだ。

これは決して厳密な科学ではない。いくつかの変数――あなたのライフスタイル、あなたの住む場所、子どもがいるかどうか、株式市場のリターン、いつ「リタイア」したいか、インフレの影響など――によって、将来あなたが必要な金額は左右されるからだ。

本章で書かれていることにきちんと取り組めば、あなたの数字を計算することは可能だが、きょうすぐに完璧な数字を導き出すのは現実的ではない。あなたの夢、価値、そして愛するものは、将来と今とでは異なっているかもしれないからだ。あなたがすでに非常に大きな額を投資していて、比較的高収入でその大半を貯蓄していない限り、働くことが選択肢になるほど十分なお金を手にするまでには、少なくとも5～10年はかかるだろう。

あなたは5年前の自分とは違うし、5年後、10年後、20年後にはまた別の自分になっているはずだ。だからこそ、あなたの変化に合わせてあなたの数字も変化する、また変化すべきなのだ。ただ、いま時間をかけてあなたの数字を計算しておけば、その数字に到達するため、さらにこれから数字を調整していくために必要な戦略を計画・実行しやすくなるだろう。その数字がいままでも正しいのかどうかを確認するため、少なくとも年に一度は数字を計算し直すことをオススメしたい。やっていくうちに計算も手馴れていくはずだ。

いまの生活、そして将来の生活に毎年いくら必要なのか？　それはあなたが過ごしたいライフスタイルと直接的に関連している。あなたのライフスタイルがお金のかかるものであればあるほど、あなたの出費も増え、あなたの数字に到達するまでにより多くの資金が必要となる。つまり、より長い期間働く必要があるということだ。そのトレードオフを受け入れるかどうかはあなた次第だ。何が本当にあなたを幸せにするか、何が本当にあなたにとって重要なのかをしっかりと見つめることで、必要な金額を脱構築していくことができる。

どんな日々、年月があなたにとってすばらしいだろうか？　あなたは普段、何をしているだろうか？　あなたは誰と一緒にいるのか？　あなたはどこに住んでいるのか？　友人とバーベキュー料理を囲んでいるだろうか？　子どもたちと庭で遊んでいるだろうか？　エキゾチックな国や地域を旅行しているだろうか？　ジョン・ミューア・トレイル［カリフォルニア州にある長距離トレッキングコース］をハイキングしているだろうか？　地元のバーで音楽を演奏しているだろうか？　夜遅くまで踊っているだろうか？　晴天の日曜日にゴルフをしているだろうか？　ハンモックで読書しているだろうか？　パートナーと料理しているだろうか？

数分だけ時間をかけて、どんな日があなたにとってすばらしいのかを書き出してみてほしい。なぜそんなにすばらしいと思うのか？　なぜそんな生活があなたに喜びをもたらすのか？

その上で、その生活を送るためにはいくら必要なのかをじっくりと考えてみてほしい。我々の多くはお金を稼ぐと、新しくてもっと良いもの――大きな家、立派な車、質の高い服――を買って自分へのご褒美とする。ただ、それは時代遅れの消費者マインドであり、もっと早くあなたの目標とする数字に到達したいのであれば、そのマインドから脱却しなければならない。

私は良いものを憎んでいるわけではないが、多くの人は何が本当に欲しいのか、必要なのかを考えることなく、そうしたものにお金をつぎ込んでしまっている。我々はそんなふうにして育ってきたから、家族や友人もやっているから、当たり前のことだと思っているから、もしくは単に退屈だからという理由で、モノにお金を使うことがある。

何をするのが好きなのか、何が自分を最も幸せにするのかを真剣に見つめ直せば、好きな生活をするのに思っているほどお金は必要ないかもしれない。自分に正直になろう。あなたは人生の中で何を最も大切にしているだろうか?

私は収入が増えれば増えるほど、お金を使わないようになり、自分の好きなことをするのにもお金は必要ではないと感じるようになった。予想もしなかった感覚なのだが、欲しいものがほぼ何でも手に入れられるお金を手にしたと気づいたとき、もはやそれは欲しいものではなくなったのだ。何かを買える能力があるだけで十分だった。

お金の真の価値が見えたとき、自然とお金を使わないようになる。私が知る最も裕福で最も成功している人の多くは、最も倹約家だ。彼らがけちだという意味ではない。倹約とはあなたのお金、あなたの時間、あなたの資源を使わないことではなく、無駄にしないことだ。必要なものだけを買い、使うということなのだ。

必要なものは欲しいものとは違う。我々に必要なものは、かつては食料、雨風をしのぐ住居、衣服だったが、今ではあなたの心、身体、感情、精神の存続と幸福に不可欠なものを含むかもしれない。何を買うべきか、何を買わないべきかを説くつもりではなく、欲しいものと必要なものの間には、確実に微妙な境界線があると言いたいのだ。何が本当に必要なのかを知るのはあなただけだ。何かを買う前にその質問を自分に問いかけるのは、真に必要なものを見分けるためのひとつのやり方と言える。頻繁に問いかけるほど、実際に必要なものがそれほど多くないことに気づくはずだ。

本当に何かを欲しければ、実際に買う前に30日間、60日間、もしくは90日間の冷却期間を置いてみよう。もはや欲しいとさえ思わなくなっているかもしれない。衝動は経済的自由の敵だ。何か買うことについて次に考えるときには、自分に問いかけてみてほしい。これは果たして私の自由と交換する価値のあるものなのか？

本書を読み進めている間、このことを常に心の片隅に覚えておいてほしいのだが、必要なお金が少なければ少ないほど、経済的自立にはより早く到達できる。リタイアするには多くのお金が必要だが、その額はあなたが思っているよりはおそらく少ない。従来のパーソナル・ファイナンスやリタイアに関する本には書いていないことだが、その理由は、いくつかのシンプルなルールに従いさえすれば、若ければ若いほど「リタイア」するまでに貯蓄しておく必要のある金額が少なくなるからだ。

60歳のときよりも30歳のときの方がより少ない貯蓄額で「リタイア」でき、しかも60歳までの30年間、働かなくて済むのだ！　クレイジーに聞こえるが、マーケットの仕組みや複利のマジックのおかげでこれは真実なのだ。以下にその理由を説明する。

若ければ若いほど、あなたは貯めた資金を長く持たせる必要がある。一方で、あなたのお金を増やせる期間がより長くなるという側面もある。このケースで言うと、複利で増やせる期間がさらに30年も長くなるのだ。投資ポートフォリオから毎年3～4％の額（インフレ調整後）を引き出したとしても、60歳になるころにはあなたの資産は少なくとも3～4倍に増えているだろう。

つまり30歳までに100万ドル貯めて、そのうちの3～4％の金額で生活した場合、30年間そのお金だけで生活できる上に、資産残高は300万～400万ドル、もしくはそれ以上にまで増えている。引き出す額をインフレ分だけ増やしてもいいし、年を取るごとに使う金額を増やすこともできる。これは決して非現実的な話ではないのだ。

若ければ若いほど、より多くの時間があり、さらにおそらくより精力的なはずだ。つまりいつでも仕事に戻ったり、投資ポートフォリオからの引き出し額を何か自分が好きなことをして稼ぐ収入で補完することもできる。もしくは副業や不労所得の収入源を確保したり、パートタイムで働けば、好きではない仕事から「リタイア」し、実入りは大きく下がっても好きな仕事を選ぶことができる。

30歳で経済的自立に到達するのに十分なお金を貯めると、数年はゆっくりしたり旅をしたりするかもしれないが、どこかの時点でおそらくもう一度働きたくなるだろう。もしあなたが自分の数字に到達するために頑張るタイプの人間であれば（そうだとわかっている！）、将来何かをしてお金を稼ぎそうなタイプの人間だということだ。

真面目な話、経済的自立に到達する年齢がいくつであろうが、あなたはかなり鍛えられているため、ゆくゆくは刺激のあるほかのプロジェクトに挑戦したいと思うようになるだろう。そしてそのプロジェクトでお金を稼ぐようになる。将来稼ぐこの余剰資金がさらなる金銭的余裕につながり、自分の投資ポートフォリオから引き出す必要のある金額を減らすことになるのだ。

もう少し掘り下げて、どうすればあなたの貯めた資金を永遠に持たせられるのかを見てみよう。リタイアに関する典型的なアドバイスでは、リタイアするまでにあなたの期待年間支出（リタイア後に毎年使う予定の金額）の少なくとも25倍の資金を貯めるべきだと勧めている。トリニティ・スタディとして知られる、周知の学術論文のおかげで定番となったアドバイスだ。

この研究の詳細には立ち入らないが、基本的には以下のことが書かれている。著者たちは1926～1995年の間の米国株式市場のパフォーマンスに基づき、本書でこれから多くを学ぶことになるふたつの変数の組み合わせによって、投資ポートフォリオがどれくらいの期間持続できるのかを分析した。そのふたつとは、

1. アセットアロケーション（株式と債券の割合、ポートフォリオのリスクとリターンを決める）

2. 引き出し率（生活のために我々が投資ポートフォリオから毎年引き出す金額）

著者はアセットアロケーションと引き出し率を基準に、資金がどのくらいの確率で30年間持続するのかを分析した。30年という年数は、62～65歳という当時の米国の平均的なリタイアの年齢を基に選ばれた。平均寿命を考えると、30年というのは資産が持続する必要のあるおおよその期間なのだ。

研究によると、ポートフォリオの株式と債券の割合を100対0、もしくは75対25とし、最初の年に資産の4%、翌年からインフレ率を加味した割合(6～7%)を引き出した場合、投資ポートフォリオが30年間持続する成功率は98%以上だった。

最終的な成功率は、アセットアロケーションと引き出し率の組み合わせに左右される。77ページに掲載した、研究に基づいた表に、期待引き出し率とアセットアロケーションの目安ごとの成功率をまとめている。これらの数字はインフレ調整済みであることに留意してほしい(つまり、インフレの影響は勘案されているということだ)。

トリニティ・スタディに基づくと、亡くなるまで持続するのに必要な資産の額は、アセットアロケーションの割合と引き出し率によって最終的に決まる。毎年4%(インフレ調整後)引き出したいのであれば、資金が30年間持続するにはアセットアロケーションの株式と債券の目安は少なくとも75%が株式、25%が債券で、期待年間支出の25倍の資産(100÷期待引き出し率=25倍)を貯めておいた方がいいということになる。

ところが、トリニティ・スタディが調べている成功率は30年という期間だけだ。つまり、もし31年目に口座残高がゼロになったとしても、成功ということになる。研究では投資収益と元本（あなたが投資した額）の両方を取り崩す前提になっているが、30歳でリタイアし、資金を60年持たせる必要がある場合、この試算はそれほど役にはたたない。またあくまで過去のデータに基づいており、将来の株式市場のパフォーマンスはこれまでほど良くないかもしれないし、もっと良くなる可能性もある。我々にはわからないのだ。

トリニティ・スタディ以降のほかの研究によると、最悪の下落相場の時期でさえ、3～4％（＋インフレ率）の引き出し率だと、五十数年という期間でもかなり高い成功率を示すことが明らかになっている。「リタイア」した直後の最初の10年間の株式市場のリターンは重要ではあるが、長期で見ると株式市場は常に回復し、上昇を続けている。

また、もし投資資金が数年で40％増え、あなたが資金の6％（4％＋インフレ率2％）で生活した場合、正味の増加率は34％となり、その増加分はさらに時間とともに大きくなるということを覚えておいてほしい。あなたの100万ドルは資金を引き出した後でも134万ドルの価値があるということだ。

つまり、もしあなたの支出が5年間ほぼ変わらない水準で、その期間にポートフォリオの規模が大きくなれば、あなたの支出を賄うために必要な引き出し率は下がる。時間とともにそのギャップはさらに大きくなるため、あなたの資金がより長い期間をかけて増えるほど、支出額と引き

ポートフォリオ別「資産はどこまでもつのか」

ポートフォリオの成功率：1926〜1995年
（期間中のすべての支払いをポートフォリオの資金で賄える確率）

	年換算の引き出し率、期初ポートフォリオの割合で表記									
支払い期間	3%	4%	5%	6%	7%	8%	9%	10%	11%	12%
100%株式										
20年	100	100	91	77	66	57	42	32	28	19
25年	100	100	85	69	56	42	33	29	25	15
30年	100	98	81	65	56	44	33	33	19	7
75%株式／25%債券										
20年	100	100	94	77	66	51	38	19	17	6
25年	100	100	85	65	50	33	25	13	4	0
30年	100	100	86	63	47	35	14	7	0	0
50%株式／50%債券										
20年	100	100	92	75	55	30	17	9	2	0
25年	100	100	79	52	31	15	4	0	0	0
30年	100	95	70	51	19	9	0	0	0	0
25%株式／75%債券										
20年	100	100	89	51	28	15	9	4	0	0
25年	100	96	48	19	17	6	0	0	0	0
30年	100	74	26	19	7	0	0	0	0	0
100%債券										
20年	100	96	57	23	15	13	9	0	0	0
25年	100	52	19	15	10	0	0	0	0	0
30年	79	19	16	12	0	0	0	0	0	0

20年＝53回の重複期間、25年＝48回の重複期間、30年＝43回の重複期間
15年間での結果も著者から入手可能

出し額を増やせる可能性は高くなるのだ。しかも資金が底をつくことはない。またすでに説明したように、引き出し率を標準である3～4％＋インフレ率にとどめておく限り、投資ポートフォリオの規模が2倍、3倍、4倍に大きくなるということも十分に現実的なのだ。

あなたの資金が生涯（さらにもっと長く）持ちこたえる可能性を高めるために、トリニティ・スタディが勧めるやり方とは少し違うことをやる心構えを持つべきだ。要点をかいつまんで言えば、できるだけ多くの資金を投資しておくために、戦略的に引き出し額を最小限にとどめるべきだということだ。この考え方については後々詳しく説明するつもりだが、下準備としてぜひこの段階で要点を理解しておいてほしい。

より少ない資金でより早く「リタイア」し、亡くなるまで（さらにもっと長く）資金を持続させる可能性を高める方法は、まとめると次のようになる。

1．期待年間支出の25倍以上の額を貯蓄する。

早期リタイアした人々の中には30倍、もしくはそれ以上の額を貯蓄している人もいる。どのくらいの額で安心できるのかを決めるのはあなただ。私は自分の倍数として25倍を選び、大きな安心感を得ている。予備として1年間分の生活費を現金で別途用意し、複数のサイドビジネスの収入源がある上、将来必要になればお金を稼げるスキルを持っているからだ。しかも私はまだお金を稼いでいる。

2. 投資収益を取り崩すのは、可能な限り先延ばしにすべきだ。

実際にリタイアを決断した後、副業や不労所得の収入源（あなたの毎月の支出の一部、もしくはすべてを賄える）を持っていれば、投資資金の取り崩しはその分必要ではなくなるため、資金をそのまま複利で増やし続けることができる。良い例は、株式への投資資金は手をつけずに増やし続ける一方、不動産に投資してそこからの家賃収入で生活費を賄うというやり方だ。

またすでに述べたように、リタイアする自由を手にしたからといって、リタイアする必要はないし、実際にリタイアするわけでもない。信じてほしいのだが、30歳でリタイアしたところで、二度と働きたくないということは絶対にない。お金を稼ぐ必要がなくても、お金を稼がない、もしくはお金を稼ぎたくないというわけではない。リタイアした後でもお金を稼いでいれば、投資収益を取り崩すのではなく、稼いだお金で生活できるのだ。

3. リタイアが近づけば、6カ月の緊急時用のファンドの額を増やして、1年間分の生活費を賄えるようにすべきだ。

将来何が起こるのかはわからない。1年間分の支出を賄える緊急時用のファンドを用意しておけば、より柔軟に対応できるようになる。緊急時の支出を賄うために投資資金を取り崩さなくて済むし、株式市場が大きく下落した年にも資金に手をつけなくて済む。

また、投資資金に手をつけることなく、そうしたい時にはもっと多くのお金を使えるようになる。「臨時用の現金」を持っておけば、柔軟性が高まるのだ。インフレになると価値が下がるため実際に現金で持っておく必要はなく、譲渡性預金口座に入れておくのが賢い選択だ。

4．投資収益に手をつけ始めたら、マーケットが上昇していても、できるだけ少ないお金で生活するようにしよう。

例えば、株式市場が直近の1年間で23％上昇したとしても、引き出した金額がそのうちの3ポイントであれば、残りの20％分はマーケットに投資し続けることができ、将来にわたって複利で増えていく。長い期間それを続けていれば、投資資金の余剰分は必要な額よりもずっと大きくなり、将来もっと資金を引き出せるようになる。もしマーケットが下落していれば、引き出す金額をできるだけ抑えるために、現金を使ったり副業を始めることを考えてみてほしい。

5．最後に、投資元本（最初に投資した資金）にはできるだけ手をつけないようにしよう。

投資資金の増加を促す最も大きな元手だからだ。トリニティ・スタディは投資収益と元本の両方を取り崩す前提だが、もし元本の全額と投資収益の大半を維持できれば、資金が30年以上持続する可能性は急激に高まる。

決して厳密な科学ではないが、これはあなたの数字をより正確に計算するための十分な情報を与えてくれるものだということを覚えておいてほしい。その計算の仕方をこれから説明する。

実際、いくら必要なのか？

リタイアするためにいくら必要なのかを顧客に把握してもらおうと、リタイア関連の金融商品を販売しているほぼすべての銀行にはリタイア計算機というものがある。リタイア計算機は非常に簡単に使えるものだ。銀行のウェブサイトに行き、指示された数字（リタイアに備えて今いくら貯蓄しているか、毎年いくら退職プランに拠出する計画か、リタイア後に毎年いくら必要か、いつリタイアするつもりかなど）を入力する。すると計算機がリタイアするためにいくら必要なのかを計算してくれる。

私は最初に経済的自由を目指す旅を始めたとき、5年間で100万ドル貯めるという目標を設定した。非常に大きな金額で、かなり経済的に余裕のある立場になるのは間違いないが、30歳で「リタイア」するのに果たして十分な金額と言えるのだろうか？　インターネット上にある計算機をいくつか適当に試してみたが、弾き出された金額はどれも馬鹿げた金額だった――例えば、年間5万ドルという期待支出をもとに計算すると、65歳までに350万ドル（＊）必要だというのだ。

私は確定拠出年金に上限額（本書の執筆時点では年間1万9000ドル）を拠出し、その資金は年間7％のペースで増えていたが、それでも30年後にはたった193万9384ドルにしかならない——必要とされる額の半分強だ。これはちょっとした冗談なのだろうか？　所得で上位1％以外の人が、果たしてどうすればリタイアするのに十分な金額を貯められるのだ？

*この数字はリタイア後に受け取れるかもしれない社会保障給付をいっさい計算に入れておらず、そうした給付があれば貯蓄する必要のある金額は少なくなるだろう。ほとんどの計算機では給付額を計算に織り込むことができるが、私はそうしなかった。社会保障給付の支給が始まる年齢よりも、30年以上早くリタイアしたかったからだ。

さらに問題を複雑にしているのは、私が知ろうとしていたのが40年後に必要な金額ではなく、5年後に必要な金額だということだ。65歳で残り25～30年しか生きなくても350万ドル必要なのであれば、資金を60～70年も持続させるためには、もっと多くの資金を貯めておく必要があるのではないだろうか？

数字を掘り下げて見てみると、その答えがノーであることがわかった。リタイアに向けた標準的なアプローチのもうひとつの問題がまさにこれだ。金融サービス会社はあなたが60代、70代でリタイアする計画だとあらかじめ想定しているため、彼らの計算機はもっと早くリタイアする場合に考慮すべきあらゆる変数を計算に入れていないのだ。

第一に、これらの計算機は、貯蓄している1ドルは購買力という観点では将来、価値が大きく下がると想定している（インフレの影響でそうなることに疑問の余地はない）が、すべてのモノの価格が上がるわけではなく、インフレの影響を回避しながら生活する方法を能動的に探すこともできる。インフレの影響が及ぶのは買うものだけ――既に持っているもの、栽培するもの、作るものではなく――だからだ。

例えば、住宅価格が上がったところで、もしすでに家を持っていればインフレは税金以外には影響を与えない。インフレの影響を回避して生活することは精巧なリタイア計算機には織り込まれていないため、弾き出された数字は実際に必要な金額よりも非常に大きく見えるのだ。もし5～10年後に経済的自立に到達したいのであれば、貯蓄したお金はリタイアするころにもそれほど価値は下がってはいないはずだ。大金を貯めなくても、働くことを選択肢にはできるというわけだ。

これらの計算機が抱えるさらなる問題――何歳でリタイアする計画でも当てはまることだが――は、リタイアした時点の資産だけを頼りに生涯生活しなければならないと想定していることだ。つまり、投資資金を頼りに生活を始めた途端、その資金はそれまでのようにリターンを稼いで増え続けることがなくなり、あなたは固定された一定の額から生活費を取り崩すことになるというのだ。このロジックに従えば、もし350万ドル貯めて65歳でリタイアすれば、その350万ドルを必要なだけ長く持たせる必要がある。

ところが投資の仕組みはそうではない。退職金口座や証券口座の資金で生活する場合、すべてのお金を一気に引き出すことなどほぼあり得ない。特定の期間に必要となる額だけを引き出し、残りの資金はマーケットに投資しておくはずだ。長く資金を投資しておくほど、複利で増えていく期間も長くなり、初期投資額は大きく増えていくのだ。

30歳でリタイアすれば、80歳まで生きるとすると、50年間の複利効果が得られる。一方、60歳でリタイアすれば、複利効果は20年しか得られない。確かに60歳になれば残りの人生に必要な額は30歳のときよりも少なくなるが、資金が増えていく期間も短くなる。忘れないでほしいのだが、複利の鍵はより早い時期からより大きな金額を投資すれば、より早く資金が増えるということだ。だから複利はすばらしいのだ！

例を用いて説明するために、［25歳で］100万ドル投資して、その資金が1年間で7％増えた（配当とインフレを調整済みで、7万ドルだ）と考えてみよう。あなたはいま107万ドルを投資していることになる。あなたは収入を得ておらず、税金も含めて年間4万ドル（初期投資額の4％）で生活できると仮定しよう。あなたの資金が課税口座に入っている場合、4万ドルを引き出しても103万ドルが口座に残っている。初期投資額の100万ドルには手を出しておらず、残高（初期投資額の100万ドル＋リターンの残りの3万ドル）は投資している限り、リターンを生み出し続ける。

大切なことは投資元本には決して手をつけず、資産の増加分のうち生活に必要な額だけを引き出すということだ。決して増加分のすべてを引き出してはならない。毎年、リターンより少ない額だけを引き出すというパターンを続けていれば、資産の増加分で生活できるだけではなく、資産全体の価値は将来的に2倍、3倍、4倍にもなる。

期限前に資金を引き出した場合に罰則が与えられる税優遇口座に資金が入っている場合でも、創造力を働かせることでその罰則を回避する方法はある。この点に関しては、後々説明するつもりだ。こうした理由から、20代、30代でリタイアしても、60代、70代でリタイアするほどには資金を必要としないのだ。投資のマジックのおかげで、投資からの収益のみで生活できる資産の額があなたの数字となり、その数字はおそらくあなたが思っているよりもずいぶん少ない。

複利によって、この戦略はいっそう強力になる。初期投資額に加え、投資からのリターンがさらなるリターンを生み出し続けるからだ。前述したシナリオを続けると、投資している103万ドルがさらに7％の年間リターンを生み出す。その年の年末には、7万ドルではなく7万2100ドルのリターンを得ているのだ。

年間引き出し率を4％（前年と同じ4万ドルではなく）に引き上げても、あなたの資金は（平均7％のリターンと想定すると）年間3％の複利で増え続ける。その口座に追加資金を投じなくても、65歳になるころには――え～っと、ちょっと待って――326万2037ドルを手にしているのだ！　その40年間、働く必要がないばかりか、ポートフォリオの残高は２００万ドル以上も増え、資産全体の価値はほぼ3倍になっている。

またここでも、あなたは時間を味方につけている。より早い時期からより多くの資金を投資すれば、その資金は時間とともにより大きく増えていく。45歳まで１００万ドルを貯められなかった場合、65歳までには20年間しか資金を増やせる猶予がなく、資金は１８２万２０ドルにしかならない――しかも20年間も余分に働いている！

もちろんあくまで仮定のシナリオだが、複利のおかげで――投資収益の一部を複利で増やし続ける限り――若ければ若いほど、リタイアに備えて少ない額の資金しか必要ないということがわかるだろう。

アニータは２０１５年に70万ドルの資金を貯めて33歳でリタイアしたが、現金と税還付を合わせて3万ドル持っていたため、２０１７年まで投資資金に手をつけなくて済んだ。その間に株式市場全体は11％上昇し、彼女のポートフォリオはおよそ90万ドルに増えた。彼女はいまでは投資ポートフォリオの３％で生活費を賄い、残りの投資収益は投資して複利で増やし続けている。このペースで行くと、30年後に65歳になっているときには1円も稼がなくても、ポートフォリオの資産は少なくとも３００万～４００万ドルに膨れ上がっているだろう。彼女は33歳でリタイアしても、65歳でリタイアするほど資金を必要としなかった。

クリスティーとブライスは１００万ドル貯めてそれぞれ31歳、32歳でリタイアし、利子の４％

で生活しているが、彼女らの投資資金はこの1年で13％増えた。スティーヴは89万ドル貯めてリタイアしたが、たった1年でポートフォリオが１００万ドルを超え、翌年の生活費を賄うための引き出し率は下がったのだ。

ひとつ注意事項がある。株式市場の上昇は予測可能なものではなく、保証もされていない。そのため口座から資金を引き出し始めるときは、直近の相場状況を考慮に入れるべきだ。株式市場は長期的には平均６〜７％の上昇率だが、毎年のぶれは大きい——ある年に20％上がっても、翌年には11％下がることがある。

幸いにも、資金を長く投資しておけば、相場が低迷している時期さえ短期の変動にそれほど頭を悩ませる必要はなくなる。もし投資元本に手をつけることなく最初の10年間を乗り切り、４％の引き出し率で生活できれば、あなたの成功の可能性は１００％に近いはずだ。その10年の間に投資資金は十分に複利で増えており、投資収益だけで永遠に生活することができる。

もちろん、深刻な経済崩壊があなたの成功の可能性をわずかに引き下げるかもしれないので、マーケットには注意を払い、元本を取り崩すことなく資金が引き出せるまで、引き出すのは控えるべきだ。

投資収益の一部を複利で転がし続けるもうひとつの利点は、将来のある時点で大きな資金を引き出すことになっても、資金を使い果たすリスクがないということだ。30歳のときに湖畔の家を50万ドルで買えば、貯蓄の大部分を使い果たしてしまう恐れがあるが、50歳までその購入を待てば、投資収益が20年間複利で増え続けることで、その家を買う余裕ができている――インフレによって価格が上がっていてもだ。

あなたの数字を計算する

こうしたことをすべて頭に入れておけば、リタイア計算機よりもずいぶん正確にあなたの数字を計算できるはずだ。投資収益の一部（残りの収益は引き続き投資して増やし続ける）のみで生活できるようになるには、いくら投資しておく必要があるのかを把握しておけばいいのだ。

あなたの数字を計算する最も正確なやり方は、リタイアを決断した後、残りの人生の期間、生活するのに毎年いくら必要か（つまり期待年間支出）を把握することだが、それはほぼ不可能だ。10年後、20年後、30年後、40年後、さらにもっと先に自分の目標、願望、欲しいもの、ニーズがどのように変化するのかわからないからだ。まさにここが、リタイア計算機やファイナンシャル・プランナーに欠けている部分だ――将来、いくら使いたいのかをあなたがわかっていると期待しており、計算はその数字に基づいている。

どんなに優秀なプランナーでも、あなたの将来の期待年間支出の正確な目標値を弾き出すのは非現実的だ。金融業界では、投資やリタイアの計画に関しては単なる推測のような正確さを基に商売している。また、あなたが理想とする生活をするのにいくら必要かを把握することに重点を置いていない。それを決められるのは、あなただけだからだ。だからこそ、私はもっと総体的に取り組むことをオススメしている。つまり、きょう生活するのに必要な金額を把握した上で、自分の変化や成長に合わせて1年に一度、その数字を調整した方がいいという考えだ。

このことに留意した上で、以下のふたつの理由から、私はあなたの現在の年間支出を基にあなたの数字を計算することをオススメする。

1. 数年後にリタイアする計画であれば、繰り返し生じる支出項目はそれほど大きく変わらない。

2. 20年後、30年後、40年後にいくら支出しているのかを把握するよりは、現在いくら支出しているのかを把握する方がずいぶん簡単だ。

また、あなたの現在の段階がどこであれ、次の経済的自由の段階に到達するのに必要な金額がいくらなのかは、現在の支出を基に把握することができる。レベル3~5は、あなたの現在の支出に基づいているからだ。

支出	米国世帯の平均額（2016年）	あなたの月額	あなたの年額
食料			
食料品・内食			
外食			
計	$7,203.00		
衣服・サービス			
服・靴			
アクセサリー			
クリーニング・洗濯			
計	$1,803.00		
現金寄付			
寄付金			
その他			
計	$2,081.00		
医療			
健康保険			
介護保険			
就業不能保険			
医療費			
歯科医療費			
その他			
計	$4,612.00		

あなたの年間生活支出を計算する

支出	米国世帯の平均額（2016年）	あなたの月額	あなたの年額
住居			
住宅ローン／家賃			
固定資産税			
メンテナンス・清掃			
住宅保険			
電気			
ガス			
上下水道・ごみ			
電話			
ケーブル・インターネット			
その他（休暇やホテル代含む）			
計	$18,886.00		
移動			
車の支払い			
メンテナンス・修理			
ガソリン			
免許・登録			
自動車保険			
バス・電車の運賃			
飛行機代（休暇含む）			
タクシー・ライドシェア			
計	$9,049.00		

支出	米国世帯の平均額（2016年）	あなたの月額	あなたの年額
保険と年金			
生命保険			
年金・社会保障			
計	$6,831.00		
娯楽			
イベント			
会費			
習い事・趣味			
ペット			
計	$2,913.00		
その他の支出			
授業料			
本・新聞			
パーソナル・ケア			
法律・税務関連			
計	$3,933.00		
税金（所得による）			
連邦税			
州税			
市町村税			
計			
合計	$57,311.00		

データ出典：Bureau of Labor Statistics https://www.bls.gov/news.release/cesan.htm

レベル2．自給自足。自分の支出を自分の収入で賄えたとき＝毎月の支出の1倍
レベル3．一息つける余裕。その日暮らしの生活から脱したとき＝毎月の支出の3～5倍
レベル4．安定。6カ月分の生活費を貯め、クレジッドカードの借金など悪質な借金を返済したとき＝毎月の支出の6倍
レベル5．柔軟。少なくとも2年分の生活費を投資したとき＝毎月の支出の24倍

1年間、何にいくら支出するのかを把握する最も簡単なやり方は、過去12カ月間、90～92ページの表の項目に毎月いくら使ったのかを確認することだ。過去1年間の銀行やクレジットカードの明細を見て、それぞれの項目の平均の月間支出を計算することで非常に簡単に求めることができる。

本書のサイト（https://financialfreedombook.com/tools）でシンプルなツールが手に入る。このツールにあなたの口座や明細から直接数字を持ってくることで、簡単に計算できるはずだ。自分でカスタマイズできるように、この表を編集できる形でダウンロードすることも可能だ。

手計算でやってみるのもいいかもしれない。そうすれば、計算がどのようになされているのか

を確認できる。四半期ごとに、私は90～92ページの表のような手製のスプレッドシートを更新している。米国の平均的な世帯がそれぞれの項目にいくら使っているのか、その内訳も盛り込んでいる。あなたの数字と比較してみてはどうだろう？

自分の期待年間支出さえ把握してしまえば、基礎となる数字を計算できるはずだ。あなたの年間支出を賄うために十分な投資額がいくらなのかを計算するためには、小学6年生で習った算数のスキルが必要となる。次のような計算式だ。

引き出し率（%）×あなたの数字＝年間支出

例えば、あなたの年間支出額を5万ドルとする。あなたが4％（0・04）の引き出し率で引き出すとすると、計算は次のようになる。

0・04×あなたの数字＝50000ドル

50000÷0・04＝1250000ドル

別の書き方をすると、

50000×25倍＝1250000ドル

私自身は25倍ルールを使ったが、もう少し保守的になりたければ、多少の余裕を持たせるために3・5％の引き出し率を使うことをオススメする。

50000÷0・035＝1428571ドル

もし5万ドルをインターネット上のリタイア計算機に入れると、60代でリタイアするには3～4万ドル貯める必要があると教えてくれるだろう。ただ、シンプルな計算に基づくと、30年以上早く経済的自立に到達するのには、その半分以下の貯蓄額で済むことがわかる。

言うまでもないが、もしあなたの支出が増減すれば、あなたの数字も増減する。仮にいまは収入が少なく、2万ドルで生活しているが、ゆくゆくは3人のルームメイトとシェアしているいまのマンションから引っ越し、子どももいつか欲しいと考えているのであれば、あなたの支出はもちろん増える。もしくは旅行をしたり、かっこいいヴィンテージカーを買いたいという夢があるかもしれない。支出額が上がればあなたの数字も大きくなる一方、いくつかの支出を切り詰めるだけでも必要な金額は減るはずだ。

たったひとつの支出が与える影響の大きさ

本書を通して、我々は具体的にどうすれば三大支出――住宅、移動、食料――でお金を節約できるのかをもっと詳しく見ていくつもりだが、あなたの支出、つまりあなたの数字を減らすシンプルなやり方は、毎月繰り返し生じる支出があなたの数字にどれくらい大きな影響をもたらすのかを、次のシンプルな式を使って計算することだ。

あなたの月間支出×12カ月×年間支出倍数である25倍
＝繰り返し生じる支出があなたの数字に与える影響

例えば私は２０１７年、テイクアウトの食費に月３５０ドル以上使った。もしこのお金のかかる習慣を続ければ、月３５０ドル×12カ月＝年４２００ドル、４２００ドル×25倍＝10万５０００ドルが必要となる。つまり、生涯この習慣を続けていくためには、10万５０００ドル貯めておかなければならないということだ。

この出費を月２００ドルに減らすだけで、月２００ドル×12カ月＝年２４００ドル、２４００

ドル×25倍＝6万ドルとなり、４万５０００ドルも節約できることになる。繰り返し生じる支出はいかなる種類のものでも、あなたの数字を大きくする要因となる。本書を読みながら常にこのことを忘れず、支出を減らすよう努力しよう。

生涯一度きりの支出を勘案する

25倍という倍数はあなたの生活費にいくらかかるのかを計算する上で有用なものだが、この先必要となるかもしれない一度きりの支出を考慮に入れていない。ほとんどのリタイア計算機も同様に、この先待ちかまえる一度きりの支出を計算に入れる設計ではない。

ただ、あなたは自分のそれぞれのライフステージで必要な額がいくらなのかを、さらに子どもの大学の学費のような一度きりの大きな支出にいくらかかるのかを計算しておくべきだ。もしそうした支出に心当たりがあるのであれば、それらを今回、もしくは次の計算の際に、あなたの数字に勘案しておいた方が安心だ。

それは次のようなやり方でできる。もし子どもの州立大学の学費と寮費に8万ドルかかると計算した場合でも、その8万ドルを直接あなたの数字に加える必要はない。亡くなるまで毎月分割払いでその8万ドルを支払うわけではないからだ。

手順としては、そのお金が必要となる時期を推測し、そのタイミングで8万ドルを手にするためには、今いくら投資する必要があるのかを計算するのだ。例えば、あなたの子どもがいま3歳であれば、その8万ドルの学費が必要となるのは15年後だ。つまり、7%の期待年間リターンで15年後に8万ドルの価値になるためには、今いくら貯めておく必要があるのかを計算するのだ。

お金の時間的価値を計算する現在価値の公式として知られる非常にシンプルな計算（かつパーソナル・ファイナンスで最も役に立つ計算のひとつ）を使えば、15年後に8万ドルを手にするために今いくら投資する必要があるのかを計算できる。

つまりこの例で言うと、PV＝80000ドル×｛1÷（1・07）15乗｝＝28995・68ドルとなる。

年7%の複利で15年後に8万ドルの価値になるには、きょう28995ドル貯蓄する必要があるということだ。あなたの数字に加えるべきなのはこの数字だ。そして15年後、大学の学費としてそのお金を全額一度に引き出してもいいし、徐々に必要な額だけを引き出して、残るお金を投資口座で増やし続けてもいい。将来に待ちかまえる一度きりの支出にはこの公式を使って、あなたの数字を調整すべきだ。

お金の時間的価値を計算する

$$PV = FV\frac{1}{(1+r)^n}$$

PV（現在価値）＝目標額に到達するために投資する必要のある金額
FV（将来価値）＝大学の学費として必要な額（例えば8万ドル）
r＝インフレ調整した投資資金の増加率（例えば7%、0.07と書く）
n＝資金が増える年数（例えば15年）

もうひとつの大きな不確定要素と言えば、将来の医療費だ。米国では年々高額になっており、歳をとってよりケアが必要になれば支出は増えていく。だからこそ、あなたの数字は四半期ごと、もしくは少なくとも1年ごとに定期的に見直し、調整することが重要なのだ。心配しなくてもいい。すぐにあなたはこの計算のプロになれる。

あなたの数字がどんな数字であれ、「うわっ、いったいどうすればこんな大金を貯められるの?」と思っているかもしれない。125万ドルというとリタイア計算機が弾き出した350万ドルよりはずいぶん少ないが、私も当初はその金額に圧倒された。一文無しの私には手に負えない大金だ。本当にそんな大金が必要なのか、と私は思い始めた。

最終的にいくら必要なのかは、あるひとつの大きな変数が鍵を握るのだが……。

ライフスタイル・ファクター

あなたの数字を計算し、支出を分析している期間。それはあなたの現在の支出を厳しく精査し、あなたが求める生活を送るために、それほどのお金を使う必要があるのかを見極めるのに最適の期間だ。支出が少なければ少ないほど、お金は必要なくなる。自明のことだ。また、支出が少なければ少ないほど、もっと貯蓄に回して投資できる。そして投資額は大きければ大きいほど複利で増える額も大きくなり、あなたはより早く経済的自立に到達できる。

　支出を減らしながら、自分が心から好きな生活など果たして送れるのだろうか？　生活に不可欠なものだけに支出を切り詰めればいいのだ。あなたに毎回、喜び、意義、目的、達成感をもたらすものだ。

　お金はあくまで、あなたが心から好きな生活を送る手段としてのみ重要なのだ。ところが我々は、自分にとって何が本当に必要なのかをめったに考えることがない。その結果、それほど重要ではないものにお金を使ってしまうことが少なくない――そのために自分を幸せにするものを犠牲にすることさえある。

　実はそれほど欲しくないにもかかわらず、我々は他人が支出しているものにとらわれ、自分の周囲の人々と似たライフスタイルを送る傾向にある。もしくは自分に力があると思いたいがためにお金を使う。実際には、そのお金を持ち続けた方が価値は一層大きくなり、もっと大きな力を与えてくれる。

　また、お金は稼げば稼ぐほど使ってしまう傾向にある。ライフスタイル・インフレーション――ポップスターやアスリートが年間数百万ドルを稼ぎながらも、巨額の借金を抱えてしまうのはそのためだ――として知られる傾向だ。

　また、10万ドル以上稼いでいる人々の多くがギリギリの生活を送ったり、巨額の借金に追われるのもそのためだ。必要以上の浪費をしてしまい、金銭的に余裕のないライフスタイルを送っているのだ。消費があくまで第一であり、（もしあるとしても）自分の将来への支払いを後回しにする。本来であれば、投資を通じて自分の将来に最初にお金を払うことが常に最善だ。

我々はよく何かを得るためにお金を使おうと考えるが、実際は投資ではなく消費をするときは、大切なもの——そのお金を稼ぐために使った時間、そしてそのお金によって買えるはずの将来の自由の両方——を失っている。

米国では、「一生懸命に働いた自分はそれに値する」からという理由で、必要なものや欲しいものを買うように若いころから教えを受ける。また、我々は——特に基本的なニーズにかかわる場合——モノを買うことによって、問題を解決するよう教えられる。

お腹が空けば、食べ物を買ったり注文したりする。食べ物を自分たちで育てたり、育てている人と交換しようとはしない。もしくはすでに持っているものを食べるのではなく、新たに注文する。水曜日の夜にテイクアウトで簡単に60ドル使ってしまうのも、私が1年間にメキシコ料理に2000ドル以上使ってしまうのもそのためだ。私が日々苦労している分野のひとつであり、この努力は今でも続いている。

住む場所が必要なとき、我々は最も高額なマンションを借りたり、住宅ローンが借りられる範囲で最も大きな家を買ったりする。他人の留守を預かったり、間借りしたり、キャンプしたり、友人の家に泊まらせてもらう機会を探すのではなく、高額なホテルの部屋を借りる。勘違いしないでほしいのだが、私は世界中の素敵なホテルに泊まるのは大好きな方で、そうしたホテルでの宿泊にお金を使うのはいっこうにかまわない。ただ、ピッツバーグの馬鹿高いチェーンのホテルに500ドルもかけるのが耐えられないのだ。

通勤用のため、もしくは昇進したとき、古い車がまだ走れるにもかかわらず、新車を買うことを正当化してしまう。私も大学を卒業して最初の会社に採用されたとき、ミニクーパーを2万ドルで買ってこの罠に陥った。何年もの間、少なくとも毎月400ドルが車の支払いに消えることになった。その後に実行したことだが、1000ドル以下の車を買うべきだったのだ。

我々は子どもの機嫌が悪いとき、もしくは単に喜ばせるために、必要としていない高額なおもちゃをたくさん買いすぎる。自分が病気になったときは、咳止めシロップやヴェポライザー［スチーム式加湿器］を買うためにドラッグストアに行ったり、病院で症状をごまかすための薬を医師に処方してもらう。ただ、根本の原因は解決していない。休むのではなく働き続けるために、薬を投与するのだ。結局はさらに身体を壊し、お金がかかることになる。

何かが必要なときは、無料の方法を探したり、友人や家族に助けを求めたり、もしくは誰かと交換する方が節約できる。創造力を働かせればほとんどの場合、お金のかからない――多くの場合、無料の――方法があるのだ。結局のところ、あなたがどれくらい本気で節約したいのかにかかっている。

例えば、パーティーにドレスが必要なとき、友人からタダで借りたり、お金を払って借りたり、古着のドレスを買うこともできる。私は最近、私の犬の世話をしてくれる女性のフェイスブックの広告キャンペーンを手伝った見返りとして、犬をまるまる1週間無料で世話してもらった（400ドルの価値）。その作業には30分しかかからなかった。また、行きつけの床屋のために簡単なホームページを数時間かけて作った結果、タダで髪を切ってもらった（240ドルの価値）。お互いウィンウィンの取引だ。

一歩後ろに下がって、何が本当に必要なのか、何が本当に人生に喜びをもたらしてくれるのかを自問自答すれば、より注意深く、より明確な意図を持ってお金を使うことができるだろう。美しいヴィンテージのメルセデスを買ってはいけない、5つ星ホテルに泊まってはいけない、デザイナーシューズに散財してはいけないという意味ではない。そうした消費が喜びをもたらすのであれば別にかまわない。自分にとってそれほど重要ではないほかの分野にはあまりお金を使わない方がよく、自分の年間支出を計算するときはこれらの点を考慮に入れる必要があるという意味だ。

あなたの税引き後の時給が30ドルで、6万ドルの車が買いたいのであれば、人生の貴重な2000時間をその車と交換することになる。もしあなたが週に40時間働いているのであれば、その車のために50週――まるまる1年だ――働く必要があるという計算だ。もしその車にあなたの人生の1年分の価値があるのであれば、かまわない。ただ、あなたが行おうとしているトレードオフを自覚した方がいい。

また、6万ドルの車は実際には6万ドル以上のコストがかかることも理解しておこう。将来の自分のために投資する機会をその分失うからだ。７％の複利であれば、６万ドルは10年で11万８０２９ドル、20年で23万２１８１ドル、30年で45万６７３５ドルになるのだ！　きょう買うその６万ドルの車は、あなたの数字に到達するために45万６７３５ドル余分に貯蓄しなければならないほどの価値があるのか？　その６万ドルのヴィンテージカーは、実際は将来の45万６７３５ドル分のコストになっている。つまり、その車のために２０００時間分の人生に加えて、40万ドル以上に増える可能性のある投資元本を犠牲にしているのだ。私であればを45万６７３５ドルを将来持っておきたい。ただ、あなたは自分の好きなように選択すればいい。

72の法則でお金を2倍にする

７％の複利で今のお金がいくらになるのかを概算するには、72の法則を使えばいい。シンプルな計算方法だ。72を期待複利（７％）で割れば、そのお金が2倍になるのにどれくらいの年数がかかるのかがわかる。７％の複利であれば、72÷７＝10・2年、つまり10年ごとにあなたの資金が2倍になるということだ。もし新車を買うのではなく６万ドルを投資すれば、10年後には12万ドル、20年後には24万ドル、……、ということだ。

ただ、ほとんどの人がそうであるように、あなたもモノの所有よりも経験——旅、友人とのお出かけ、家族と公園で過ごす時間、音楽フェスで我を忘れる、キャンプ、新たな出会いなど——の方が人生により大きな喜びをもたらすと思っているはずだ。そうした経験にもいくらかお金はかかるが、おそらくずいぶん安く済むだろう。

経済的自由とは突き詰めると、何が本当に自分に喜びをもたらすのか、何が自分にとって重要なのか、そうした問いに対して自分に正直になることだ。真に大切なことにお金を使い、そうではないことにはお金を節約しよう。そのほかのあらゆること——友人が何をしているのか、隣人が何を買っているのか、両親が何を言っているのか、同僚が何に散財しているのか——はただのノイズだ。きらびやかな新商品は続々と出てくるが（我々の経済自体が我々の消費に依存しているのだ！）、もし自分にとって重要なものだけにお金を使えば、支出は自然と抑えられ、経済的自立により早く到達できるだろう。

幸福な人生、もしくは心から好きな人生を送るという考え方は、今はなじみのないコンセプトだと思えるかもしれない。もしくは、「何が自分を幸せにするのかなんてわからない」とあなたは言うかもしれない。心配しなくてもいい。それはあなただけではない。多くの人は何が自分を幸せにするのか知らないのだ。それを知るために、単にもっと多くの時間や空間、自由が欲しい。もしくはラットレースから少しでも早く抜け出したいと思っている。それも決して悪くはない。

これは自分探しの長い旅であり、お金を節約し、稼ぐための新たなやり方を開拓していく中で、驚くべき新たな発見があなたを待っている。喜びをもたらし、心を穏やかにし、人生に意味を与え、人生をもっと楽しくするものとの出会いだ。

幸せになるために年間いくら使う必要があるのかを深く考えていく中で、あなたは気づくはずだ。あなたの数字が思ったよりもずいぶん少ないことに。

例えば、スティーヴはフルタイムのＩＴ関連の仕事では一度も充実感を感じることがなかったため、数年前に早期リタイアすることに決めたが、そのためにはものすごい額の貯蓄が必要だとわかっていた。注意深く自分の支出を分析し、幸せになるために年間いくら必要なのかを見積もることから始めた。その結果、持ち家の負担を避けて妻と一緒にエアストリーム［キャンピングカーのブランド］に住めば、年間４万ドル以下の生活でも、自分のライフスタイルを維持できるとわかった。

確かに、彼は仕事を続ければもっと稼ぐこともできた。また、早期リタイアのためには、少しだけつましい生活をしなければならないこともわかっていた。ただ、時間はお金やお金で買えるモノよりも価値があることもわかっていたため、89万ドルを投資資金として、35歳でリタイアした。何が自分を幸せにしたのか、充実したライフスタイルを維持するのにいくら必要なのかをよく考えることで、彼は思っていたよりもかなり早くリタイアでき、投資資金からの収益だけで生活できているのだ（しかも、投資資金は増え続けている）！

しばらくすると、スティーヴは年間４万ドル以上使いたいと思うようになるかもしれないが、複利で十分長く資金を増やすことができれば、何の問題もないだろう。しかも彼はすでに、ブログの執筆など好きな時間でできる小さな副業をいくつか立ち上げており、毎年の投資資金の取り崩し額を少なくしているのだ。

もうすでに「リタイア」できるかもしれない

あなたは年収12万ドルでストレスの大きな仕事をしているが、自分の支出を賄うにはたった４万ドルしか必要ないとしよう。もしすでにそれなりの金額を貯蓄しているのであれば、そのストレスの大きな仕事を辞めて、毎月の支出をカバーするだけのストレスの小さな仕事に切り替えることで、より幸せになれるかもしれない。もしくは、子どもと過ごす時間を増やしたいのであれば、パートタイムの仕事を始めてもいい。あまりにも多くの人が、次に挙げた理由から嫌いな仕事を続けている。

1. ほかに選択の余地がないと感じている。
2. それ以上お金が必要ではないことに気づいていない。
3. もっと少ないお金でも生活でき、心から好きな仕事をしても支出を賄えることに気づいていない。

私が話したことのある多くの人が、「今の仕事を辞められないんだが、その仕事が嫌いなんだ」とぼやいていた。ただ、彼らは本当に必要な金額を知るために支出を詳しく調べようとはしないし、もっと幸せになるために自分のライフスタイルを進んで変えようともしていない。人生は短い。楽しまない手はないのだ。

自分を幸せにする支出レベルを把握したのが大きかった。まずできるだけ買うものを減らし、それから自分にとって本当に重要なものだけを買い戻す作業を通じて、私はそのレベルを見出した。まず自分の支出の下限を試し、その金額では低すぎる、欠乏につながっていると判断したのだ。それから上限を徐々に引き上げていくことで、程よいバランスを見出したのだ。

私たちはそれまで思っていたよりも旅行や外食をしたいわけではないとわかった。あなたにとって何が重要か、どの支出があなたを幸せにするのかを把握しよう。自分の限界を少し試してみれば、少しずつわかってくるはずだ。

――ブランドン、32歳で経済的自立を達成して34歳でリタイア

平均的な世帯と著者の年間支出の比較

2016		
平均年間支出	米国の平均的な世帯	私と妻
食料	$7,203	$6,000
住居	$18,886	$24,000
衣服・サービス	$1,803	$1,000
移動	$9,049	$2,000
医療	$4,612	$7,000
娯楽	$2,913	$3,000
保険と年金	$6,831	$2,000
その他の支出	$3,933	$4,000
現金寄付	$2,081	$1,000
合計	$57,311	$50,000

自分の支出を数年間チェックし、支出を減らした結果、私はシカゴのような大都市でも年間5万ドルの支出で自分が心から好きな生活を送れると判断した。

その額が私のスイート・スポット――それ以上支出を増やしてもより幸せにはならないし、人生をより豊かにもしない金額――だった。

ただ、はっきりさせておきたいのだが、5万ドルを目標値としたが、私も決して完璧ではない。2010～2015年まで毎年5万ドル以下で生活し、経済的自立を達成した後、2016年には恐れていたライフスタイル・インフレーションの罠に陥り、買ってすぐに後悔するようなつまらない買い物をたくさんして、年間で20万ドル以上使ってしまった。ただ、20万ドル使う生活の方が、5万ドル使う生活よりも幸福度が低かった。

２０１６年にはお金にまつわる多くの過ちを経験し、私の計算も大きく狂った。再び計算し直し、自分の進むべき道に再度全力を傾ける必要があった。もしお金で過ちを犯しても、決して引きずってはいけない。また自分の道に戻ればいいのだ。

私も32歳となり、この文章を書きながらも、何が自分を幸せにするのか、自分が何を重視するのかは時間とともに変わっていくことがわかっている。これからも何度か引っ越すだろうし、ライフスタイルも変えたくなるかもしれない。そのため、私は少なくとも年に一度、年間支出目標を見直し、私の数字をその都度調整している。

お金ともっと気楽に付き合えるようになり、お金との関係をさらに深めていけば、心から好きな人生を今、そしてこれからもずっと送るために必要となる、自分の時間、自分のお金、自分の支出の間のトレードオフをより理解できるようになるだろう。

ロケーション、ロケーション、ロケーション

住宅は米国人にとって最大の支出だ。住む場所はリタイアに必要な金額に最も大きな影響を与える。ハンプトンズ［ニューヨーク近くのロングアイランドにある海辺の高級住宅地］に大邸宅

を構え、マンハッタンにマンションを買いたいのであれば、さらに数百万ドルの資金が必要となる。つまり、それだけの資金を貯めようとしているのであれば、人生において大きなトレードオフが必要とされるということだ。

もしあなたがそうしたライフスタイルに憧れる、そのためにはどんな犠牲もいとわないと言うのであれば、実際に行動に移す前に、その立地の何が具体的にあなたにとって魅力的なのかをしっかり考えてほしい。

あなたがハンプトンズに住みたいのは、海が好きだからかもしれない。ただ、1年のうち6カ月はビーチを楽しむには寒すぎるということを考えると、ハンプトンズに不動産を所有する必要があるだろうか？　夏の間にそこで数週間、家や部屋を借りて（友人と費用を分担してもいいかもしれない）も同じくらい楽しめるのではないだろうか？

もっと言うと、すでにそこに家を持っている人の留守を預かって、数週間ハンプトンズにタダで滞在するというのはどうだろうか？　もし本当に海辺の不動産を所有しなければならないのであれば、ウィルミントンやノースカロライナなどもっと手頃な場所に引っ越すのはどうだろう？　ハンプトンズと比べると10分の1の安さだ！

本書を脱稿する直前に、妻と私はニューヨークに引っ越すことに決めた。いつまでもそこに住むつもりではないが、もしそうするのであれば、30歳までに貯蓄した125万ドルの少なくとも2倍の資金が必要となるだろう。住む場所がより手頃な価格であれば、経済的自立に到達するま

住む都市が違えば、生活費も大きく変わる

生活費指数（Cost-of-Living Index, COLI）で比較した、生活費が最も高い都市圏と最も安い都市圏のトップ10（2017年第2四半期）

253の都市圏の平均＝100

最も高い都市圏ランキング			最も安い都市圏ランキング		
1	ニューヨーク（マンハッタン）	235	1	マッカレン	76
2	サンフランシスコ	192.3	2	コンウェイ	77.8
3	ホノルル	186	3	ハーリンゲン	78.5
4	ニューヨーク（ブルックリン）	180.2	4	リッチモンド	78.7
5	ワシントン	153.4	5	テューペロ	79.2
6	オレンジ郡	152.4	6	カラマズー	80.5
7	オークランド	150.4	7	ウィチタフォールズ	80.5
8	サンディエゴ	146.9	8	ノックスヴィル	82.2
9	シアトル	146.9	9	マーティンズヴィル・ヘンリー郡	82.4
10	ヒロ	146.8	10	メンフィス	82.3

でに貯めておく必要のある金額は少なくなる。もっと言うと、給与の高い大企業が多く立地する割に生活費の安いミネソタ州のように、安い生活費と高い収入が組み合わされれば、もっと早く経済的自立に到達できる。

ニューヨークはそれとは全く別の生き物だ。そこに住むには非常に大きなプレミアムを支払うことになる。ただ、ニューヨーク市内でも場所によって生活費は大きく変わる。例えば、クイーンズでマンションを買えば、価格はそれほど高くはないものの、マンハッタンの魅力すべてを堪能できる。

右の表には、米国で生活費が最も高い都市と最も安い都市の上位10位までを掲載している。カウンシル・フォー・コミュニティ・アンド・エコノミック・リサーチが提供してくれているデータで、四半期ごとにウェブサイトで更新されている。

ある都市がほかの都市と比べて生活費がどのくらい高いのか見当をつけるやり方として、各都市圏の生活費指数（COLI）を比較するやり方がある。例えば、本書を執筆している間、私はシカゴ（COLIによると平均的な生活費）に住んでいたが、本書が出版されるころにはマンハッタンに住んでいるだろう。つまり、現在の支出に2・35倍（ニューヨーク［マンハッタン］の乗数）を乗じることになる。次ページの表では、私の現在の支出（年間およそ5万ドル）とニューヨークに住む際に必要とされる支出を比較している。

もし将来どこに住みたいのかはっきりとした展望があるならば、具体的な支出項目をそれぞれ

著者のシカゴでの年間支出にNYの都市乗数をかけると

	米国の平均的な世帯	私と妻	都市乗数による調整
平均年間支出	2016		2.35（NY）
食料	$7,203	$6,000	$14,100
住居	$18,886	$24,000	$56,400
衣服・サービス	$1,803	$1,000	$2,350
移動	$9,049	$2,000	$4,700
医療	$4,612	$7,000	$16,450
娯楽	$2,913	$3,000	$7,050
保険と年金	$6,831	$2,000	$4,700
その他の支出	$3,933	$4,000	$9,400
現金寄付	$2,081	$1,000	$2,350
合計	$57,311	$50,000	$117,500

徹底的に調べることによって、より詳細に見積もることも可能だ。ふたつの特定の都市の間で生活費を比較したいのであれば、少額の手数料を払うだけで、https://store.coli.org/compare.aspでかなり詳細な項目を確認できる。無料で使える生活費計算機（Bankrateのサービスは優れている）を使ってもいいし、自分が求めるライフスタイルに基づいたより具体的な額を計算したいのであれば、自分で検索してもいい。

例えば、COLIや生活費計算機を使えば、特定の市場における住宅の平均価格やふたつの都市間の住宅価格の差がわかる。ただ、それらのデータはあなたのライフスタイルではなく中央値や平均値に基づいている。あなたは平均よりも高い家に住みたいかもしれないし、平均的な家庭よりも食費を抑えたいかもしれない。こうしたことも、もっと詳細な支出予測に当てはめれば計算可能だ。

こうした計算を行う最も良いやり方は、あなたの支出項目表を見直し、その中にあなたの将来のビジョンをできるだけ詳細に盛り込むことだ。ある具体的な場所で特定のライフスタイルを送った場合に、どれくらい生活費がかかるのかを知りたければ、その場所に基づいたより詳細な見積もりを検索してみることで、細部を調整できる。

例えば、ZillowやTruliaなどの不動産検索サイトを活用すれば、自分が住みたい家に似ている家を簡単に探し出せる。そうした家の家賃や住宅ローン、固定資産税がいくらかを調べることができるのだ。こうした情報を使えば、例えばミシガンの湖畔の夢の家に住むにはいくらかかるのか、もっと正確な見積もりを出すことが可能だ。同様に、その地域のガソリン代など移動にかかる費用も検索することができる。

いまの時点では細かすぎる話のように思えるかもしれないが、将来できるだけ正確にあなたの数字を調整しようとする際には利用できるアプローチだ。また、あなたが直面するトレードオフを理解する上で効果的なやり方でもある（あなたはもっと旅行に出かけられるように、小さな家に住む決断をするかもしれない）。ほかの地域での生活費を見積もる際には、現在の生活費を分析した際に使った表が使える（オンライン版は本書のサイトで手に入る）。

現在の支出と将来の支出に基づいた期待年間支出を計算してしまえば、次はあなたの数字をもう一度計算し直す番だ。私の場合、もし生涯ニューヨークに住みたいのであれば、私の数字は、

114ページの表の期待年間支出より、

引き出し率×あなたの数字＝期待年間支出

0・04×私の数字＝117500

117500÷0・04＝2937500

支出が年間5万ドルで維持された場合に必要な貯蓄額（125万ドル）よりも、168万7500ドルも増えることになる。ニューヨークに住むためだけに、ありえないプレミアムを払うことになるのだ。

同じように、生活費の安い都市に引っ越すことで、いくら節約できるのかも計算できる。例えば、もしシカゴからメンフィスに引っ越したいのであれば、生活費は現在の82・8％になる。つまり、もし現在年間5万ドルで生活していれば、年間おそらく4万1400ドル（それ以下ではなくても）で生活できると考えられる。もしくは生活費は5万ドルを維持しながら、もっとおしゃれな住宅街のもっと素敵な家に住むこともできる。前者のケースであれば、あなたの数字は、

41400÷0・04＝1035000

もちろん、これらは計画のための大雑把な概算にすぎず、ニューヨークでも114ページの表の年間5万6400ドル以下の住居費の場所を探すのは間違いなく可能だ。いずれにしても、あなたの数字を計算する上では良い練習になる。

すでに本書で説明しているように、もしあなたに冒険心があって、海外に住みたいのであれば、米国よりもずいぶん安いコストで生活できるすばらしい場所がいくつかある。インフレは各国固有の現象（それぞれの国で通貨や経済が異なるため、通貨の価値の変動もそれぞれの国で異なる）であり、ほかの国よりも米国の方がモノの値段は高くなる傾向にある。ある特定の状況下では通貨の価値が下がることもある（デフレとして知られている）ため、そうした場所では徐々にモノが安くなるのだ。

友人のクリスティーとブライスはどこに住みたいのかを決める際に、インフレ率を自分たちに有利になるようにうまく利用している。各国のインフレ率を基にどこに住むのかを決めるというもので、地理的アービトラージという言葉で表現している。

現在、彼女らはカナダに住んでおり、年間4万ドルで生活できると計算している。もしカナダのインフレ率が上がりすぎた場合、彼女らは単純にほかの国に移動できるのだ。「もしやばい事態になれば、私たちはタイに行くつもりです」とブライスは話す。タイは信じられないほど生活費が安い。物価が20年間、それほど上昇していないからだ。

本書を執筆している時点で、経済が発展している国の中で最も生活費の手頃な12カ国はウクライナ、タイ、台湾、ベトナム、メキシコ、ハンガリー、エクアドル、チェコ共和国、フィリピン、ポーランド、マルタ、そしてスペインだ。

繰り返し得られる収入があなたの数字を減らす力

あなたの数字を計算し、調整していく中で、必要な額を大きく減らす変数はあなたが稼いでいる収入だ。能動的でも受動的でもかまわない。もしまだ収入を稼いでいるなら、リタイアしていないということじゃないか、とあなたは思っているかもしれない。従来の言葉の定義に従うとそれは正しいが、私はもはやお金のために働く必要がなく、やりたいことをやれるのであれば、それがリタイアした状態だと考えたいと思っている。

忘れないでほしいのだが、あなたの数字とは、働かなくても亡くなるまで生活費として頼れる資金を表している。もし働き続ければ、もしくは何らかの方法で稼ぎ続ければ、必要な額は減るだろう。一方はお金を稼がなければならないからやる仕事。もう一方は暇を持て余さないよう好きなことをして、稼ぐのを楽しみたいからやる仕事。両者には天と地ほどの差がある。

もし（家賃収入、オンラインビジネス、他人が経営しているビジネスなどを通して）副収入を得ることができれば、貯蓄する必要のある金額は減り、あなたの数字はより小さくなるだろう。

実際、副収入によってあなたはより大きな自由を手にすることができる。
もしかしたら、あなたの毎月の支出の一部（もしくはすべて）を賄うほど安定した収入かもしれない。そうなれば、貯蓄する必要のある金額、もしくは生活するために投資資金から引き出さなければならない金額を効果的に減らしてくれる。さらに、生活のための資金を投資資金に頼っていなければ、ポートフォリオの資金は手をつけることなく複利効果でどんどん増えていくのだ。

安定かつ期待できる副収入（能動的でも受動的でも）の影響力を測るためには、目標とする引き出し額から平均的な毎年の副収入を差し引いてもらえばいい。例えば、家賃収入やブログの執筆で月２０００ドルの税引き後副収入があるとしよう。その場合、毎年2万４０００ドルも、投資資金から引き出す必要のある金額が減ることになる。

この金額があなたの数字に与える影響を計算するためには、単純に目標とする年間支出額（生活するために必要な金額）から副収入を差し引いてみよう。もし期待年間支出が5万ドルで、副収入（税引き後）として2万４０００ドル稼いでいるのであれば、投資資金からは2万６０００ドルしか引き出す必要はなく、従来よりも48％少ない額だ。

必要な金額が5万ドルではなく2万６０００ドルになる。この数字が毎年の引き出し額の新たな目標値となり、あなたの数字はこの2万６０００ドルを25倍（前述の式で使った倍数だ）した数字になる。つまり、新しいあなたの数字は２６０００×25＝６５００００ドルになるのだ！

もともとの数字よりも60万ドルも少ない！　月２０００ドルという安定した収入源を確保しただけで、貯蓄する必要のある金額が大きく減ったのだ。

あなたのメインの年収が７万５０００ドル（税引き後）で、月２０００ドルの副収入に加えてその年収の33％（およそ２万５０００ドル）を貯蓄に回しているとしよう。そうすると、あくまで投資の成績次第だが、経済的自立には20～25年早く到達することができる。

もちろん安定した収入を稼ぎ、毎年の貯蓄額を増やせれば、あなたの数字に到達する時期はもっと早まるだろう。頼れる安定した月収は長期間に及ぶ影響力があり、経済的自立に到達するのに必要となる金額を減らしてくれる。月２０００ドルでも年間では２４０００ドルであり、２４００×25＝６００００ドルもあなたの数字を減らす効果があるのだ。

繰り返し生じる収入は少額であっても影響力が大きい。どれほどあなたの数字を減らす効果があるのか、次ページの表で確認してみよう。

その収入が安定的かつ継続的であると予想されるときだけ、この計算を利用するよう心がけてほしい。家賃収入は確実な収入（おそらく年月とともに増える）と言えるが、ネットビジネスの副業からの収入は毎月変動するかもしれない。あなたの収入源は変化し、収入の確実性も変動するため、少なくとも年に一度はあなたの数字を計算し直すことが重要になる。

副収入のもうひとつの利点は、投資の成績に対するヘッジになるということだ。そのため、あなたが亡くなるまで資金が持続するより大きな保証になる。

副収入があれば経済的自立は早くなる

毎月の副収入	毎年の副収入	25倍の乗数(あなたの数字の減額分)	30倍の乗数(あなたの数字の減額分)
$250	$3,000	$75,000	$90,000
$500	$6,000	$150,000	$180,000
$1,000	$12,000	$300,000	$360,000
$1,500	$18,000	$450,000	$540,000
$2,000	$24,000	$600,000	$720,000
$2,500	$30,000	$750,000	$900,000
$3,000	$36,000	$900,000	$1,080,000
$4,000	$48,000	$1,200,000	$1,440,000
$5,000	$60,000	$1,500,000	$1,800,000
$6,000	$72,000	$1,800,000	$2,160,000
$7,000	$84,000	$2,100,000	$2,520,000
$8,000	$96,000	$2,400,000	$2,880,000

例えば、ブランドンは32歳の時点でリタイアするのに十分な資金を持っていたが、34歳まで働いていた。彼のブログが副収入になっていたからこそ、毎年の支出額を増やすという選択肢が持てたし、投資資金から取り崩す額をその分増やす心配もなかった。副業としてブログを書いただけで、自分の時間をより早く取り戻すことができ、より大きな安全性を手にしたのだ。

また、彼はブログを書くのが大好きだった。つまり、彼にとっては一挙両得なのだ。それは35歳またはそれ以前にリタイアしたスティーヴ、ジャスティン、ミッシェルも同じだ。彼らは毎月の支出額の一部を賄うことで、投資資金に手をつけずに増やしておくためにブログを書いているのだ。

小さな目標に落とし込む

あなたの数字は、最初は非常に大きく見え、達成不可能なように感じるかもしれないが、もっと小さな目標に分解すれば、達成するのがずいぶん楽になる。人間は大きな数字を理解するのが苦手で、将来を考えるのも得意ではない。そのため、あなたの数字をもっと達成しやすい目標に小さく分解すると非常に楽になるのだ。私のオススメは、年間、月間、週間、そして毎日の貯蓄目標に分解することだ。

例えば、あなたは125万ドル貯める必要があるとしよう（私が最初にこの計算をしたときの数字だ）。どれだけ早く経済的自立に到達したいのかによるが、それまでの期間を年数、月数、週数、日数で割ることによって、目標額を簡単に分解できる。

投資した資金はマーケットに投じた瞬間から複利で増えていくが、この最初の計算の段階では期待収益率を計算に入れない方がいい。ただマーケットのパフォーマンスに応じて、この数字にもっと早く到達できることを理解しておけばいい。

124～125ページの表では、リタイアしたい時期に応じて、貯蓄額ゼロからだと毎年、毎

あなたの経済的自立に必要な金額の求め方

$$S=\frac{r\{Y-A(1+r)^{n}\}}{(1+r)^{n}-1}$$

S ＝リタイアする年まで毎年貯める必要のある金額
Y ＝あなたの数字
A ＝すでに投資した金額（元本）
r ＝年間複利（小数表示、例えば7％＝0.07）
n ＝リタイアまでの年数

私の数字である1,250,000ドルを使うと、

Y ＝1,250,000ドル
A ＝0
r ＝7％（0.07）
n ＝5年

$$S=\frac{0.07\{1,250,000-0(1+0.07)^{5}\}}{(1+0.07)^{5}-1}=217,363\text{ドル}$$

月、もしくは毎日、いくら貯蓄する必要があるのかをまとめてある。あなたの数字を基にこれらの数字を割り出したいのであれば、私が作った本書のサイトで手に入るシンプルな計算機を利用すればいい。

複利効果を勘案して数字を調整するために、7％の期待年間収益率を計算に加えることもできる。この計算は少しだけ難しいが、エクセルや私が作ったオンライン計算機でできる程度の計算だ。手計算するのであれば、以下の計算式に従えばいい。

つまり、7％の複利で5年後に125万ドルを手にするためには、私は毎年21万7363ドル貯める必要があるということだ。あなたが計画

到達までの年数	あなたの数字	年間目標	月間目標	週間目標	毎日の目標
21	$1,250,000	$59,524	$4,960	$1,144	$163
22	$1,250,000	$56,818	$4,734	$1,092	$155
23	$1,250,000	$54,348	$4,528	$1,045	$148
24	$1,250,000	$52,083	$4,340	$1,001	$142
25	$1,250,000	$50,000	$4,166	$961	$136
26	$1,250,000	$48,077	$4,006	$924	$131
27	$1,250,000	$46,296	$3,858	$890	$126
28	$1,250,000	$44,643	$3,720	$858	$122
29	$1,250,000	$43,103	$3,591	$828	$118
30	$1,250,000	$41,667	$3,472	$801	$114
31	$1,250,000	$40,323	$3,360	$775	$110
32	$1,250,000	$39,063	$3,255	$751	$107
33	$1,250,000	$37,879	$3,156	$728	$103
34	$1,250,000	$36,765	$3,063	$707	$100
35	$1,250,000	$35,714	$2,976	$686	$97

複利なし貯蓄だけの場合の経済的自立（125万ドル）への貯蓄計画

到達までの年数	あなたの数字	年間目標	月間目標	週間目標	毎日の目標
1	$1,250,000	$1,250,000	$104,166	$24,038	$3,424
2	$1,250,000	$625,000	$52,083	$12,019	$1,712
3	$1,250,000	$416,667	$34,722	$8,012	$1,141
4	$1,250,000	$312,500	$26,041	$6,009	$856
5	$1,250,000	$250,000	$20,833	$4,807	$684
6	$1,250,000	$208,333	$17,361	$4,006	$570
7	$1,250,000	$178,571	$14,880	$3,434	$489
8	$1,250,000	$156,250	$13,020	$3,004	$428
9	$1,250,000	$138,889	$11,574	$2,670	$380
10	$1,250,000	$125,000	$10,416	$2,403	$342
11	$1,250,000	$113,636	$9,469	$2,185	$311
12	$1,250,000	$104,167	$8,680	$2,003	$285
13	$1,250,000	$96,154	$8,012	$1,849	$263
14	$1,250,000	$89,286	$7,440	$1,717	$244
15	$1,250,000	$83,333	$6,944	$1,602	$228
16	$1,250,000	$78,125	$6,510	$1,502	$214
17	$1,250,000	$73,529	$6,127	$1,414	$201
18	$1,250,000	$69,444	$5,784	$1,335	$190
19	$1,250,000	$65,789	$5,482	$1,265	$180
20	$1,250,000	$62,500	$5,208	$1,201	$171

到達までの年数	あなたの数字	年間目標	月間目標	週間目標	毎日の目標	期待年間収益率
21	$1,250,000	$27,861	$2,321	$535	$76	7%
22	$1,250,000	$25,507	$2,125	$490	$69	7%
23	$1,250,000	$23,392	$1,949	$449	$64	7%
24	$1,250,000	$21,486	$1,790	$413	$58	7%
25	$1,250,000	$19,763	$1,646	$380	$54	7%
26	$1,250,000	$18,201	$1,516	$350	$49	7%
27	$1,250,000	$16,782	$1,398	$322	$45	7%
28	$1,250,000	$15,490	$1,290	$297	$42	7%
29	$1,250,000	$14,311	$1,192	$275	$39	7%
30	$1,250,000	$13,233	$1,102	$254	$36	7%
31	$1,250,000	$12,246	$1,020	$235	$33	7%
32	$1,250,000	$11,341	$945	$218	$31	7%
33	$1,250,000	$10,510	$875	$202	$28	7%
34	$1,250,000	$9,746	$812	$187	$26	7%
35	$1,250,000	$9,042	$753	$173	$24	7%

7%の複利がある場合の経済的自立（125万ドル）への貯蓄計算

到達までの年数	あなたの数字	年間目標	月間目標	週間目標	毎日の目標	期待年間収益率
1	$1,250,000	$1,250,000	$104,166	$24,038	$3,424	7%
2	$1,250,000	$603,865	$50,322	$11,612	$1,654	7%
3	$1,250,000	$388,815	$32,401	$7,477	$1,065	7%
4	$1,250,000	$281,535	$23,461	$5,414	$771	7%
5	$1,250,000	$217,363	$18,113	$4,180	$595	7%
6	$1,250,000	$174,745	$14,562	$3,360	$478	7%
7	$1,250,000	$144,442	$12,036	$2,777	$395	7%
8	$1,250,000	$121,835	$10,152	$2,342	$333	7%
9	$1,250,000	$104,358	$8,696	$2,006	$285	7%
10	$1,250,000	$90,472	$7,539	$1,739	$247	7%
11	$1,250,000	$79,196	$6,599	$1,523	$216	7%
12	$1,250,000	$69,877	$5,823	$1,343	$191	7%
13	$1,250,000	$62,064	$5,171	$1,193	$170	7%
14	$1,250,000	$55,431	$4,619	$1,065	$151	7%
15	$1,250,000	$49,743	$4,145	$956	$136	7%
16	$1,250,000	$44,822	$3,735	$861	$122	7%
17	$1,250,000	$40,531	$3,377	$779	$111	7%
18	$1,250,000	$36,766	$3,063	$707	$100	7%
19	$1,250,000	$33,441	$2,786	$643	$91	7%
20	$1,250,000	$30,491	$2,540	$586	$83	7%

するリタイアの時期はおそらく5年よりも先のはずだから、あなたのこの数字はもっと小さい額になるだろう。スプレッドシート上では、年間の貯蓄額を12で割ることで月間の貯蓄額を、52で割ることで週間の貯蓄額を、３６５で割ることで毎日の貯蓄額を割り出すことができる。

私はこれらの数字を見て興奮を覚えた。１日約２ドル貯蓄額を増やすだけでリタイアまでの年数が１年早くなり（35年から34年に）、10ドル増やせば２年早くなる（25年から23年に）のだ。あなたの数字がどんなに大きくても、もっと稼いでもっと投資すれば、その数字にはより早く到達できる。いったん貯蓄を始めると、それは驚くべきペースで増え始める。自分の数字を把握したいま、どこに向かっていくのかはもうわかっただろう。次のステップは、あなたのいまの立ち位置を知ることだ。

第3章まとめ

1 リタイアに向けた計画は厳密な科学ではない。あなたの変化に合わせて、必要な金額も変わっていく。大切なことは、取り組む時間的余裕のある現実的な目標額を設定することだ。目標額は時間とともに適宜、調整する必要があるだろう。

2 いくら必要なのかは最終的にはあなたの望むライフスタイル次第だ。あなたにとっての完璧な1日とはどんな1日か？　心から好きな生活を送るためには、あなたが思っているほどお金はかからないだろう。あなたが心から好きな生活を送れるようになる手段としてのみ、お金は重要なのだ。

3 若ければ若いほど、リタイアまでに貯蓄しておく必要のある金額は少なくなる。投資資金が複利で増える期間が長くなるからだ。より早い時期からより多くのお金を投資するほど、あなたの資金はより早く増えていく。それは複利効果のおかげだ。

4 あなたが亡くなるまで資金が持続する確率を最大化するためには、以下を含む明確な指針に忠実に従う必要がある。

・期待年間支出の少なくとも25倍は貯蓄する。
・副収入や不労所得によって、投資収益に手をつける時期をできるだけ先延ばしにする。
・リタイアが近づいたら、1年分の生活費を現金で手元に持っておく。
・投資収益の範囲内で、できる限り少ない金額で生活する。
・投資元本（当初の投資資金）にはできるだけ手をつけない。

5 いまの支出額を基に、あなたの数字を計算せよ。あなたの期待年間支出を算出し、その数字に25もしくは30という倍数を掛け、さらに将来の一度きりの支出を加えることで、ベースとなる数字を計算できる。より正確な目標値を弾き出すためには、将来の支出を予測し、それに基づいて計算することも可能だ。

6 その6万ドルのヴィンテージカーは、実際は将来の48万6989ドルのコストに値する。お金を使って何かを買う際はいつでも、あなたの人生の大切な時間を差し出し、支払ったお金の将来の潜在価値を犠牲にしていることを忘れてはならない。

7 72の法則：あなたの資金が2倍になるのにどれくらいの年数がかかるのかを割り出

すためには、72をあなたの期待複利（7%）で割ろう。7%の複利であれば、72÷7%＝10・2年、つまり10年ごとにあなたの資金は2倍になるということだ。6万ドルで新車を買うのではなく、その資金を投資に回せば、10年後に12万ドルの価値になり、20年後には24万ドルの価値になる。

8 繰り返し得られる安定収入は必要な金額を減らし、経済的自由への道を大幅に短縮してくれる。

9 あなたの数字をもっと小さい、より達成しやすい毎日、週間、月間、年間の貯蓄目標額に分解しよう。複数の株式市場のリターンシナリオに基づき、それらの目標額を調整しよう。日々の貯蓄額を1ドル増やすだけで、長期的に見ると大きな違いが生まれる。

第4章

あなたのいまの立ち位置は?

WHERE ARE YOU NOW?

あなたの財務状況を明確にする

前章まであなたの数字を算出し、その数字を小さな目標額に分解した。次にやることは、自分の純資産を計算して、スタート地点を把握することだ。純資産とは、あなたの資産（現金、持ち家、投資資産など価値のあるもの）と負債（あらゆる種類の借金）の差額だ。あなたの純資産は、パーソナル・ファイナンスにおいては定期的に確認すべき最も重要な数字だ。私は毎日その数字を確認しており、あなたもそうすべきだ（少なくとも週に一度は）。

もし一度も確認したことがない、もしくはしばらく確認していないのであれば、最初は椅子に座って自分の財務状況を計算する作業にはストレスを感じるかもしれない。ただ、避けては通れないことだ。もし自分の財務状況の確認を怠れば、富を築くために使える貴重な時間を無駄にしていることになる。事実を把握しないことには、戦略を練ることなどできないからだ。

自分の財務状況を調べる作業はいまの時点では大変かもしれないが、すぐに慣れるようになる。いつの日か、作業を楽しみにさえ感じている自分に気づくはずだ。より早く始めるほど、経済的自由にもより早く到達できるのだ。

貯蓄と投資を続ければ、あなたの純資産はどんどん大きくなる。複利効果で、その増え方は加速していく。自分の投資資金が1日に10ドル、100ドル、さらに1000ドルと増えていくのを目の当たりにすると、純資産を確認する中毒になる。もっと貯めようというモチベーションにつながり、目標額に向けて取り組んでいく中で、マネーゲームで得点するような感覚になっていく。たとえそのゲームが好きではなくても、少額に見えた貯蓄額がどんどん大きくなっていく様を見るのは壮観だ。

あなたの純資産を計算する最も簡単で、最も手っ取り早い方法は、私が作った本書のサイトにあるツールを使ってもらうことだ。昔ながらのやり方でやりたいのであれば、必要なのは鉛筆と紙、電卓だけだ。もし無料のインターネット上のツールを使う場合でも、手計算してみることをオススメする。パズルのピースがどんな風に絵にはまっていくのかを確認できるからだ。計算を始める前に、ワインやコーヒーなど好きな飲み物を用意しよう。きっと作業がはかどるはずだ！

値札のつくものは「資産」

まずあなたの資産の計算から始めよう。資産とは実質的な価値があって、売ることのできるものだ。ただ、純資産を計算する目的では、自分が所有するものすべての価値を把握する必要はない。時間がかかりすぎるし、あまりに複雑になる。そうではなく、以下のことさえしてもらえばいい。

あなたの銀行口座、もしくは投資口座のすべてのアカウントにログインし、それぞれの残高を次ページの表を参考に137ページの表に書き記そう。続いて、売れる所持品の中で100ドル以上の価値のあるものをすべてリストアップし、いくらで売れるのかを調べる。500ドルで買

金融資産以外にも売れるものはすべて「資産」になる

例：ジュリアの資産

	銀行口座		投資口座		不動産		貴重品	
	品目	価値	品目	価値	品目	価値	品目	価値
1	普通預金1	$10,000	確定拠出年金	$67,000	マンション	$250,000	車	$10,000
2	普通預金2	$5,000	Roth IRA	$31,000			ギター	$2,000
3	当座預金1	$6,000	証券	$9,000			腕時計	$500
4	当座預金2	$1,000	SEP IRA	$14,000			レコード	$1,000
5	事業用 当座預金	$4,000					宝石類	$2,000
6								
7								
8								
9								
10								
合計		$26,000		$121,000		$250,000		$15,500
総資産	$412,500							

あなたの「資産」を書き出してみよう

資産

	銀行口座		投資口座		不動産		貴重品	
	品目	価値	品目	価値	品目	価値	品目	価値
1								
2								
3								
4								
5								
6								
7								
8								
9								
10								
合計								
総資産								

ったカウチでも、いま売れば60ドルにしかならないのであれば、そのカウチの価値は60ドルだ。車、アート作品、高価な宝石類、家具、祖母の上質なアンティークの皿なども含まれる。あなたの所有する不動産も含まれるが、ここではそれは個別の項目として扱う。

それぞれの品目の価値を書き出し（価格がはっきりしないものは、インターネットで調べられないか確認してみよう）、それぞれの項目で合計額を算出しよう。その合計額を足し合わせた額があなたの全資産だ。

では、ある人物の資産を見てみよう。ジュリーは30歳で、大企業のＩＴ部門で働いている。ヴィンテージ古着をオンラインで販売する副業も手がけている。税引き後の年収は7万ドルで、できるだけ早く経済的自立に到達したいと思っている。彼女の数字は１００万ドルで、現在の資産は41万２５００ドルだ。

隠れた「負債」を洗い出す

次は負債、つまりあなたが他人から借りているお金の額だ――例えば、学生ローン、クレジットカードの借金、個人ローン、自動車ローン、住宅ローンなど。次ページの表を参考に１４０ページの表にそれらを書き記そう。右側の行にはそれぞれの借金の直近の金利を書く。こうすれば

「負債」は金額だけでなく金利も書く

例：ジュリーの負債

	品目	金額	金利
1	クレジットカード1	$7,000	17.50%
2	クレジットカード2	$4,000	22.40%
3	クレジットカード3	$800	15.60%
4	学生ローン1	$21,000	9.40%
5	学生ローン2	$13,000	5.50%
6	学生ローン3	$6,000	7.80%
7	個人ローン	$14,000	5.50%
8	住宅ローン	$187,000	4.75%
9	自動車ローン	$4,000	4.25%
10			
11			
12			
13			
14			
15			
16			
17			
18			
19			
20			
合計		$256,800	

あなたの「負債」を書き出してみよう

負債

	品目	金額	金利
1			
2			
3			
4			
5			
6			
7			
8			
9			
10			
11			
12			
13			
14			
15			
16			
17			
18			
19			
20			
合計			

どの金利が最も高いのかが一目でわかり、あなたの借金を返済する戦略を練る際に参考として使える。

必ず正直に申告しよう。隠し事はなしだ。気持ちのいいものではないが、ここでは気取らないことが大事だ。いくら大きな借金をしていても、その苦境から脱し、富を築く道はあるのだ。

ジュリーはお金を貯めるのが得意だったが、借金も多く、3社のクレジットカード会社からお金を借りていた。学生ローンも3つあり、個人ローン、住宅ローン、自動車ローンまで抱えていた。すべて彼女の純資産を減らす要因だ。

あなたの純資産を計算する

あなたの純資産を計算するためには、単純に総資産から総負債を差し引けばいい。ジュリーの純資産は、41万2500ドル(資産)－25万6800ドル(負債)＝15万5700ドルだ。つまり、ジュリーがすべての資産を彼女が見積もった額で売却し、その一部を借金の支払いに回しても、15万5700ドル残る計算だ。

もしあなたの貯蓄額が少なく、多くの借金を返済している状況であれば、あなたの純資産はマイナスかもしれない。気が滅入る状況だが、心配する必要はない。私もこの旅を始めたとき、2

万ドル以上のクレジットカードの借金を抱えていた。経済的自立を達成したほかの多くの人も多額の借金を抱えてスタートしている。

もしあなたの純資産がいまのところマイナスならば、その額をあなたの数字に加えなければならない。私がこの計算を最初にしたとき、私の数字は125万ドルで、2万ドルの借金があった。そのため、目標額に到達するためには127万ドルに加えて、2万ドルの借金にかかる利息分を貯める必要があった。利息分を加えると、128万ドルほど貯める必要があったのだ。

純資産の範囲内であなたの数字を算出

あなたの数字とあなたの純資産はどう違うのか？　これは注意を払うべき非常に重要な点だ。あなたの数字とは、亡くなるまで投資からの収入だけで生活していくためにあなたが投資しておく必要のある金額だ。

あなたの純資産にはあなたの投資資産も含まれるが、収入を生まないほかのあらゆる資産も含まれる。例えば、持ち家やレコードのコレクションなどだ。夕食代は投資からの収入で払えるが、間貸しして家賃収入を得ない限り、持ち家では夕食代は払えない。

いまのあなたがあなたの数字にどれくらい近いのかを計算するためには、純資産から収入を生み出す投資資産だけを区別し、あなたの数字からその投資資産の額を差し引けばいい。ジュリーの例に戻ると、ジュリーの年間支出を4万ドル（税金を含めて）と見積もった場合、100万ドル（4万ドル×25）が彼女の目標とする数字になる。

彼女の純資産は15万5700ドルで、投資口座には12万1000ドルが入っている。そのため、100万ドルの目標に向けてはすでに12万1000ドルを投資していて、ここからさらに87万9000ドル（100万ドル－12万1000ドル）貯める必要がある。つまり、ジュリーは目標の数字に対して、12万1000ドル÷100万ドル＝12・1％の位置にいるということだ。

ジュリーは現在持ち家に住んでおり、間貸しはしていない。もし間貸ししたり、家を売却してその利益を投資に回せば、彼女の計算には不動産収入が加わるのだ！

例えば、月1000ドルで部屋を貸し出せば、年間では1万2000ドルの収入になる。持ち家は売却する予定がないとすると、4万ドル（支出の目標額）－1万2000ドル（安定した家賃収入）＝2万8000ドル。つまり、毎年投資資金から引き出す額は2万8000ドルに減るため、彼女の数字は2万8000×25＝70万ドルとなり、もともとの計算よりも30万ドル少なくなる。一部屋を月1000ドルで貸し出す投資リターンとしては非常に大きい。

前章で説明したように、支出の目標額から当てにできる安定的な収入を差し引くことで、あなた自身の計算を調整できる。ジュリーがさらに踏み込んで持ち家を売却し、例えば20万ドルの売却益を得た場合、その資金を非課税投資することも可能だ。

住む場所が必要になっても、住宅ローン金利の支払い額と同じくらいの家賃の家に住めば、彼女の支出額は変わらない。20万ドルの追加投資によって12万1000+20万=32万1000ドルを投資していることになり、100万ドルの目標額に対して32・1%まで到達していることになるのだ！

借金はどうする？

多くのパーソナル・ファイナンスに関する本では、最も残高の少ない借金からまず返済するようアドバイスされている。大きな借金よりも小さな借金の方が返済は容易で、ひとつの借金がなくなれば気分的に楽になり、残りの借金も徐々にうまく対応できるようになるという発想だ。

小さな借金を返済し終えると気分は軽くなるかもしれないが、できるだけ早くリタイアしたいのであれば、できるだけ多くお金を貯められる（そして投資できる）やり方で――できるだけ早くだけではない――借金を返済する必要がある。そのため、残額の多寡にかかわらず、最も金利の高い借金からまず返済を始めるべきだ。

これは数字のゲームであり、シンプルな算数だ。15～20%（もしくはさらに高い）という高い金利の借金を抱えている場合、その借金の金利はあなたの投資資金のリターンよりも高い利率ということになる。通常はクレジットカード（銀行のクレジットカードではなく、お店が発行するクレジットカード）の金利が最も高く、学生ローンや住宅ローンの金利は相対的に低い傾向にある。あなたの現在の立ち位置を把握するために、数ページ前の表に書き記した金利を見てみよう。残高の多寡は無視して、まず金利が最も高い借金から返済しよう。

パーソナル・ファイナンスの専門家の中には、投資を始める前に借金をすべて返済すべきだと勧める人もいるが、それは多くの場合、とんでもなく間違った考え方だ。借金を返済している間、株式市場への投資によって得られたはずの収益を逃していることになるからだ。

多くの場合、株式市場から得られるリターンは借金の金利よりも高い。理論的には、株式市場のリターンよりも高い金利の借金を返済しつつ、ある種の借金（例えば、住宅ローン）は生涯持ち続けることができる。ところが、ほとんどの早期退職者は毎月の支出から住宅ローンの返済がなくなるようにと、リタイアする前に住宅ローンを全額返済してしまう。

私はすぐにでも現金でローンの残高を払えるものの、私の期間15年の住宅ローンは金利が2・625％であるため、引き続き借りておくつもりだ。返済するくらいなら、7％のリターンを生んでくれる投資に資金を回した方がいいからだ。株式への投資はより高いリターンをもたらしてくれる。

また、住宅を保有することに伴って、住宅ローン金利や税控除などの優遇措置も受けられる。

ただ、借金の金利が投資から現実的に得られるリターンよりも高いのであれば、投資の前にその借金を返済すべきだ。投資よりも高い複利で借金が増えることになるからだ。

複利は投資にも借金にも当てはまるため、数字に基づいて自分に最も有利な決断をするよう常に心がけよう。例えば、クレジットカードの金利は通常は異常に高いため、投資を始める前にその借金を返済する方が理にかなっていることが多い。あなたのクレジットカードの金利が22％だとすると、クレジットカードの借金残高は毎年22％増えるということだ。クレイジーな高さではあるが、残念なことにそれが普通なのだ！

２０１６年3月時点で、米国在住者はクレジットカードで９５３０億ドルもの借金を抱えている。カード保有者の32％が借金しており、その平均残高は７５２７ドルだ。年間22％であれば、７５２７ドルの借金に対して１６５５・94ドルの利息が加わり、年末には９１８２・94ドルもの借金を抱えていることになる。２年後には1万１２０３ドルになり、借金を返済しなければその額は増え続けるのだ。

すでにお見せしたように、株式市場のリターンは長期的にはおよそ（プラスの）７％であり、悪くはないリターンと言えるが、クレジットカードの借金が増える22％という利率に比べるとまだまだ低い。そのため、投資を始める前にまずその借金を返済した方が合理的だ。株式市場が暴落したときでも、下落率は22％よりは小さい可能性が高い。

銀行にとってクレジットカードは非常に儲かるビジネスだ――22％のリターンを得られる投資などほとんどない。もしクレジットカードを使うのであれば、利息を発生させないように必ず毎月全額を返済するよう最善を尽くそう。もしそれができないのであれば、自分の支出を再考すべきだ。もしすでに金利が15％以上の借金を抱えているのであれば、投資を始める前にできるだけ早く全額返済するようにしよう。

学生ローンはどうだろうか？　これも金利次第だ。もし学生ローンの金利が6～7％であれば、やや難しい選択になる。投資から得られる平均年間収益率に近いからだ。もしあなたのクレジットヒストリーがきちんとしているのであれば、そのローンを借り換え、金利を3～6％に引き下げることができるかもしれない。その水準――もしくはそれ以下――に借り換えられるのであれば、余剰資金はおそらく学生ローンの返済ではなく、投資に回すべきだ。

どの道を選択しようが、毎月の学生ローンの返済は最小限にすべきだ。もし金利がマーケットへの投資で得られる7％に近いのであれば、もう少し早いペースで借金を返済――毎月1カ月分ではなく2カ月分――して、残りを投資に回すのもありかもしれない。

抱える借金の額や金利の高さに関係なく、あなたが必ず資金を投資に回すべき状況がひとつある。あなたの会社が、確定拠出年金であなたの掛け金と同額の負担をしてくれるときだ。

通常、社員に退職金プランを提供している会社は、あなたの給与の一定の割合（多くの場合3～6％）まで同額を負担してくれる。それはタダのお金であり、その制度を利用するということは、投資金額に対して50～100％のリターンを得ているに等しい。マーケットからそんなリターンを得られることは決してなく、その会社負担を満額利用しないというのは、絶好の機会をみすみす逃していることになる。

もしあなたの会社が会社負担をしてくれるのであれば、満額利用できる金額まで年金口座に拠出すべきだ。もし会社が給与の3%までを負担してくれるのであれば、あなたは少なくとも給与の3%を年金口座に拠出するべきだ。もし例えば、給与の4~6%まで半額を負担してくれるのであれば、少なくとも6%を拠出すべきだ。富を増やすルールその1：もらえるものはもらっておこう。

感情的になるな！

政治や宗教、セックスを除けば、お金ほど人々が感情的になるものはおそらくないだろう。人々は文字通り、お金をめぐって殺し合いをしてきた。家族やコミュニティ、さらに社会全体さえも引き裂く要因だった。富を築く上で最大の過ちのひとつが、感情によって正しい判断ができなくなることだ。

お金は我々の歴史や感情、欲望、夢の中に組み込まれているため、意識を高く保ち、自分の反応をコントロールできるようになることが極めて重要だ。必要なレベルの精神的コントロールを習得するにはある程度の鍛錬が必要だが、お金とのかかわりを深めるほどそれは容易になる。もし本当に心から富を築きたいのであれば、感情的になってはならない。それが成功への近道だ。

私は最初に投資を始めたとき、3000ドル分の株式を購入した。そのリサーチには長い時間を費やした。当時のほぼ全財産で、翌日はスマートフォンで絶えず株価をチェックした。その初日におよそ500ドルを失ってしまい、私はそのことしか考えられなくなった。頭から離れなかったのだ。1週間でおよそ1200ドルを失った後、私はその株を売却した。それから数年後、その株価は2倍以上に上昇した。もし感情的にならずに長期投資を心がけていれば、儲かっていたのだ。

そんな教訓を得た後でも、株式市場や自分のポートフォリオが短期間でも下落すると、そのたびに私はビクビクした。友人のひとりに「今週、株で1万ドルやられた！」と話したことを覚えている。実際、株は売却しない限り、損失が確定しない。私は投資を続けていたため、実際には何も失っていなかったのだ（いまでも投資し続けている！）。

非常に難しいかもしれないが、感情的になればなるほど、儲けが減り、貯蓄も減り、お金の潜在力を最大限活用することが難しくなる。常に冷静でいるよう心がけよう！　慣れてくれば次第に難しくなくなる。先日、私のポートフォリオが1週間で5万ドル下がったことがあったが、私はいっさい動揺しなかった。

ほとんどのメディアが株式市場は暴落に向かっていると予想していたが、私はあくまで長期投資だったため、非常に冷静だった。以前どれほどビクビクしていたのかを思い出すと、思わず少し笑ってしまう。お金との付き合いは経験値を蓄えるほど、感情を抑えるのが容易になるのだ。

ファイナンシャル・アドバイザーの主な存在理由のひとつは、お金の運用が複雑だからではなく(本書を読み終えるころには、あなたも必要なことをほぼすべて理解しているだろう)、顧客がお金に関して愚かな決断をしないようにする術を知っているからだ。

彼らの話を聞けば、パニックになったマーケットが下落したときの顧客からのパニックの電話に関する逸話には事欠かない。パニックになった顧客は、将来の損失を回避するために持ち株をすべて売却すべきだと考えるが、投資とは長期戦のゲームであり、マーケットが変動するたびに反応するのはとんでもない考えだ。冷静さを保ち、大局だけを見よう。あくまで長期戦を戦うのだ。

マーケットが下落したときに、大局を見失わないようにするだけでは十分ではない。リスク覚悟で賭けに出るやり方を学ぶことも肝要だ。リスクを心地よく思えるようにならなければならない。投資を恐れるあまり、金利1%以下の普通預金口座にお金を預けたままの人を知っているが、インフレ率は年間2~3%であるため、実質的には彼らはお金を失っている。

確かに投資でお金を失うことはあるが、インフレに負けるのは確定した損失なのだ! また賢く投資すれば、長期的には多くの場合、アップサイドの方がダウンサイドよりもずっと大きい。ただ、我々人間は勝つ楽しみよりも負ける不安の方が生まれつき大きいものだ(損失回避として知られる概念だ)。

一部の人が全く投資をしない、もしくは感情のローラーコースターにはまり込むのはそのためだ——常にその次の大きな利益を追い求める、下落局面ではビビって早まった決断をする。投資はギャンブルではない。リスクを最小限にするやり方があり、その点については本書の投資に関するセクションで説明する。

借金の返済においても同じことが起こる。大きな借金を抱えることにフラストレーションや恐れ、きまりの悪さを感じ、全額返済するまで投資を控えてしまう人がいる。数字に従えば、正しい決断ではないのは明らかだが、借金に絡んだ感情を優先させてしまうのだ。そこにリスク回避まで加わってしまうと、そんな人々は富を少しだけ増やすことすら幸運が必要になるだろう。

お金は単なる数字のゲームであることを肝に銘じておこう。あなたの感情や信念とは関係なく、その仕組みは変わらないのだ。投資を早く始めれば始めるほど、お金の仕組みについてもっと学べば学ぶほど、より自信が持てるようになり、お金の扱いは楽になる。

日々の習慣＝お金持ち

大半の人々は自分のお金に注意を払わない。そのため何もしないか、悪い決断をする。月に一度、もしくは年に一度、税金を納めるときしか自分の財務状況を確認しない人が大勢いる。月末に残ったお金を貯蓄しようと計画するが、人生にはハプニングがつきもので、貯蓄のために残るお金はあったとしてもわずかばかりだ。翌月まで待ってみるが、また同じことが繰り返される。

多くの人が自分の支出を細かく追っていないという問題もある。そのため実際よりもお金を持っていると勘違いする、もしくは単にお金を使いすぎる。いったんお金を使いすぎると、罪悪感やお金に対する不安を感じる。それらふたつは富を築く上で最大の障害だ。

これはクレジットカードやワンクリック注文が引き起こす問題のひとつだ。稼いでもいない、持ってもいないのに、お金を使うことが今では手軽にできてしまう。クレジットカードが登場する以前（1950年代以前）は、持ってもいないお金を使うことはほぼ不可能だった。返済が滞れば追いかけてくるようなうさん臭い輩からお金を借りない限り、そんな発想自体が存在していなかった。

銀行が借金で消費することをお手軽な行為にしたことで、米国では個人による借金が爆発的に増えた。毎月の残高を支払わない利用者から絞り取る利子収入で、銀行は荒稼ぎしているのだ（ちょっとしたアドバイス：もしあなたの1、2カ月前のクレジットカードの利用に利子が課せられていたら、銀行に電話してその利子を免除してもらえないか相談してみよう。3カ月以上前の利用にかかる利子であればおそらく免除してくれないが、1、2カ月前であればあなたを顧客としてキープするために99％の確率で免除してくれるはずだ。お金を取り戻すために頭を下げたところで、あなたに損はない）。

お金を管理しつつ、お金を増やす戦略を立てる。そのための日々の習慣を身につけることによって、こうした罠を回避できる。我々はお金を稼ぐために毎年2000時間以上も働いているが、お金の運用にはどれだけの時間をかけているだろうか？　必要なのは1日たった5分だけだ。

お金が日々のルーティンの一環になれば、もっと容易に感情をコントロールし、リスクを評価し、リスクと気楽に付き合い、お金に関してより良い判断ができるようになる。新たな習慣を身につけるのは時間がかかるかもしれないが、日々の小さな決断や習慣が人生に与える影響は極めて大きい。

より良い習慣を身につける最も効率的なやり方は、その都度対処することだ。これはお金に関する一般的な見解とは反対だ。一般的には、悪い決断を最小限に抑えるために、お金にかかわることはできるだけ自動化すべきだと言われている。多くの専門家は「セットしたら、忘れてしまおう」とアドバイスする。労力をかける必要がない方が、長期的にあなたに利するやり方だという考え方だ。

つまり、巷のパーソナル・ファイナンスの専門家の多くが、富を築く鍵は自動化だと教えるのだ。ところが、自動化だけでは十分ではない。自動化とは現状維持で、ただの始まりにすぎない。あなたの自己満足につながるものであり、収入の5～10％を貯蓄に回せば十分だと考えてしまう。それでは十分ではない。それは単なる出発点だ。もし収入の10％をすでに貯めているなら、11％を貯めるためにあらゆることをやる必要がある。それができれば12％と、貯蓄率をできるだけ高く、何度も上げるべきなのだ。

自動化し、人生を惰性で進むのは楽だ。ただ、惰性では次のレベルにたどり着けない。経済的自由に到達したいのなら、自分をもっと追い込むのだ。日曜日の朝の数時間、みんなが寝ている間に副業に励もう。自己満足の上に経済的自由はない。経済的自由とは、できるだけ頻繁に自分の限界を押し広げた先にたどり着ける境地だ。ときに不快な思いを味わおう。成長し、学習し、チャレンジし、追い込んだ上で、さらにもう少し追い込もう。幸福とは旅、チャレンジ、成長の過程で感じられるものだ。

お金の最適化により積極的になり、さらに没頭すれば、もっと多くのお金を稼いで貯めることができる。自分の財務状況を毎日確認すれば、ずいぶん楽になるはずだ。多くの時間をかける必要はなく、日課だと感じなくてもいい。

私の場合、毎朝コーヒーを作り、それから本書のサイトからダウンロードできるシンプルな無料のアプリを使って純資産を分析する。投資口座にログインし、前日のポートフォリオの成績を確認する。支出目標額から逸脱していないかを確認するために、前日いくら使ったのか、今月はこれまでにいくら使ったのかを分析する。貯蓄目標額に向かって順調に進んでいるのかを確認するために、すべての収入源（投資収益を含む）を確認する。さらに、銀行口座やクレジットカードの口座を確認し、余分な請求、不正な請求、変な手数料がないか、もらうべきお金をもらっているのかを確かめる。

最後に、お金をもっと稼げる方法がないか数分間考える。今週、新たな顧客を見つけられないだろうか？　以前の顧客に新たなプロジェクトを売り込めないだろうか？　知人の中に手助けが必要な人はいないだろうか？　合わせて5～10分程度しかかからないものの、これは私が日々やっていることの中で最も重要な習慣のひとつだ。

自分のお金が増えていく過程を見ると興奮するし、どうすればもっと稼げるようになるのかかわりたいと思う。お金が増えていないとき、もしくはキャッシュフローが少ないときには、外に出てもっとお金を稼ごうというモチベーションが湧いてくる。

順調ではないときも、私は何が起きたのかを正確に理解し、問題をすぐに修正できる。先月お金を使いすぎた、もしくは貯蓄が目標額に到達しなかった？　それなら今月はもっと努力する。私は自分のお金の増減や出入りを正確に把握しているからこそ、いかに稼ぎ、貯め、使うのかに関してより良い決断ができる。こんな風に1日を始めるだけで、1日の支出が大きく減り、数十万ドルの貯蓄につながる。本当にそうなのだ。

もしかしたら毎日？　などと思っているかもしれない。そうだ、毎日だ。お金にもっと時間を使えば、あなたのお金との関係はより強固になる。いつもお金に頭を悩ませるのではなく、安心するようになるだろう。お金のことを熟知していると感じ始める。感情のコントロールが楽になり、以前は見えなかった最適化の機会が見えるようになる。生涯お金とは切り離されることはない。お金と前向きな関係を築けるよう、きちんと時間をかけよう――主導権を握るのはあなただ。

私もときどきやり忘れる日があるが（誰だって完璧ではない）、翌日にはまた始める。休暇中や旅行中でも、３日連続でやり忘れることはないようにしている。私が習慣としてやっていること、そしてあなたに毎日、毎月、毎四半期、毎年やるようオススメすることは、第13章に詳しくまとめている。私の習慣をベースにしつつ、あなた自身の目標に合うようカスタマイズしてもらってかまわない。

真面目な話、1週間試してみて、自分がどう感じるのか確認してみよう。新しいことに気づいている自分、もっとお金をコントロールしている自分、そして以前よりも自由だと感じている自分に驚くはずだ。すぐにお金をゲームのように感じ始めるだろう。そのゲームはやり込むほどうまくなり、もっと多くの機会が見えるようになる。リスクを承知で賭けに出るのも楽になる。そしてゲームに習熟すればするほど、あなたはもっとお金を稼げるようになるのだ。

第4章まとめ

1 純資産はパーソナル・ファイナンスにおいて最も重要な数字であり、あなたのお金の得点表だ。純資産を計算するには、資産（現金や持ち家、投資資産など価値のあるもの）を足し合わせ、そこから負債（あらゆる種類の借金）を差し引こう。少なくとも週に一度は確認すべきだ。

2 あなたの純資産はあなたの数字と同じではない。あなたの数字とは、亡くなるまで投資収益だけで生活できるよう投資しておく必要のある金額だ。あなたの純資産には投資資産は含まれるが、収入を生まないほかの資産も含まれる。

3 あなたの数字から純資産の中で収入を生み出す投資資産を差し引いて、あなたの数字まで自分がどれくらいの地点にいるのかを計算せよ。

4 できる限り貯蓄額（そして投資額）を増やせるやり方で借金を返済せよ――できるだけ早く返済するだけではいけない。そのため、最も金利の高い借金からまず返済を始めるべきだ――残高の多寡は関係ない。

5 もしあなたの会社が確定拠出年金を負担してくれるのであれば、必ず会社負担の満額まで拠出しよう。会社負担はタダでもらえるお金だ。

6 人はお金に対して感情的になりすぎる。感情を抑えるようにしよう。

7 日々の習慣でお金持ちになれるかどうかは決まる。お金の管理があなたの日々のルーティンの一環になれば、感情をコントロールし、リスクを評価し、リスクと気楽に付き合い、お金に関してより良い決断をすることがずっと楽になる。新たな習慣を身につけるのは時間がかかるかもしれないが、生涯に与える影響は大きい。

8 自動化とは現状維持だ。それは始まりにすぎない。自動化し、人生を惰性で進むのは楽だ。ただ、惰性で進んでも次のレベルには到達できない。追い込み、成長することで、経済的自由に到達できるのだ。

9 毎日5分、お金のために使おう。すぐにお金をゲームのように感じ、そのゲームはやり込むほどうまくなり、もっと多くの機会が見えるようになる。リスクを承知で賭けに出るのも楽になる。そしてゲームに習熟すればするほど、あなたはもっとお金を稼げるようになる。

第 5 章

次のレベルへ

NEXT-LEVEL MONEY

いかにいち早く富を築くか

あなたはすでに自分の現状と行く先を把握している。次はそこにたどり着くための自分なりの戦略を考える番だ。富を築く方法は世の中には無数にあるが、いずれのやり方をしても、3つの基礎となる変数（私はてこと呼びたい）が鍵を握っている。

1. 収入：あなたがいくら稼いでいるか
2. 貯蓄：あなたがいくら貯蓄／投資しているか
3. 支出：あなたがいくら使っているか

これは決して難解な科学ではない。貯蓄と収入を増やせば増やすほど、そして支出を減らせば減らすほど、あなたはより多くのお金を手にし、より早く経済的自由の次のレベルや経済的自立に到達できる。

ほとんどのパーソナル・ファイナンスのアドバイスが抱える問題点は、主にふたつの変数に重点を置いていることにある。貯蓄を増やすために、いかに支出を減らすかだ。ただ、支出を切り詰めるには限度がある。金銭的に安心したいのであれば、段ボール箱の中で生活しなければならないとすぐに思うようになるはずだ。また、いくら支出を切り詰めたところで、何度友人宅のカウチで寝泊まりさせてもらったところで、何度ケータリング会社のイベントでタダの食事をもらったところで、あなたが貯蓄できる金額はあなたの稼ぎが制限してしまう。

実際にはもっと深い真理があり、多くの本や専門家はそこを見落としている。いち早く富を築くためには、3つのてこすべての潜在力を最大限発揮する必要があるのだ。収入を増やしながら支出を減らすことによって、より多くのお金を貯蓄／投資できる。そうすることで、貯蓄率も上がっていくのだ。

収入を増やすことと支出を減らすこと、これらふたつは車の両輪だが、経済的自由にいち早くたどり着くためには、収入を増やす方が支出を切り詰めるよりも影響力が大きい。なぜなら、支出を切り詰めるには限度がある一方、収入を増やすことでより多くの資金をより頻繁に投資に回せ、複利のペースと資金の増加を加速させることができるからだ。

どうすれば30歳までに100万ドル貯められるのかを考えていたとき、私は5万ドルの年収の半分を貯蓄に回し、年間7％の複利で増やしたところで、125万ドル貯めるには少なくとも25年かかることに気づいた。25年後には、インフレの影響でその金額でもリタイアには足りないかもしれない。あなたがすでに大金を稼いでいない限り、貯蓄だけで経済的自立にいち早く到達するのは困難だ。できないわけではない――必ずできる――が、20年以上かかるかもしれない。それでも40年かかるより、もしくは一生リタイアできないよりはマシだ！

そうは言っても貯蓄は極めて重要であり、より多くのお金を稼げば、より多くのお金を貯蓄に回せる。さらに、もしあなたがスーパー・セーバー（super saver、毎年収入の25％以上を貯蓄する人を私はそう呼んでいる）になれば、「リタイア」までの期間を大幅に短縮できる。

「貯蓄率」が高ければ高いほど、より早くリタイアできる

いくら貯めているのかを測る指標はふたつある。ドルと%だ。貯めようとしている金額（毎日、毎月、毎年の目標額）を見るときは、ドルで考えるのが当たり前だ。あなたの目標とする数字自体がドル建てだからだ。ところがいくら貯めるべきかを考えるときには、%で考えた方が実はより効果的だ。あなたが貯蓄に回している収入の割合は、あなたがリタイアするまでに必要な期間に直接相関しているからだ。

貯蓄率

年間預金	
銀行口座	
預金1	$5,000
預金2	$2,000
投資	
非課税口座	
確定拠出年金	$18,500
ロスIRA	$5,500
課税口座	
証券	$9,000
貯蓄額合計	$40,000
収入	$100,000
貯蓄率	40%

また、収入の増加に合わせた貯蓄の推移や比較も容易になる。つまり、ドル建ての貯蓄額と貯蓄率の両方を把握することが大切なのだ。そうすれば、貯蓄額の推移とそれが収入の何%かを把握でき、お金の最適化につながる。両方の推移を把握しておくことは、もっと貯蓄しよ

うというモチベーションにもつながる。貯蓄率を気にする人、貯蓄額を気にする人の両方がおり、いずれの人にもモチベーションを与えられるのだ。

あなたの収入のうち、貯蓄／投資する割合を貯蓄率と呼ぶ。貯蓄率が高くなるほど、あなたの数字（いくらであっても）にはいち早く到達できる。貯蓄率を計算するには、貯めたお金をすべて（確定拠出年金や退職金などの非課税口座と証券などの課税口座の両方）足し合わせ、その合計を収入で割る。あなたの収入が10万ドル、貯蓄率が40％だとすると、計算は表のようになる。

スプレッドシートを作成して毎月数字を更新するか、私が作ったツールを使えば、貯蓄率を簡単に把握しておくことができる。いずれも本書のサイトで入手可能だ。

シカゴに住むアニータは、5年かけて33歳のときに経済的自立に到達した。70万ドルのポートフォリオを構築したが、彼女は収入の85％を貯蓄に回し、年間2万5000ドル以下で生活した。スティーヴと妻のコートニーは仕事で稼いだ収入の70％を貯蓄し、89万ドル貯めてふたりとも35歳でリタイアした。

クリスティーとブライスはふたり合わせた収入の70％を貯蓄し、100万ドル以上を貯めてそれぞれ31歳、32歳でリタイアした。ニューヨークに住むJ．P．は収入の80％以上を貯蓄に回して250万ドル以上を貯め、28歳でリタイアした。ブランドンは最大で収入の85%を貯蓄に回し、34歳でリタイアできた。私は本業と副業で得た収入の少なくとも60%を貯めて投資に回し、125万ドルを貯めて経済的自立に到達した。

収入の半分以上を貯蓄に回すという発想はクレイジーに聞こえるかもしれないが、収入と貯蓄を増やすことを何よりも優先すれば、ほとんどの人ができることだ。すでに述べたように、私は常に貯蓄を犠牲ではなく機会と捉えてきた。もしくはブランドンが言うように、「貯蓄とは剥奪(はくだつ)ではない。それは最適化なのだ」。

もしあなたが大金を稼いでいなくても、支出を可能な限り減らして貯蓄率を引き上げれば、かなり早くリタイアできる。困難な道ではあるものの、スーパー・セーバーとなって早期に経済的自立に到達した教師、ビル管理人、公務員など、信じられないような逸話には事欠かない。

文字通り、貯蓄率をさらに1%上げるほど、経済的自立に到達するために働かなければならない期間は短縮されるのだ。62歳(従来のリタイアの年齢)より前のリタイアが早期リタイアと言えるため、1年、2年、5年、10年でも早くリタイアできれば大きな成果であるということを忘れないでほしい。

では、貯蓄率を上げることがどのように経済的自立に到達する期間に影響を与えるのかを、それぞれの所得水準に分けて見てみよう。168~173ページの表では、私の目標額である125万ドルと7%の期待年間複利を使用する。あなた自身の数字を使ったあなた自身の計算は、本書のサイトでできる。

次ページからの貯蓄率に関する表を、数分間ゆっくりと眺めてほしい。

これらの表を眺めれば、収入と貯蓄の関係がはっきりしてくるはずだ。あなたは15年後のリタイアを考えているとしよう。それまでに125万ドル貯めるには、年間5万ドル貯める必要がある。税引き後の年収が20万ドルだとすれば、これは収入の25％に当たる金額で、あなたは生活費として15万ドル使うことができる。年収が10万ドルであれば、貯蓄率を50％まで引き上げなければならない。年間5万ドルあれば、どこに住んでも立派な生活はできるので、十分可能なはずだ。

ところが年収7万5000ドルとなると、5万ドルを貯めるハードルはずいぶん高くなる。ただ、住む場所や生活スタイルによってはまだ可能な範囲だ。一方、年収が5万ドルを割ると、15年でリタイアするのは不可能になる。単に貯蓄に回せるお金がなくなるからだ。

これらの表を使えば、あなたの税引き後の年収と年間支出を基準に、どれくらいの年数をかければ経済的自立に到達できるのかが見て取れる。見てわかるように、収入が高ければ高いほど、そして支出が少なければ少ないほど、必要な年数も短くなる。

これを見れば、大半の人が早期リタイアするためには、支出と貯蓄だけに重点を置いても十分とは言えない理由がわかるはずだ。このことを理解した上で、我々が重点を置くのは本当に楽しめること――そう、たくさんお金を稼ぐことだ！

年収3万ドルの貯蓄率と経済的自立までの年数

貯蓄率	収入	支出	年間 貯蓄額	月間 貯蓄額	あなたの 数字	年数
5%	$30,000	$28,500	$1,500	$125	$1,250,000	60.35
10%	$30,000	$27,000	$3,000	$250	$1,250,000	50.35
15%	$30,000	$25,500	$4,500	$375	$1,250,000	44.6
20%	$30,000	$24,000	$6,000	$500	$1,250,000	40.59
25%	$30,000	$22,500	$7,500	$625	$1,250,000	37.53
30%	$30,000	$21,000	$9,000	$750	$1,250,000	35.06
35%	$30,000	$19,500	$10,500	$875	$1,250,000	33.01
40%	$30,000	$18,000	$12,000	$1,000	$1,250,000	31.26
45%	$30,000	$16,500	$13,500	$1,125	$1,250,000	29.74
50%	$30,000	$15,000	$15,000	$1,250	$1,250,000	28.4
55%	$30,000	$13,500	$16,500	$1,375	$1,250,000	27.21
60%	$30,000	$12,000	$18,000	$1,500	$1,250,000	26.14
65%	$30,000	$10,500	$19,500	$1,625	$1,250,000	25.16
70%	$30,000	$9,000	$21,000	$1,750	$1,250,000	24.27
75%	$30,000	$7,500	$22,500	$1,875	$1,250,000	23.46
80%	$30,000	$6,000	$24,000	$2,000	$1,250,000	22.7
85%	$30,000	$4,500	$25,500	$2,125	$1,250,000	22
90%	$30,000	$3,000	$27,000	$2,250	$1,250,000	21.35
95%	$30,000	$1,500	$28,500	$2,375	$1,250,000	20.75
100%	$30,000	$0	$30,000	$2,500	$1,250,000	20.18

年収5万ドルの貯蓄率と経済的自立までの年数

貯蓄率	収入	支出	年間 貯蓄額	月間 貯蓄額	あなたの 数字	年数
5%	$50,000	$47,500	$2,500	$208	$1,250,000	52.96
10%	$50,000	$45,000	$5,000	$417	$1,250,000	43.12
15%	$50,000	$42,500	$7,500	$625	$1,250,000	37.53
20%	$50,000	$40,000	$10,000	$833	$1,250,000	33.66
25%	$50,000	$37,500	$12,500	$1,042	$1,250,000	30.73
30%	$50,000	$35,000	$15,000	$1,250	$1,250,000	28.4
35%	$50,000	$32,500	$17,500	$1,458	$1,250,000	26.48
40%	$50,000	$30,000	$20,000	$1,667	$1,250,000	24.86
45%	$50,000	$27,500	$22,500	$1,875	$1,250,000	23.46
50%	$50,000	$25,000	$25,000	$2,083	$1,250,000	22.23
55%	$50,000	$22,500	$27,500	$2,292	$1,250,000	21.15
60%	$50,000	$20,000	$30,000	$2,500	$1,250,000	20.18
65%	$50,000	$17,500	$32,500	$2,708	$1,250,000	19.31
70%	$50,000	$15,000	$35,000	$2,917	$1,250,000	18.52
75%	$50,000	$12,500	$37,500	$3,125	$1,250,000	17.79
80%	$50,000	$10,000	$40,000	$3,333	$1,250,000	17.13
85%	$50,000	$7,500	$42,500	$3,542	$1,250,000	16.52
90%	$50,000	$5,000	$45,000	$3,750	$1,250,000	15.96
95%	$50,000	$2,500	$47,500	$3,958	$1,250,000	15.44
100%	$50,000	$0	$50,000	$4,167	$1,250,000	14.95

年収7万5000ドルの貯蓄率と経済的自立までの年数

貯蓄率	収入	支出	年間貯蓄額	月間貯蓄額	あなたの数字	年数
5%	$75,000	$71,250	$3,750	$313	$1,250,000	47.18
10%	$75,000	$67,500	$7,500	$625	$1,250,000	37.53
15%	$75,000	$63,750	$11,250	$938	$1,250,000	32.11
20%	$75,000	$60,000	$15,000	$1,250	$1,250,000	28.4
25%	$75,000	$56,250	$18,750	$1,563	$1,250,000	25.64
30%	$75,000	$52,500	$22,500	$1,875	$1,250,000	23.46
35%	$75,000	$48,750	$26,250	$2,188	$1,250,000	21.67
40%	$75,000	$45,000	$30,000	$2,500	$1,250,000	20.18
45%	$75,000	$41,250	$33,750	$2,813	$1,250,000	18.9
50%	$75,000	$37,500	$37,500	$3,125	$1,250,000	17.79
55%	$75,000	$33,750	$41,250	$3,438	$1,250,000	16.82
60%	$75,000	$30,000	$45,000	$3,750	$1,250,000	15.96
65%	$75,000	$26,250	$48,750	$4,063	$1,250,000	15.19
70%	$75,000	$22,500	$52,500	$4,375	$1,250,000	14.5
75%	$75,000	$18,750	$56,250	$4,688	$1,250,000	13.87
80%	$75,000	$15,000	$60,000	$5,000	$1,250,000	13.29
85%	$75,000	$11,250	$63,750	$5,313	$1,250,000	12.77
90%	$75,000	$7,500	$67,500	$5,625	$1,250,000	12.29
95%	$75,000	$3,750	$71,250	$5,938	$1,250,000	11.84
100%	$75,000	$0	$75,000	$6,250	$1,250,000	11.43

年収10万ドルの貯蓄率と経済的自立までの年数

貯蓄率	収入	支出	年間 貯蓄額	月間 貯蓄額	あなたの 数字	年数
5%	$100,000	$95,000	$5,000	$417	$1,250,000	43.12
10%	$100,000	$90,000	$10,000	$833	$1,250,000	33.66
15%	$100,000	$85,000	$15,000	$1,250	$1,250,000	28.4
20%	$100,000	$80,000	$20,000	$1,667	$1,250,000	24.86
25%	$100,000	$75,000	$25,000	$2,083	$1,250,000	22.23
30%	$100,000	$70,000	$30,000	$2,500	$1,250,000	20.18
35%	$100,000	$65,000	$35,000	$2,917	$1,250,000	18.52
40%	$100,000	$60,000	$40,000	$3,333	$1,250,000	17.13
45%	$100,000	$55,000	$45,000	$3,750	$1,250,000	15.96
50%	$100,000	$50,000	$50,000	$4,167	$1,250,000	14.95
55%	$100,000	$45,000	$55,000	$4,583	$1,250,000	14.07
60%	$100,000	$40,000	$60,000	$5,000	$1,250,000	13.29
65%	$100,000	$35,000	$65,000	$5,417	$1,250,000	12.6
70%	$100,000	$30,000	$70,000	$5,833	$1,250,000	11.99
75%	$100,000	$25,000	$75,000	$6,250	$1,250,000	11.43
80%	$100,000	$20,000	$80,000	$6,667	$1,250,000	10.92
85%	$100,000	$15,000	$85,000	$7,083	$1,250,000	10.46
90%	$100,000	$10,000	$90,000	$7,500	$1,250,000	10.04
95%	$100,000	$5,000	$95,000	$7,917	$1,250,000	9.65
100%	$100,000	$0	$100,000	$8,333	$1,250,000	9.29

年収20万ドルの貯蓄率と経済的自立までの年数

貯蓄率	収入	支出	年間貯蓄額	月間貯蓄額	あなたの数字	年数
5%	$200,000	$190,000	$10,000	$833	$1,250,000	33.66
10%	$200,000	$180,000	$20,000	$1,667	$1,250,000	24.86
15%	$200,000	$170,000	$30,000	$2,500	$1,250,000	20.18
20%	$200,000	$160,000	$40,000	$3,333	$1,250,000	17.13
25%	$200,000	$150,000	$50,000	$4,167	$1,250,000	14.95
30%	$200,000	$140,000	$60,000	$5,000	$1,250,000	13.29
35%	$200,000	$130,000	$70,000	$5,833	$1,250,000	11.99
40%	$200,000	$120,000	$80,000	$6,667	$1,250,000	10.92
45%	$200,000	$110,000	$90,000	$7,500	$1,250,000	10.04
50%	$200,000	$100,000	$100,000	$8,333	$1,250,000	9.29
55%	$200,000	$90,000	$110,000	$9,167	$1,250,000	8.65
60%	$200,000	$80,000	$120,000	$10,000	$1,250,000	8.09
65%	$200,000	$70,000	$130,000	$10,833	$1,250,000	7.61
70%	$200,000	$60,000	$140,000	$11,667	$1,250,000	7.18
75%	$200,000	$50,000	$150,000	$12,500	$1,250,000	6.79
80%	$200,000	$40,000	$160,000	$13,333	$1,250,000	6.45
85%	$200,000	$30,000	$170,000	$14,167	$1,250,000	6.14
90%	$200,000	$20,000	$180,000	$15,000	$1,250,000	5.86
95%	$200,000	$10,000	$190,000	$15,833	$1,250,000	5.6
100%	$200,000	$0	$200,000	$16,667	$1,250,000	5.36

年収が高くても支出が高ければ経済的自立は遠い

経済的自立までにかかる年数

年間支出額																
$95k																65.8
$90k															64.7	51.4
$85k														63.6	50.3	42.8
$80k													62.4	49.1	41.7	36.7
$75k												61.1	47.9	40.6	35.6	31.9
$70k											59.8	46.7	39.4	34.5	30.8	28
$65k										58.4	45.3	38.1	33.2	29.7	26.9	24.6
$60k									56.8	43.9	36.7	31.9	28.4	25.7	23.5	21.6
$55k								55.2	42.3	35.2	30.5	27.1	24.4	22.3	20.5	19
$50k							53.3	40.6	33.7	29	25.7	23.1	21	19.3	17.8	16.6
$45k						51.4	38.8	31.9	27.4	24.2	21.6	19.6	18	16.6	15.4	14.4
$40k					49.1	36.7	30.1	25.7	22.5	20.1	18.2	16.6	15.3	14.2	13.3	12.4
$35k				46.7	34.5	28	23.8	20.7	18.4	16.6	15.1	13.9	12.9	12	11.2	10.5
$30k			43.9	31.9	25.7	21.6	18.8	16.6	14.9	13.6	12.4	11.5	10.7	10	9.3	8.8
$25k		40.6	29	23.1	19.3	16.6	14.6	13.1	11.8	10.8	10	9.2	8.6	8	7.6	7.1
$20k	36.7	25.7	20.1	16.6	14.2	12.4	11	10	9.1	8.3	7.7	7.1	6.7	6.3	5.9	5.6
	$25k	$30k	$35k	$40k	$45k	$50k	$55k	$60k	$65k	$70k	$75k	$80k	$85k	$90k	$95k	$100k

税引き後年収

出典：Zach at Four Pillar Freedom

エンタープライズ・マインド

稼ぎ方に関する本や記事、ケーススタディは世の中にあふれているが、お金持ちがもっと裕福になるのには、たったひとつのシンプルな理由しかない。彼らは可能な限り多くの手段を利用して、お金を稼いで（そして貯めて）いるのだ。企業がお金を稼ぎ、貯め、増やすやり方と非常に似ているため、私はこうした考え方をエンタープライズ・マインドと名付けた。彼らは決してお金や時間を無駄にしないのだ。

お金持ちは大半の人とは違い、お金を最大限生かす必要のある限られた資源とは見ていない。いかなる目的にも使える、代替可能なツールと見ているのだ。彼らはお金を稼ぐあらゆる機会を利用し、可能な限り多くのやり方——支出を切り詰める、手数料や価格を最適化する、税金をできるだけ抑える、複数の収入源を育てる、そのほか目についたあらゆる手段——で富を築く。自分の1時間単位、1分単位の稼ぎを最大化することに焦点を合わせているのだ。

世界で最も成功している投資家であるウォーレン・バフェットは、時間当たりおよそ134万ドル稼ぐ。寝ているときもそのペースで稼いでいる。バフェットには全く及ばないが、私も昨年は寝ている時間を含めて時間当たりおよそ45ドル稼いだ！

ここで朗報だが、インターネット環境が整っている人であれば、ほぼ誰でもエンタープライズ・マインドを身につけることは可能だ。テクノロジーのおかげで、より多くのお金を管理し、最適化し、稼ぐことがかつてないほど容易になっている。

時間当たりいくら稼いでいるのかを正確に把握し、最適化することにも同じことが言える。あなたの投資パフォーマンスを分析するオンラインツールはたくさんあり、投資パフォーマンスを最適化するいろいろなやり方を勧めてくれるツールもある。ＡＩ（人工知能）や機械学習の発展のおかげで、それらのツールは日々進化している。

本書を執筆している間も、私は多くの新たなツールを試している。あなたの稼ぎ方や貯め方、支出パターンを分析し、最適化するやり方を勧めてくれるだけではなく、あなたのお金にかかわる生活を自動化してくれるツールだ。ＡＩはお金に関して常に正しい決断をしてくれる。また、その理由も説明してくれるのだ。

多くの場合、お金に関しての正しい決断とは単純に数学的に正しい決断だ。すでに述べたように自動化だけでは十分ではないものの、実際のパターンや行動、パフォーマンスデータを基にお金に関して人々がより賢明な決断をする上で、テクノロジーが果たし得る潜在力を目の当たりにすると、信じられない気持ちになる。

また、マネタイズにつながる新しいスキルを学べるサイトや、お小遣いを稼ぐ機会――50ドルで犬の散歩、1カ月の個人指導など――を紹介しているお仕事サイトも無数にある。私はきょうオンラインで生徒に英語を個人指導する仕事を見つけたばかりだが、週にたった数時間働いただけで月2000ドルも稼げる案件だった。

何が言いたいかというと、エンタープライズ・マインドを身につけてお金を稼ぐのはかつてないほど容易になっているにもかかわらず、それをフルに活用できている人がほとんどいないのだ。真面目な話、お金を稼ぐ機会はいたるところに転がっている。

私がオススメする最新のアプリやツール、お金を稼ぐためのウェブサイトを知りたい人は、本書のサイトをチェックしてみよう。

お金をできるだけ多く稼ぎたいのであれば、できるだけ多くの戦略を組み合わせて、最大限に活用する必要がある。お金を稼ぐには、一般的に4つのやり方がある。

1. フルタイムの雇用—誰かほかの人のために働く
2. 副業—副業でお金を稼ぐ
3. 起業—副業の規模を拡大する、もしくはそれをフルタイムの仕事にする
4. 投資—マーケットでお金を増やす

これら4つすべてに集中して取り組めば、一番お金を稼ぐことができる。また、お金を稼ぐ上での自分の裁量も一番大きくなる。ひとつの収入源に頼る——荒れ狂うマーケットであれ、倒産したり、あなたをいつでも解雇できる雇用主であれ――場合と違って、何が起きても稼げる手段が少なくともひとつあるという安心感を持てる。

仮にフルタイムの仕事を失っても、副業――誰かのホームページの作成を手伝う（私がしていたこと）、Etsy［手芸品などを取り扱う電子商取引サイト］で手作りのグリーティングカードを販売するなど――を手がけていれば、パニックになる必要はない。同様に、もし9時5時の仕事が好きではなくても、ほかに収入源があればいつでも自由に辞めることができる。収入源を複数持つことで、あなたは選択肢、柔軟な対応、自由裁量を手にするのだ。

後の章で、それぞれについて具体的にどのようにするのかを説明するつもりだが、なぜそれぞれがエンタープライズ・マインドを養成する上で極めて重要なのかをまず理解してほしい。

フルタイムの仕事をハックする

誰かほかの人のために働いている限り、頭ひとつ脱け出して成功するのは難しい。あなたが稼げる金額はあなたの時間と給与に制限されるが、あなたの会社は給与をできるだけ低く抑えようとする。会社は（エンタープライズ・マインドに従って）費用をできるだけ抑えたいからだ。あなたは自分の時間を差し出してお金を稼いでいる。あなたの時間が有限であるだけに、あなたの稼ぎも限られるのだ。

ただ、ほかでは得られないフルタイムの仕事に付随する恩恵はたくさんある。フルタイムの仕事をまずは自分の土台として考えよう。さらに、もっとお金を稼げるようになるための踏み台として捉えるのだ。安定的な収入（昇進や昇給によって上がる可能性もある）を得られるだけではなく、新しいスキルを学んだり、人脈を広げるための費用を負担してくれるなど、多くの特典があるはずだ。また、企業社会でしか得られない、もしくは自分では手の届かない非常にお金のかかる福利厚生も提供してくれる。

健康保険は米国では明らかに高額だ。ただ、多くの社員を抱える企業では団体料金が適用され、保険料を抑えながらも、サービスは充実している。さらに企業が保険料の一部を負担してくれるので、あなたが負担する金額は極めて少なくなる。大半の企業には人事部があり、どのプランを選ぶべきかアドバイスをくれる。就業不能保険を提供してくれる会社もあるため、怪我をしたり病気になったり子どもが生まれても、収入を失う心配はない（育児休暇も通常は短期の就業不能保険でカバーされる）。また、生命保険を提供してくれる会社もあり、自分の身に何か起きても、あなたの愛する人々は面倒を見てもらえるのだ。

その上、すでに述べたように、多くの会社は確定拠出年金に対して会社負担をしてくれる。自営業では決して得られることのないタダのお金だ。また、有給休暇や病気休暇などの形で、給与をもらいながら休みが取れる。保育施設やジムの会員などの無料・割引のほか、食費、医療費、交通費、教育費の会社持ちなど、ほかにもおいしい特典を与えてくれる会社もある。こうした福利厚生をひとつ利用するたびにお代がタダになり、浮いたお金はあなたの貯蓄に回るのだ。福利厚生をすべて足し合わせた額が給与の20~50%に相当することもあり、あなたの報酬はその分増えることになる。

そのほかの福利厚生としては、会社の株式の一部を保有する自社株がある。大きな価値をもたらす可能性のあるもので、交渉して手にすることも十分可能だ。あなたの会社は自社株を餌に、あなたに長く働いてもらおうとするかもしれない。

会社の「所有者」になるとわくわくするかもしれないが、株式とは一般的に会社の業績が良く、成長を続け、さらに売却できて初めて価値を持つものだ。多くの従業員は自社株を数百万ドルで売却することを夢見ているが、あるにはあるものの、それはあくまでも例外的なケースだ。自社株は潜在的な将来のボーナス程度に考えた方が良く、それで一生安泰などと思わない方がいい(そうなるケースもあるが!)。

また、立ち上げ時の社員の方が、成長してから会社に入った社員よりも自社株により価値を見出せるだろう。成長してから自社株をもらっても、株式の価値が上がらないかもしれないからだ。いかなる投資にもリスクはつきものだが、あなたのフルタイムの仕事とはあなたの時間の投資なのだ。

自社株に価値があるのか、将来価値を持つのかを知るためには、投資家のように考える必要がある。あなたは自分の会社に投資するだろうか？　会社のビジョンや事業内容、リーダーシップを信じているか？　そのビジネスを成長させるために、会社にとどまってもいいか？　もし答えがイエスであれば、自社株も交渉して手にする価値のあるものであり、将来的には非常に大きな利益をもたらすかもしれない。

そしてフルタイムの仕事の最も大きな福利厚生と言っていいのがリモートワークの機会だ。自分の時間をより自由に使えるようになるだけでなく、お金を稼ぐ上での柔軟性も高まる。ありがたいことに、ますます多くの会社がより柔軟なリモートワークの制度を導入している。競争力を保つため、そして優秀な層を獲得するために必要なことだと認識されているのだ。

我々の仕事の多くが、場所を選ばずにパソコンひとつでできる。リモートワークによってお金と時間の直線的な関係が崩れるため、あなたにとって、そしてもっとお金を稼ぎたいと真剣に考えている人にとっては、まさに絶好の機会が訪れている。

多くの場合、仕事さえきちんとこなしていれば、リモートワークによってどこでも働くことができる。暇な時間や余った時間を、副業やお金を稼げるプロジェクトに当てることができるのだ。社外で働く際に仕事の種類に制約があるのかどうかは、雇用契約をきちんと確認しよう。

多くの会社には、競合会社のために働いてはいけないという非競争条項がある。これは理解できるし理屈の通った条項ではあるが、社外でお金を稼ぐことに関して会社に手足を縛られないようにしよう。あらゆることは交渉可能であり、自分の会社と競合しない限り、あなたは副業で自由に副収入を得る権利を持つべきだ。副収入を稼ぐことを制限しようとする会社、そんなことをさせないよう脅し作戦を使う会社もあるが、そうした会社で働くべきではない。

Millennial Money.comの読者のひとりであるブライアンは、フルタイムでネットワーク管理者の仕事をしている。年収は10万ドルで、すばらしい福利厚生にも恵まれており、ほぼ年中リモートワークだ。しかもフルタイムの仕事には週15～20時間しか使っていない。残りの時間を使って、小さな会社に同様のサービスを提供するコンサルティング会社を経営しており、そこからの収入は年間15万ドルにもなる。

彼はフルタイムの仕事を辞めて、自分の会社を大きくすることもできるが、フルタイムの仕事で享受できる福利厚生と安定性を非常に気に入っている。それが彼なりの適正なバランスなのだ。いつか会社を辞めたくなったとき、もしくは解雇されたときにも、彼には選択肢が残されている。

あなたから見ると、ブライアンは恵まれた状況に思えるかもしれないが、決してそうではない。彼のようなケースは増えており、あなたも意図的に同じようなキャリアをデザインすることができるはずだ。かつてないほどそうした働き方のハードルは下がっており、自分の好きなようにお金を稼ぐ上では大きなアドバンテージを提供してくれるものだ。

こうした福利厚生をすべて活用すれば、かなりの金額を貯蓄に回せるはずだ。グーグルで働いていた23歳のブランドンは、会社の駐車場にとめてあるバンボディ（箱型トラック）を家代わりにしていた。同じくグーグルで働いていたピートとカラ夫妻は、駐車場にとめてあるキャンピングカーの中で生活していた。グーグルでは報酬は高く、福利厚生は充実し、無料の食事も提供されている。進取の気性に富んだ3人は生活費をかなり抑え、収入の8割を貯蓄に回すことができた。

もちろん、たとえどんなにそのフルタイムの仕事が好きでも、自分の時間が自分のものにはならないというのが最大の欠点だ。給与が高くなればなるほど、その金額を正当化するために会社はより多くのことをあなたに期待する。だからこそ高い給与をもらっていても、収入源を複数持つことに価値があるのだ。そうしておけば、その9時5時の仕事に価値がないと思ったとき、すぐにおさらばできる。

具体的にどのようにフルタイムの仕事を活かすのか――あなたの市場価値と会社にとっての価値の分析の仕方、上司に過去最高の社員だと思ってもらう戦術、なるべく早く昇給してもらうやり方、リモートワークの機会など福利厚生すべてを最大限活用する方法など――については、第8章で詳しく説明するつもりだ。

収入源を多様化するために副業に取り組む

もし本当にお金を稼ぎたいのであれば、アントレプレナー（起業家）になる必要がある。アントレプレナーになるには会社を大成功させる必要はなく、その会社を10億ドルで売却する必要もない。単に人がお金を払って買うものを売ればいいのだ。もしフルタイムの仕事以外でお金を稼いでいれば、週10ドルの稼ぎでもあなたはアントレプレナーだ。

多くの人はキャリアに乗り出す前、もしくはフルタイムの仕事を探している間、お金を稼ぐために臨時の仕事をしている。ウェイトレスや小売店でのパートタイムの仕事かもしれないし、ベビーシッターや芝刈り、叔父の自動車修理工場の手伝いかもしれない。あまりお金がないときには、たった50ドルであろうが稼げる機会があれば飛びつくものだ。夢見た仕事ではないかもしれないし、成長の余地もおそらく限られているが、それでもお金はお金だ。

多くの人がいったんフルタイムの仕事に就くと、そういう副業を辞めてしまう。私から見るとそれはクレイジーだ。副業――フルタイムの仕事以外でお金を稼ぐあらゆる方法と私は定義する――は比較的簡単にアントレプレナーになり、フルタイムの仕事を辞めるリスクを犯さずに収入源を多様化できる方法なのだ。

また、あまり時間とお金をかけずに始められる副業もあるため、学習の機会は大きい一方、金銭的なリスクは低い。ひとつの副業がうまくいかなくても、別のビジネスに挑戦すればいい。多くの副業を手がけるほど、あなたの稼ぎは増える。もし本業の仕事で給与をもらっていれば、副業の収入は全額投資に回せるため、貯蓄率も自動的に上がる。

どんなに少ないお金でも投資はできる。たった20ドルでも足しにはなる。私は年間30万ドル稼げるようになった後でも、隣人の猫を60ドルで預かっていた。投資資金になるからだ。1ドルでも複利効果は大きくなる――追加で投資した資金の増殖力には目を見張るものがある。追加資金は7％の利回りで投資すれば、10年ごとに2倍になることを忘れないでほしい！　少なくとも私の純資産の4割は副業で稼いだ資金を投資して得たものだ。実際、副業がなければ、私が経済的自立に到達するまでには少なくとも2倍の期間がかかっただろう。

第9章では副業についてさらに掘り下げるが、大儲けできる副業を見つけるにはどうすればいいか？　あなたが持つスキルやあなたが得意なことのリストとあなたが好きなことのリストを作ってみよう。どちらのリストにも当てはまることがあれば、まずはそれを仕事にできないか考えてみよう。好きな副業であれば、長く続けられる可能性は高く、大きくできるかもしれないため、より儲かるビジネスになるだずだ。副業は文字通り何をやってもいい。お金さえ稼げればいいのだ。またもやインターネットのおかげで、かつてないほど稼げる方法が巷にあふれている。

かぎ針編みが好き？　手作りのミトンをEtsyで売ってみよう。

マンガ本を集めている？　イーベイでオークションにかけてみよう。

運転するのが好き？　ライドシェアの会社にひとつ登録してみよう――街のすべてのライドシェアの会社に登録するとなおさらいい！

音楽が好き？　DJとして働けるかもしれないし、インターネットでビートパック（楽曲集）

を売れるかもしれない。可能性はほぼ無限なのだ。

副業でお金を稼ぐ方法は無限にあるが、すべての副業が平等というわけではない。例えば、もしライドシェアの会社で運転手として働くならば、あなたはいつでも運転できるが、あくまで大きな会社のために働いているのであり、フルタイムの仕事と同様に収入の潜在力は制限されてしまう。

副業の稼ぐ力を最大限発揮するためには、次の条件を満たすビジネスを見つけよう。

1. 自営で働く
2. 労働時間当たりの収入が高い
3. あなたが楽しめる
4. 新たなスキルが学べる（スキルは将来のお金だ）
5. 成長性がある（もし望めば大きなビジネスに成長させられる）
6. 不労所得につながる可能性がある（他人を雇って仕事をしてもらえる、もしくは繰り返し発生する収入源になる）

私の大好きな（そして最も儲かる）副業は、ドメイン名の売買、モペッドやフォルクスワーゲンのキャンピングカーの転売、ホームページの作成、ブログの執筆、デジタル広告キャンペーンの運営などだ。

副業の利点のひとつは、ひとつの事業だけに専念する必要がなく、多くの異なるアイデアを追求する機会が与えられることだ。もし犬が好きでも、犬の散歩は嫌いだとわかったとき、心配しなくていい。やりたい範囲でやるか、全く別の副業に変えればいいのだ（ちなみに猫の世話の方がずいぶん手間はかからない）。

もしくはTaskRabbit、Postmates、Craigslistなどのウェブサイトをのぞいてみて、自分にできる簡単な仕事がないか確認してもいい。絶えず機会を探さなければならないため少々手間はかかるものの、とりあえず収入は確保できる。お金は無限であることを忘れないでほしい。

副業も手がければ手がけるほど、どんどん得意になるだろう。例えば、あるサービスでいくら請求できるのかに関する感覚は、時間とともに磨かれていく。また顧客基盤も安定し、彼らは繰り返しあなたを頼るようになり、知人にあなたを勧めるようにもなる。新たな顧客を呼び込むのに、余分な時間をかける必要がなくなるのだ。つまり、同じ金額を稼ぐにしても全体の労働時間は減ることになる。もし得意客を確保できれば、より短い時間でより多く稼げるかもしれないということだ。

副業の最大の利点のひとつは、やればやるほどエンタープライズ・マインドが鍛えられ、新たな儲けの機会を見出せるようになるということだ。一番儲かる副業というのは、最も大きなマーケットの需要を満たしつつも、相対的に競争が限られているものだ。競争が激しいほど、特別な競争優位や割増価格を正当化できるだけの価値を持たない限り、請求できる金額は安くなる。副業を始めた瞬間から、あなたは多くのことを学ぶ。やがて至るところに、あなたは新たな儲けの機会を見出し始めるだろう。そう、至るところに機会を見出し始めるのだ。

また、市場についての理解が深まるにつれて、すでに手がけている副業でもより稼げる新たなやり方を見つけられるだろう。例えば、あなたがすでに誰かの芝を刈っているのであれば、収入を増やすために庭の水やりや生垣の手入れを提案してみてはどうだろうか？　副業とはアントレプレナーであることを試してみる格好の手段でもある。実際、もしあなた自身が楽しく働け、ビジネスに対する需要も旺盛であれば、副業をフルタイムの仕事にしてみたり、もっと大きなビジネスに育ててみたいと思うかもしれない。

人を雇う、不労所得を作る

長期的に最もお金を稼げるやり方はふたつある。人を雇ってあなたの仕事をしてもらうか、もしくは不労所得の収入源を作ることに重点を置くことだ。世界で最も裕福な人々の大半は、自分で会社を立ち上げて成長させたアントレプレナーだ。自分自身がお金を稼ぐために働くのではなく、他人に自分のために働いてもらうのだ。他人を雇って働いてもらいながら収入の大部分を自分のものにできるのに、なぜあえて自分で芝を刈る必要があるだろうか？

　ビジネスを立ち上げたとき、あなたが生み出す価値は１００％あなたの時間だけに左右されるわけではない。あなたが雇った従業員も同じように価値を生み出しているため、その価値はずっと大きくなる可能性がある。自分のビジネスを立ち上げれば、あなたが雇った従業員の数と比例してお金を稼ぐ力は大きくなっていく。

　また、あなたの「従業員」がフルタイムの従業員である必要はないということを覚えておいてほしい。回数や頻度にかかわらず、働いてもらうためにあなたがお金を払っている人全員が含まれる。給与を払って他人に仕事をしてもらいつつ、需要と供給を結びつけるだけでお金持ちになった人はたくさんいる。

　お金を稼げるビジネスを立ち上げているのであれば、それは価値が上がる資産を築いていることと同じだ。そのビジネスは売却することもできるかもしれない――これまで築いてきたすべての価値、もしくはそれ以上の価値を回収することで、大金を得られるのだ。

　ただ、たくさんお金を稼ぐのに、多くの従業員や時間は必ずしも必要ない。アントレプレナーであることの最大の利点は、自分ですべてをコントロールできるということだ。つまり、あなたの理想のライフスタイルに合ったビジネスを自分でデザインできる。すでにご存知のように、お金と時間の関係は必ずしも直線的である必要はない――従業員が（いるとしても）少なく、ほとんど時間もかからないのに多くのお金を稼げるビジネスを立ち上げることも可能だ。あまり能動的な仕事をせずにお金を稼げることから、不労所得ビジネスとして知られている。

安定して信頼できる不労所得をもたらしてくれるビジネスや投資（家賃収入や株の配当など）を見つけられたら、それで毎月の支出の全額、もしくは一部を賄える十分なお金を稼ぐこともできる。生活費として頼ることができる毎月の不労所得さえ確保できれば、実質的には経済的自立に到達したも同然なのだ。

不労所得ビジネスの例をもうひとつ挙げると、オンラインコースを立ち上げることだ。時間をかけてそのコンテンツを作り、インターネット上で販売するのだ。自ら積極的に売り出すこともできるが、誰かが勝手にインターネットで見つけて購入してくれれば、不労所得ビジネスにもなる。ランの育て方やギターの修理、書籍の出版まで、ニッチな分野でオンラインコースを作った知人はたくさんいる。彼らは5年以上も前に作ったコースの収入だけで生活している。毎年、彼らはコースの中身を更新しており、利用者は増えていく一方だ。

ドロップシッピングの会社も人気のある不労所得ビジネスだ。あなたは商品を企画するだけで、製造や注文、流通、カスタマーサービスはすべて外部委託するため、あまり手間がかからないビジネス形態だ。誰かが（たとえばアマゾンを通して）あなたの商品を注文した際、アマゾンが注文を処理し、お金はあなたの懐に入る。在庫が少なくなったら、あなたかサプライヤーのどちらかに通知があり、在庫を積み増すことができる。

知人のサマンサは超軽量のキャンプ用品を扱うビジネスを立ち上げ、非常に儲かっている。しかも会社業務のほとんどが自動化されている。アマゾン経由の販売で月5000ドル稼ぎ、会社の経営には毎月たった数時間しかかけていないというのだ！

話がうますぎるように聞こえるかもしれないが、不労所得の収入源を作ることは誰にでもできることだ。ただ、不労所得ビジネスもビジネスであることには違いないため、ほかのビジネスと同じようにマーケットの力には抗えない。競争や需要などの要因で、その継続は脅かされる。

統計的な数字——5年継続できる企業は2割、10年継続するのは4％——だけ聞くと身がすくんでしまうが、そんな数字に惑わされて副業を始めること、アントレプレナーになることを諦めてはいけない。多くのビジネスを立ち上げたアントレプレナーの最終的な成功率を測った統計ではないため、誤解を生じさせる数字と言える。

成功しているアントレプレナーの大多数も、最初の数回の起業では失敗している。私も立ち上げようとした最初のふたつの会社（いずれも携帯のアプリだ）は完全に失敗に終わったが、その過程で多くを学び、その後に成功させることができた会社（いずれも副業として始めた）の立ち上げに生かすことができた。

副業から事業を始めることによって、フルタイムのアントレプレナーにいきなりなるリスクを軽減できる。リスクを最小限にするために、安定した収入源を確保できるまで、もしくは十分な顧客基盤を確立するまでは、フルタイムの仕事から得る収入は確保しておこう。

私は必ずしもあなたがフルタイムの仕事を辞めて、いきなり優れた事業アイデアに身を投じることに反対しているわけではない。ただ、優れたアイデアだけでは十分ではない。誰しも優れたアイデアを持っているが、ビジネスの成功はその遂行にかかっている。実際に形にできなければならないのだ。私はこれまであまりに多くのアントレプレナーが、まだコンセプトや顧客にはっきりとした確証がない段階でフルタイムの仕事を辞めて、自分のアイデアを追求するのを目の当たりにしてきた。

フルタイムのアントレプレナーは、一か八かのモードに入っていることが少なくない。うまくいけば本当にうまくいくが、ビジネスは持続させるのが難しく、立ち上げには特に困難が伴う。常に次の取引や次の資金を追い求めるあまり、自由の利く自営業と言いながら、実際は皮肉にも大きなストレスを抱えることになるのだ。

ビジネスとは――人生や投資のように――ある程度のリスクを承知で賭けに出なければならないものだ。22歳で独身のときの方がリスクは低い。何度も試し、繰り返し、失敗してもやり直せる時間がたっぷりある。35歳でふたりの子持ちで一家の大黒柱となれば、リスクは明らかにぐっと高くなる。35歳になれば不可能だと言っているわけではないが、より大きなリスクを取るのであれば、より強い確証が必要となる。副業こそがフルタイムの収入を失うリスクを犯すことなく、確証を得られる最善の方法なのだ。

アントレプレナーとしての成功率を高めるためには、副業から始めよう。安定した顧客基盤や収入源を確立でき、頼れる十分な貯蓄を手にした後にフルタイムのアントレプレナーになることが、あなたにとっての完璧な選択肢かもしれない。あなたがそうであるように、あなたのビジネスも時間とともに変わる。もし副業で成功すれば、多くの選択肢が手に入る。会社を継続して大きくしてもいいし、不労所得の収入源にしてもいいし、売却することだって可能だ。

儲かる副業をいかにして選び、成長させるのか？　あなたの商品の価格をいかにして決め、販売するのか？　どのタイミングでフルタイムの仕事にする決断をするのか？　いかにして不労所得の収入源にするのか？　いかにして理想のライフスタイルに合わせつつ、十分なお金を稼げるライフスタイル・ビジネス――最小の時間で最大の稼ぎをもたらすビジネス――にするのか？

これらの点については第９章で取り上げるつもりだ。時間＞お金だ。そのことを忘れないでほしい。

できるだけ多くのお金をできるだけ早く投資する

投資収入こそが究極の不労所得であり、お金持ちが裕福になる、そして裕福でい続けるために利用する代表的な戦略だ。複利効果によって、きょう投資した1ドルが明日には1ドル以上の価値になることをお金持ちは知っている。

またインフレの影響で、きょう投資しなかった1ドルが明日は1ドル以下の価値になることも知っている。稼いだお金、貯蓄したお金、投資したお金すべてを1ドルまで将来の潜在価値で見るようになること。これがエンタープライズ・マインドを完成させる最後のピースなのだ。

ご存知の通り、より早い時期からより多く投資すれば、より早く資金は成長する。だからこそ私は、銀行口座に入った資金はできる限りすぐに投資に回すようにしている。複利の期間が数日増えただけでも結果は違う。投資対象は何でもかまわないが、私は株式、債券、不動産が最も管理しやすく信頼できる投資資産だと考えている。

もし貯蓄率を早く引き上げたいのであれば、最も効果的な戦略は30～90日ごとに1％引き上げることだ。1％であれば日々の生活の中でその変化を感じることがない一方、経済的自立に到達するまでの期間に与える影響は十分に大きい。

あなたの年収が5万ドル（税引き後）で、収入の5％をすでに投資しているとしよう。もし貯蓄率を3カ月ごとに1ポイント（年間では4ポイント）引き上げれば、貯蓄率はたった5年で25％になる。もし貯蓄率を65％になる（15年後になる計算だ）までそのペースで引き上げ続ければ、あなたは20年後には81万4349ドル貯めていることになる。なんという大金だ！　年収10万ドルで同じことをすれば、162万8698ドルも貯めていることになるのだ。

確かに年収5万ドルのうちの65％というのは大変な金額だが、収入を増やす機会に常に目を光らせていれば、収入の65％を貯蓄に回しても、十分な資金が手元に残るだろう。

私の個人の純資産の半分以上は投資収益によるものだが、たったひとつの方法に頼るのは――

年収5万ドルで貯蓄率を年間4%引き上げ続けると

年数	貯蓄率	年間 引き上げ率	給与	貯蓄額	期待 収益率	投資残高
0	5%	4%	$50,000	$2,500	7%	$2,675
1	9%	4%	$50,000	$4,500	7%	$7,677
2	13%	4%	$50,000	$6,500	7%	$15,169
3	17%	4%	$50,000	$8,500	7%	$25,326
4	21%	4%	$50,000	$10,500	7%	$38,334
5	25%	4%	$50,000	$12,500	7%	$54,392
6	29%	4%	$50,000	$14,500	7%	$73,715
7	33%	4%	$50,000	$16,500	7%	$96,530
8	37%	4%	$50,000	$18,500	7%	$123,082
9	41%	4%	$50,000	$20,500	7%	$153,633
10	45%	4%	$50,000	$22,500	7%	$188,462
11	49%	4%	$50,000	$24,500	7%	$227,869
12	53%	4%	$50,000	$26,500	7%	$272,175
13	57%	4%	$50,000	$28,500	7%	$321,723
14	61%	4%	$50,000	$30,500	7%	$376,878
15	65%	0%	$50,000	$32,500	7%	$438,035
16	65%	0%	$50,000	$32,500	7%	$503,472
17	65%	0%	$50,000	$32,500	7%	$573,490
18	65%	0%	$50,000	$32,500	7%	$648,410
19	65%	0%	$50,000	$32,500	7%	$728,573
20	65%	0%	$50,000	$32,500	7%	$814,349

年収10万ドルで貯蓄率を年間4%引き上げ続けると

年数	貯蓄率	年間 引き上げ率	給与	貯蓄額	期待 収益率	投資残高
0	5%	4%	$100,000	$5,000	7%	$5,350
1	9%	4%	$100,000	$9,000	7%	$15,354
2	13%	4%	$100,000	$13,000	7%	$30,339
3	17%	4%	$100,000	$17,000	7%	$50,653
4	21%	4%	$100,000	$21,000	7%	$76,668
5	25%	4%	$100,000	$25,000	7%	$108,785
6	29%	4%	$100,000	$29,000	7%	$147,430
7	33%	4%	$100,000	$33,000	7%	$193,060
8	37%	4%	$100,000	$37,000	7%	$246,164
9	41%	4%	$100,000	$41,000	7%	$307,266
10	45%	4%	$100,000	$45,000	7%	$376,925
11	49%	4%	$100,000	$49,000	7%	$455,739
12	53%	4%	$100,000	$53,000	7%	$544,351
13	57%	4%	$100,000	$57,000	7%	$643,446
14	61%	4%	$100,000	$61,000	7%	$753,757
15	65%	0%	$100,000	$65,000	7%	$876,070
16	65%	0%	$100,000	$65,000	7%	$1,006,945
17	65%	0%	$100,000	$65,000	7%	$1,146,981
18	65%	0%	$100,000	$65,000	7%	$1,296,820
19	65%	0%	$100,000	$65,000	7%	$1,457,147
20	65%	0%	$100,000	$65,000	7%	$1,628,698

年収20万ドルで貯蓄率を年間4%引き上げ続けると

年数	貯蓄率	年間引き上げ率	給与	貯蓄額	期待収益率	投資残高
0	5%	4%	$200,000	$10,000	7%	$10,700
1	9%	4%	$200,000	$18,000	7%	$30,709
2	13%	4%	$200,000	$26,000	7%	$60,678
3	17%	4%	$200,000	$34,000	7%	$101,306
4	21%	4%	$200,000	$42,000	7%	$153,337
5	25%	4%	$200,000	$50,000	7%	$217,571
6	29%	4%	$200,000	$58,000	7%	$294,861
7	33%	4%	$200,000	$66,000	7%	$386,121
8	37%	4%	$200,000	$74,000	7%	$492,329
9	41%	4%	$200,000	$82,000	7%	$614,533
10	45%	4%	$200,000	$90,000	7%	$753,850
11	49%	4%	$200,000	$98,000	7%	$911,479
12	53%	4%	$200,000	$106,000	7%	$1,088,703
13	57%	4%	$200,000	$114,000	7%	$1,286,892
14	61%	4%	$200,000	$122,000	7%	$1,507,515
15	65%	0%	$200,000	$130,000	7%	$1,752,141
16	65%	0%	$200,000	$130,000	7%	$2,013,891
17	65%	0%	$200,000	$130,000	7%	$2,293,963
18	65%	0%	$200,000	$130,000	7%	$2,593,641
19	65%	0%	$200,000	$130,000	7%	$2,914,295
20	65%	0%	$200,000	$130,000	7%	$3,257,396

どんなに効果的でも――危険だ。だからこそ、エンタープライズ・マインドが効力を発揮するのだ。収入源を複数持ち、常日頃から稼げる新たな方法がないか目を光らせ、できるだけ多くの資金を投資に回す。そうすることで、自分の経済的な運命を自らの意志でコントロールできるようになり、ひとつの収入源が途切れた場合でも自分の身を守ることができる。

できるだけ早く経済的自立に到達したいのであれば、死に物狂いでやる必要がある。できるだけ多くお金を稼ぎ、貯め、投資する方法を見つけなければならない。

今朝この文章を書きながら、私は自分の口座にログインしてみた。それまでの48時間で2000ドルを稼いでいた。そのほとんどは投資収益がもたらす不労所得だ。お金持ちはそのようにしてもっと裕福になっていく。あなたの場合もそうなのだ。毎年、毎日、毎分を無駄にしてはならない。自分の時間を最大限活用しよう。

ことし1年懸命に働けば、将来の5年、10年、20年の自由をもたらしてくれるかもしれない。貯蓄と投資を犠牲ではなく、機会と捉える必要がある。富を築くために数年間、懸命に働く機会だ。人生を変える富であり、自由をもたらす富だ。

第5章まとめ

1 富を築けるかは、常に3つの基礎となるてこに左右される。

・収入：あなたがいくら稼いでいるか
・貯蓄：あなたがいくら貯蓄／投資しているか
・支出：あなたがいくら使っているか

2 ほとんどのパーソナル・ファイナンスの本は、支出を切り詰めることに重点を置きすぎている。お金を稼ぐことと支出を切り詰めることは経済的自由に到達するための車の両輪だが、経済的自由にいち早くたどり着くためには、支出を切り詰めるよりも稼ぎを増やす方が効果が大きい。

3 貯蓄率：ドルと%の両方で貯蓄を測ろう。貯蓄率を計算するには、課税、非課税両方の口座に貯蓄したすべての金額を足し上げ、その数字を収入で割ればいい。

4 あなたの貯蓄率は、あなたの数字に到達するまでに必要な期間に直接的に相関する。貯蓄率が1%、貯蓄額が1日1ドル増えただけでも結果には違いが出てくる。

5 エンタープライズ・マインド：稼ぎを増やすためにはあらゆる機会を利用し、できるだけ多くの手段を使って——支出を切り詰める、手数料・価格を最適化する、税金をできるだけ抑える、複数の収入源を確立する、そのほか目に付くあらゆる方法——富を築こう。自分の時間の1分、1時間当たりの収入をできるだけ増やすことに重点を置こう。

6 できるだけ稼ぐためには、できるだけ多くの戦略を最大限活用し、同時並行で行わなければいけない。お金を稼ぐやり方には、一般的に4つの種類がある。

・フルタイムの雇用——誰かほかの人のために働く
・副業——副業でお金を稼ぐ
・起業——ライフスタイル・ビジネスを築く、副業を大きくする、副業をフルタイムの仕事にする
・投資——株式市場や不動産でお金を増やす

7 次の条件を満たす副業を見つけよう。

・自営で働ける

・労働時間当たりの収入が高い
・あなたが楽しめて長く続けられる
・新たなスキルが学べる（スキルは将来のお金だ）
・成長性がある（もし望めば大きなビジネスに成長させられる）
・不労所得につながる可能性がある（他人を雇って仕事をしてもらえる、もしくは繰り返し発生する収入源になる）

8 投資収入こそが究極の不労所得であり、富裕層がお金持ちになるため、お金持ちでい続けるために使う代表的な戦略だ。投資対象は何でもいいが、私は株式、債券、不動産が最も管理しやすく信頼できる資産だと考えている。できるだけ多くのお金をできるだけ早く投資しよう。効果的な戦略は貯蓄率を30〜90日ごとに1％引き上げるというものだが、可能ならできる限り引き上げるべきだ。

第6章

それに見合う価値があるのか？

IS IT WORTH IT?

モノを買う前にお金について考える11の方法

1杯のコーヒーはいくらするだろうか？　地元のコーヒーショップに行けば、12オンス［340グラム］の1杯のコーヒーが税込みで3ドルするので、あなたの答えはおそらく3ドルというものだろう。いたって単純な話だが、なぜ私はわざわざこんな質問をしているのだろう？　なぜなら3ドルする1杯のコーヒーが実際はあなたが思っている以上に——潜在的にはかなり——高くつくからだ。

最近ではお金を使うことがあまりに手軽になっているため、それぞれの取引の真の費用についてじっくり時間をかけて考えようとする人はほとんどいない。クレジッドカードをスワイプする。スマートフォンをタップする。ボタンを押す。それだけでモノが買えるのだ。残念なことに、お金を使うことが手軽になればなるほど、人はもっとお金を使うようになっている。その結果、多くの人が自覚しない事態を引き起こしている。

お金を貯めることはお金を使うことと同じだ。あらゆる買い物はトレードオフだ——あるものにお金を使うと、その分のお金を貯蓄に回せない、もしくは他のものを買えなくなる。もしできるだけ早く経済的自由に到達したいのであれば、このコンセプトを理解するだけではなく、あらゆる金銭的取引をこうした観点から考えるようになる必要がある。

そのお金と引き換えに、あなたは何を手に入れているのか？　本当にその金額に見合う価値があるのか？　Xにお金を使うことで、Yに使えるお金が残らないのではないか？　もしそうであれば、Xはより重要なものなのか？　つまり、そのモノの実際の費用はいくらなのか？

あなたがお金を使うとき、ただドルで払っているだけではない。あなたの時間、そして払ったお金の将来の潜在的な価値とそのものを引き換えにしているのだ。その分、あなたの数字に到達するために必要な期間も長引くことになる。あなたが買うものすべてを、自由と引き換えに手に入れている。あなたにとってより価値があるものは何だろう――数週間の自由、それともその新しいコート？

それに見合う価値があるのか？

もしお金に関してより賢明な決断をしたければ、お金を使うことに対して意識を高く持つ必要がある。意識を高く持つということは、買うもの――もしくは買わないもの――すべてについて真のコストをよく考えるということだ。その上で、本当にそれに見合う価値があるのかを決めるのだ。

そのためには、「どのくらいの金額がかかるのか？」以外の質問を自分に問いかける必要がある。お金を使うべきかどうかを決める前に、まず自問すべき11の重要な問いがある。買い物のたびにすべての問いをする必要はないが、心の片隅（もしくは財布や携帯の中）に置いておけば、お金を不必要に使っていないか、もしくは無分別に使っていないかどうかを確認する上で、有効な手段だとわかるだろう。また、何にお金を使っているのかに関して、もっと自信が持てるようになるはずだ。

このようにお金を見られるようになれば、モノが実際は見た目よりもずっと高くつくことを理解でき、自動的に支出を減らし、貯蓄を増やすようになるはずだ。11の問いと言うと、多すぎて覚えられないと思うかもしれないが、少し慣れれば買い物の際の自然なルーティンの一環になる。私はそれらの問いをシンプルなリストにまとめており、本書のサイトからダウンロードできる。プリントアウトするか、もしくは携帯電話に保存しよう。

あなたの実質時給を計算し、定期的に確認する

これらの問いを始める前に、まずあなたが実際にいくら稼いでいるのかを把握する必要がある。特に、時間当たりいくら稼いでいるのかが重要だ。あなたの実質時給として知られている概念だ。本書の目標のひとつは、あなたにできるだけ少ない時間でできるだけ多くのお金を稼いでもらい、最終的には時間を切り売りしてお金を稼ぐ必要がないくらい十分な不労所得を手にしてもらうことだ。実質時給が高くなるほど、あなたは自分の時間と引き換えにより多くのお金を稼いでいると言える。

実質時給を計算することは極めて重要だ。そうすることで、あなたがお金のためにどれくらいの時間を犠牲にしているのかが実際の数字で目に見えるようになり、モノが実際にはどれくらい費用がかかるのか、本当に買う価値があるのかどうかを考える際に比較検討できるようになる。

あなたの給与明細を見ると、税引き後で時間当たり20ドル稼いでいることになっているかもしれないが、それはあなたがデスクに座っている時間、仕事で働いている時間を基に計算した数字だ。仕事ではないが、仕事に付随して発生する作業にかかる余分な時間を全く計算に入れていない。通勤、仕事の準備、仕事着の購入、出張、仕事の後や週末のストレス解消などの時間だ。もし仕事をしていなければおそらく違うことに時間を使っていたはずなのに、そうした時間に対して給与は払われていないのだ。

あなたの9時5時の仕事は、あなたが思っているよりもずっと多くのあなたの時間と人生を奪っている。それらすべての時間を足し合わせ、実質時給の計算に入れると、会社の公称よりもずっと少ないお金しか実際は稼いでいないことがわかるだろう。

フルタイムの仕事の収入が増えたり、副業を立ち上げたりすると、あなたの実質時給は変わっていく。そのため純資産のときと同じように、実質時給は定期的に計算し直し、把握しておくことが重要だ。理想的には四半期に一度、少なくとも年に一度は、それぞれの収入源の個別の実質時給と収入全体の実質時給を計算することをオススメしたい。自分の実質時給を把握しておくと、給与を増やそうと努力していく上で、新たな仕事や収入の機会に対してより適切な評価ができる。

仕事の準備や通勤、仕事着の購入、出張、ストレス解消など、それぞれにかかる時間は毎週異なるため、正確な実質時給を計算するのは難しいかもしれないが、我々の目的のためには手堅い推定値があれば十分だ。まずベースとなる時給——あなたの会社が払っているとしている表向きの時給——を計算することから始めよう。もしすでに時給でもらっている場合、手間のかからない作業であり、あなたはすでにその額を知っているはずだ。

もし会社員であれば、あなたの給与明細に時給が掲載されているかもしれないが、その数字は通常、週35～40時間の労働時間を基に計算されている。あなたがそれ以上長く働いている可能性も十分にある。もしそうであれば、あなたの税引き前の年収をあなたの年間の労働時間で割ろう。毎週の平均的な労働時間を計算し、その数字をあなたが働いた週の数(祝日や休暇は入れないようにしよう)で掛けるのだ。

もし会社員であれば、労働時間が長いほどあなたの実質時給は下がる。もし週に50時間、年に50週働いていれば、年間で2500時間働いていることになる。

年収が5万ドルであれば、ベースとなる時給は20ドル(50000ドル÷2500=20ドル)となる。週に何時間働いているのかを知らないのであれば、数週間労働時間を確認してみて、平均を計算してみるといいかもしれない。もしあまりやることがなくてデスクで毎日1時間ネットサーフィンしていても、その時間を労働時間にカウントしよう。仕事のせいで、その時間にほかのことができないからだ。

ベースとなる時給を把握したら、次は実質時給を計算する番だ。通勤や出張（仕事で全国を飛び回っている人にとっては本当につらい！）、仕事着の買い物、イベントの出席、仕事後のストレス解消など、仕事がなければやる必要がないことすべてに使っている時間を考えてみよう。米国人は毎日、平均で通勤におよそ53分かけていることを忘れないでほしい。つまり、もし年間50週働いていれば、およそ220時間を通勤に費やしているということだ。年間で8時間の労働が27・5日分加わる計算だ！　その時間には1分も給与が支払われていないのだ。

もし仕事で出張しているのであれば、その時間は労働時間を大きくかさ上げする要因となる――会議や顧客訪問で泊まりがけの出張を数回しただけで、数百時間になり得るのだ。セントルイスで開かれる営業会議に出席すれば、ほかのことをするためにほかの場所にいることはできない。つまり、8～10時間の労働時間でも、出張があると16時間以上に増える。

ありきたりな3日間の出張でも、労働時間がオフィスにいるときの24時間から48時間に増える。仕事でいつも出張している人は、実質時給がどれだけ少ないかを知るとショックを受けるかもしれない。

私はビジネスコンサルタントの友人に頼まれて、この計算をしてみた。彼は年収25万ドルだが、ほぼ年中出張している。出張にかかる移動やらなんやらの時間のせいで、彼の税引き後の実質時給は35ドルほどにすぎなかった!!　彼はお金のためにどれくらい多くの時間を犠牲にしているのかを知ってショックを受け、数カ月後には仕事を変えた。

仕事と仕事に付随する作業に週何時間使っているのかを書き出すために、210ページの表を使ってみよう。さらにその情報を使って、あなたの税引き前と税引き後の実質時給を計算しよう。あなたの年収を仕事のために費やしている時間の合計で割ってもらえばいい。また、本書のサイトであなたの実質時給を計算する際に使える計算機を利用できる。

次ページの表に私の数字を記してある。当時、あるデジタルマーケティングの代理店で週に50時間働き、年収は5万ドルだった。

なんと！　オフィスにいた時間を基準にして想定していた時給20ドルよりもずいぶん少ない結果となった。

自分が思っていたよりも実質時給が少なかったとしても、ご心配なく。第8章ではいかにして実質時給を最大化するのかを詳しく説明するつもりだ。現時点では、あなたがお金を使っているものの真のコストを割り出せるように、実質時給とは何であるのかを知ってもらいたいだけだ。

自分の実質時給を把握したら、次はあらゆるものの真のコストを評価するための11の問いを始めてみよう。それぞれの問いを通じて、買うことを検討しているものが、それぞれ金額に見合う価値があるのかどうかを導き出すのが最終的な目標だ。あなたが思ってもいない答えになるかもしれない。

著者の「実質時給」の計算例

	週の平均労働時間	年間の労働時間 （年に働く週数×週の労働時間）
仕事	50	2,500
仕事の準備	5	250
通勤	7.5	375
移動や出張	3	150
買い物	0.25	13
ストレス解消	8	400
その他		
合計	73.75	3,688

年収	$50,000
実質時給：年収÷年間の合計時間（税引き前）	$13.56

年間税率	25%
実質時給：年収÷年間の合計時間（税引き後）	$10.17

あなたの「仕事」の実質時給を計算してみよう

	週の平均労働時間	年間の労働時間 （年に働く週数×週の労働時間）
仕事		
仕事の準備		
通勤		
移動や出張		
買い物		
ストレス解消		
その他		
合計		

年収	
実質時給：年収÷年間の合計時間（税引き前）	

年間税率	
実質時給：年収÷年間の合計時間（税引き後）	

問い1：この買い物はどれほど私を幸せにしてくれるのか？

何か買いたいとき、ほとんどの人は価格をまず見て、買いたいのかどうか自分に問いかける。そのモノが安ければ安いほど、決断も容易になるケースが多い。「この1杯のコーヒーは3ドルかかる。私はこの1杯のコーヒーに3ドル使いたいのか？」。米国人は毎日4億杯ものコーヒーを消費している——コーヒーは比較的安く、あまり意識的になることなく簡単に買えるものだ。

次に何か買いたいときには、価格について考えたり、買う余裕があるのかなどこれから説明するあらゆる質問の前に、真っ先にもっと個人的な質問を自分に問いかけることから始めよう。

「これはどれほどの価値を私の人生にもたらすのか？　きょうどれほど私を幸せにしてくれるのか？　明日、来月、どれほど私を幸せにしてくれるのか？」

この問いに答えることは次第に楽になっていく。幸せにしてくれるとあなたが思っているものの多くは、実際はあなたを幸せにしてくれないことに気づくからだ。また、かつて自分を幸せにしてくれたものでも、もはやそうではなくなってしまう。これはより深い判断を基に買うかどうかの選択を迫る問いであり、お金を管理するための考え方だ。本当に自分を幸せにするもの、お金をかける価値があるものかどうかを知っているのはあなただけだ。

あなたは自分の短期的な幸せと長期的な幸せについて考える必要がある。きょう喜びをもたらしてくれたものでも、来月には買ったことを後悔するかもしれないからだ。1杯のコーヒーについてこの質問に答えるのは非常に簡単だ。もしあなたが良質なコーヒーが好きで、朝一番に質の高いコーヒーを飲むことでその日の滑り出しが良くなるのであれば、コーヒー豆1袋に25ドル使っても、地元のカフェで1杯のコーヒーに3ドル払っても、おそらくその価値のあるものだと判断するだろう。

世の中には、毎日のコーヒー、毎日のワインなど、思わず買ってしまう比較的小さなぜいたくを切り詰めるよう勧めるパーソナル・ファイナンスの本や家計の専門家があまりにも多い。小さな買い物でも塵も積もれば山となり（毎日3ドルのコーヒーでも年間では1095ドルになる）、そのお金を将来のために貯蓄し投資に回せば、もっと有効活用できるという考え方だ。

ただ、そんな小さな買い物でもあなたを幸せにし、あなたの人生に喜びをもたらし、見た目よりもずっと価値のあるものであることは少なくない。あなたの親友は毎週のマニキュアに25ドル使わないかもしれないが、もしそうすることであなたの気分が良くなり、自信が持てるのであれば、あなたは職場での長い1日の後にリラックスするためにネイルサロンに行って、マニキュアを塗ってもらえばいいのだ。

たった数ドル貯めるだけのために、自分が楽しめることをやめないようにしよう。もっと大局的に見た場合、小さな幸せの瞬間の方がちょっと貯蓄を増やすよりも価値がある可能性が高い。

一方で、空港で時間を持て余して少し喉が渇いたときに買おうか迷っている有機野菜のコールドプレスジュースを、実際はどれほど飲みたいと思っているのか？　その判断のためにこの問いをしてみてもいい。あなたは1杯のタダの水でも十分間に合うと思うかもしれない。その緑のジユースが1瓶14ドルもかかるとわかるころには、すでに買わないと腹を決めているだろう。

「これは私を幸せにしてくれるのか？」という問いは、素敵な新しいスーツ、車、家などもっと大きな買い物のとき、より難易度が高いかもしれない。人が最もお金をかける消費はたいてい、大きい家、高級車、豪華な旅行だ。そうすべきだと思っているからであり、心からそれが欲しいから、そのモノが本当に彼らを幸せにするからではない。

もしドライブが好きで、クールな車に情熱を持っていれば、高性能のコンバーチブルにもっとお金をかけても相応の価値があるのかもしれない。もしくは車にかけるお金を節約して、そのお金を毎年のヨーロッパ旅行に当てた方が幸せだと思うかもしれない。結局、同じ金額を使うにしても、ある決断の方がもうひとつの決断よりもずっと大きな喜びをもたらす。

もし確信がないのであれば、一晩じっくり考えるか、その価値に確信がないときには買わないという個人的なルールを設ければいい。欲しいもの、喜びをもたらすものを買おう。そして「別に」、「たぶん」、「わからない」と思うものは買わないようにしよう。

次にコーヒーショップ、ネイルサロン、ワインバーの側を通りかかったとき、もしくは不動産をインターネットで検索するときは、自分に問いかけてみよう。「この買い物はどれほど自分を幸せにしてくれるのか、その金額に見合う価値があるのか？」。もしくは数日、数週間、数カ月待って、まだそれを買いたいのか確かめるために同じ問いをしてみよう。

人気のある戦略は、ある一定の金額――例えば100ドル――を超える買い物については毎回

30日待ってみる、もしくは買い物はネットショッピングだけで済まし、頻度は月に1度にするといったものだ。これだけ意識的になれば、次第にお金を使う価値のあるものをより楽に見極められるようになる。そうすれば、1ドル当たりの幸福も最大化できるようになるだろう。

問い2：これを買えるようになるには、いくら稼がなければならないのか？

ここからはいくつか数字の話をしよう。あなたが何かを買うときは、税引き後の収入から支払うことになる。つまり、それを買えるようになるには、定価よりも実際は稼がなければならないということだ。例えば、あなたの収入の実効税率が30％であれば、週5日働いたうちの1・5日分の稼ぎは税金に消えるということだ！　また、稼いだ1ドルの実際の購買力は0・7ドルでしかなくなる。

あなたが属する税率区分、そしてあなたが支払う社会保障の保険料や地方税の額によって、3ドルのコーヒーの真のコストは間違いなくもっと高くなる。買うものの定価の少なくとも2〜4割増しの金額を稼がなければならないだろう。次回、あるものの税引き前の費用［税金を引く前の収入で見ていくら必要になるのか］を計算したいときは、次の公式を使おう。

（あなたが買いたいものの広告表示価格）÷（1－あなたが支払う税率）＝その商品の税引き前の費用

ここでもコーヒーを例に取ると、あなたが収入の25％を税金として払うとすると、

3ドル÷（1－0・25）＝4ドル

つまり、3ドルのコーヒーを買えるようになるには、4ドル稼がなければならないということだ。1ドルはたいした額ではないが、もっと大きな買い物のときは、その違いが鮮明になる。例えば、あなたが収入の25％を税金として払うとし、4万ドルの車が買いたいときは、買えるようになるために税引き前でおよそ5万3333ドルの稼ぎが必要となる。1万3333ドルも余分な稼ぎが必要なのだ。シンプルに考えるならば、あなたが収入の何％を税金として払おうが、何かを買うときはその税率分を余分に稼がなければならないということだ。

もし収入の15％を税金として払うのであれば、あなたが買うものは何でも定価よりも15％高くなる。テクニカルな話をすると、実際はそれよりもっと高い。所得税には社会保障の保険料は含まれていないからだ。

これは税の最適化が重要だと言われる多くの理由のひとつにすぎない。税の最適化によって、あなたが稼いだ1ドルは最大限の価値を持つようになる。適切な控除や投資戦略を活用することで税率を5ポイント引き下げるだけでも、毎週2時間の時間を節約するようなものだ。年間では

100時間以上になるのだ！　お金を時間の単位で考えるのも効果的なやり方であり、それこそがまさに次の問いだ。

問い3：これを買えるようになるために、人生の何時間を差し出しているのか？

すでにお話ししたように、お金は無限だが時間はそうではない。お金をもらって働いているとき、あなたはお金のために自分の人生の時間を差し出している。

米国の平均寿命はおよそ79歳、つまり平均的な米国人は69万2040時間生きるということだ。少なくとも人生の3分の1は睡眠を取っているため、平均的な米国人には46万1360時間しか残されていない。

もしあなたが20歳で79歳まで生きるのであれば、残された起きている時間は34万4560時間だ。もし30歳で79歳まで生きるのであれば、28万6160時間残されている。50歳であれば、残されているのは16万9360時間だ。

次に何かを買いに行くときには、自分に問いかけてみよう。

「それを買うためにどれくらい自分の人生を差し出しているのか？　その3ドルのコーヒーを買うために、何時間働かなければならないのか？」

1杯のコーヒーは小さな例えであり、もっと大きな買い物の方がこの計算は心理的により重要な意味を持つ。ただ、コーヒーでもこの計算はできる。本章で計算したあなたの税引き後実質時給を使って、3ドルのコーヒーのために人生のどれくらいの時間を差し出さなければならないのかを計算してみよう。

広告表示価格÷税引き後実質時給＝差し出した人生の時間

この例のために、本章で計算した私の税引き後実質時給である10・79ドルを使ってみよう。

3ドル÷時給10・79ドル＝0・278時間

0・278時間とは16・68分だ。つまり、私はその1杯のコーヒーのために、およそ16分40秒働かなければならない。そんなにたいした長さではない。カフェインジャンキーであれば、おいしいコーヒー1杯のためだったら喜んで16分働くだろう。ただ、もっと高額の買い物であればどうだろうか？　4万ドルもする新車を買いたいときは？

40000ドル÷時給10・79ドル＝3707時間

ものすごい時間だ！　週50時間働いても74週間かかる――ただ新車を買うためだけに、およそ

1年半もの労働が必要なのだ！　不動産のように買ったものの価値が上がらない限り、あるものを買うと決断した場合、経済的自立に到達するためにもっと貯蓄しなければならない、より長く働かなければならないということを理解しよう。

別の見方をすると、もしその4万ドルの車を買わなければ、あなたの数字次第だが5年早くリタイアできるかもしれないということだ。はたしてその新車は、あなたの人生の5年分の価値があるだろうか？　最終的には、もしその車があなたを幸せにし、次の問いに対する答えがイエスであれば、その車はあなたにとって買う価値があるのかもしれない。

問い4：それを買う余裕があるのか？

当たり前の質問のように思えるかもしれないが、非常に多くの人が自分の身の丈に合わない暮らしをし、実際は買う余裕のないものまで買っている。だからこそ常にこの問いかけをすることが重要であり、大きな買い物を決断しようとする際には特に言えることだ。

あなたは3ドルのコーヒー1杯を買う余裕があるだろうか？　その答えはおそらくイエスだろう。ただ、30万ドルの家であればどうだろう？　すべてはあなたの財務状況やこれまでの章で説明した純資産次第だ。また、あなたがすでにいくら貯蓄しているのかにも左右される。

米国人の純資産の中央値や、平均的な家計が毎年いくら使っているのかを見てみると、多くの状況で「買う余裕があるのか？」という問いに対する答えは、ノーになることがわかる。

2016年、平均的な米国人の税引き前収入は7万4664ドル、年間支出は5万7311ドルだった。税金で収入のおよそ2割を持っていかれるとすると、その家計に残るのはおよそ5万9731ドルとなり、支出額をかろうじてわずかに上回るだけということになる。これだけ余裕がないからこそ、平均的な米国の家計はクレジットカードに1万5654ドルの借金があり、2万7669ドルの自動車ローン、4万6597ドルの学生ローンを抱えているのだ。

一般的なルールとして、自分の純資産の2~3%以上の金額を長期休暇や車などひとつの買い物には決して使うべきではない。まだ始めたばかりで純資産がマイナスのとき、経済的自立に向けて前進するためには大きな代償を覚悟する必要があるだろう。可能なら自家用車を諦める、もしくは探した中で最も安くて信頼できる中古車を買うといったことが必要だ。

もちろん、仕事のために車が必要であればもっとお金をかけてもいいが、私は純資産がプラスになるまではできるだけ消費を切り詰めることを推奨したい。車は現金で買うようにしよう――ほとんどの地域では信頼できる中古車が2000ドル以下で手に入るはずだ。そうすれば、自動車ローンにかかる利息を払う必要がなくなる。しばらく長期休暇はお預けになるかもしれないが、きょうの選択によって明日はもっと多くの時間、もっと多くの自由が得られることを忘れないでほしい。

ただ、家は例外だ。年数の経過で価値が下がる車とは違い、不動産は通常、価値が上がり、健全な投資対象となる。家を買うために銀行から住宅ローンを借りるのは合理的なケースもあるが、ローンは銀行が貸し出してくれる金額ではなく、必要な範囲だけに抑えよう。

銀行は必要な金額以上を貸し出してくれることが少なくない。あなたが払う利息で稼いでいるからだ。あなたが「ハウス・ハッキング〔複数の不動産を所有し、家賃収入で住宅ローンや経費を賄う〕」を手がけ、戦略的に銀行と家賃収入を使って住宅ローンを返済していない限り、必要最低限だけを借りるべきだ。

第11章では不動産の購入をどのように判断するのかを詳しく説明するつもりだが、おおまかに言うと、毎年の住宅ローンの返済や家賃の支払いは税引き後収入の3割以下に抑えるべきだ。収入の最大4割を住居に当ててもいいというファイナンシャル・アドバイザーもいるが、私はかけすぎだと思う。住居はほとんどの人にとって最も大きな支出であり、より多くの資金を投資に回すためには、できるだけ最小限に抑えるべきだ。

問い5：%で見ると価格はどれくらい違うのか？

3ドルのコーヒーと4ドルのコーヒーの違いはたった1ドルで、たいしたことがないように見えるかもしれないが、%で見ると25%もの違いになる。%での違いに目を向けることで、ふたつの価格の実際の差をより評価しやすくなるのだ。

次の買い物で複数の商品や同じ商品の複数のバージョンを比較するときには、ドルではなく%での違いに目を向けてみよう。例えば、あるお店でプライベートブランド（ＰＢ）のコーヒーは

1袋9ドル、有名ブランドのコーヒーは1袋12ドルだったとする。3ドルはそれほど大きな差ではないが、%では33%もの違いになり、大きな差が出てくる。この場合にPBのコーヒーを買うのは、33%のリターンが得られるようなものだ。ものすごいリターンだ！　ほかではそんな高いリターンは決して得られない！

ふたつの価格の%での違いを重視すると、ある商品にほかの商品よりお金をかける価値があるのかが判断しやすくなる。私個人の話で言うと、ある商品に33%も余分に払うにはその商品が非常に良いものである必要がある。その上で買う価値があると判断した場合でも、少なくとも入手可能なあらゆる情報を基に判断を下したという安心感を持てる。

本質的に同じコーヒーであれば33%も余分にお金をかける価値はないかもしれないが（PBと有名ブランドの間の質的な違いは通常、極めて限定的だ）、もしそのコーヒーが明らかにおいしければ、私にとっては33%どころか50%、75%多く払っても、それに見合う価値があるかもしれない。

お金を稼ぐ最も簡単なやり方は、お金を使わないことだ。お金を貯めようとするときにも同じ戦略が使える。例えば、同じ食事をするにしても、外食するのと家で食べるのとではどれくらい費用は違うのか？

シカゴには私の大好きなステーキハウスがある。店の雰囲気は良く、アプリも飲み物もすばらしいが、私は計算してみた。骨付きリブロースステーキはその店で食べると60ドルだが、同じ肉をスーパーで買って家で焼けば15ドルしかかからない。およそ400％も割高になるのだ。途方もないプレミアムであり、その計算をして以来、家でステーキを焼くことが多くなった。

家ではレストランでの経験すべては再現できないので、特別な日には外食するのもいいかもしれないが、単においしいステーキを食べたいのであれば、400％もの価格差は（ダジャレで悪いが）飲みこみづらい。

問い6：安く仕入れたり、自分のものと交換して手に入れられないか？

これはいかなる買い物の際にも考えなければならないシンプルな問いだ。もちろん、タダで手に入れることこそが常に最善だ。忍耐強く探す手間を惜しまなければ、多くのものはタダで手に入る。

私はFreecycleというサイトの大ファンだ。タダで手に入るものが掲載されており、数百万人もの利用者がいる。そのサイトを定期的に閲覧すれば、多くのものが見つけられるはずだ。ちょっと前に私はある夫婦が1度も使用しなかった300ドルのジューサー、500ドルのエアロバイク、すばらしいデスク用の椅子を見つけた。物々交換も恐れてはならない。いらないものを持っているのであれば、誰か物々交換してくれる人がいないか探してみよう。

2番目に、タダで見つけられなかったものでも、中古で買えばおそらく新品よりもかなり安く手に入る。買ったものはほぼ何であれ時間とともに価値が下がるので、新品ではなく中古で買えば、車であれ服であれパソコンであれ本であれ家具であれ、かなりの節約につながる。

新しいものを買ってはいけないと言っているわけではない。お金と時間のトレードオフは、あくまであなた次第だ。ただ、同じ価値のものでも中古で買うことで安く手に入れられないか考えるよう勧めているだけだ。個人的には、新品のものは通常そのプレミアムほどの価値はないと思っている。私がいま履いているほぼ新品の100ドルの靴も、イーベイで19ドルで手に入れたものだ。数回のクリックだけで、およそ8割節約したのだ。

もちろん、食べ物はそうはいかないが、もっと安いものを探すことはできる。数ドル節約するために数時間費やしてはいけないが、一番安いお店や近所の農作物直売店を探し当てるのに時間を投資すると、やがて大きな配当につながる。

考慮に値するもうひとつのオプションは、自分が持っているものと交換できないかということだ。友人に週に1度外食に連れて行ってもらう代わりに、彼にあなたの車を使ってもらう。そうした取引は可能かもしれないのだ。大学時代にはよくやったことだが、社会に出ると物々交換で安く済ませられるということを忘れがちだ。

私はいつも自分のウェブデザインのスキルを使って、モノをタダで手に入れられる機会を探っている。これまですでに家具や犬の散歩、散髪、不動産アドバイス、食事などあらゆるものをタダで手に入れてきた。私自身はやったことがないが、家賃をタダにしてもらってお金を貯めた人もたくさん知っている。この点に関しては、後々詳しく掘り下げるつもりだ。

問い7：便利さと引き換えに、いくらお金を払っているのか？

毎日のコーヒー1杯を家で作るのにいくらかかるだろうか？

我々はある種のサービスを含んだものを買うとき、その便利さと引き換えにかなり高額のプレミアムを払うことになる。例えば、食事を配達してもらうのにかかる費用もコーヒー1杯にかかる費用も馬鹿げている。

あなたの大好きなコーヒーが1ポンド［454グラム］当たり12ドルするとしよう。1オンス［28グラム］で75セントだ。平均的な12オンスの1杯のコーヒーを作るのにおよそ0・75オンスのコーヒー豆が必要なので、家でコーヒーを作ると1杯でおよそ56セント（1オンス当たり0・75ドル×0・75オンス）かかることになる。一方、外でコーヒーを飲むと1杯3ドルだ。便利さにかかる手数料がおよそ435・71％にもなるのだ！

これと同じような式を使えば、食事の準備にかかる手数料も簡単に計算できる。ただ、食材の買い出し、食事の準備、後片付けなど、自分で食事を作る際にかかる余分な時間を必ず計算に入れるようにしよう。また、実際に自分で作れるものなのかどうかも考慮に入れる必要がある。数値化はできないが、少なくともその便利さの価値を計算する上で役に立つ要素だ。

チーズサンドやシーザーサラダを作ってもらうのに15ドル払う価値はないかもしれないが、家で作れば数時間かかってしまう最高級の食事を作ってもらうのに50ドル払う価値はあるかもしれない。ただほかのあらゆるものと同じように、もしあなたが料理好きであれば、より多くの時間を犠牲にすることになっても、自分で料理を作ることに価値があるのかもしれない。そっちの方がより健康的だ！

また、家の掃除や庭の手入れなどに関しては、あなたの実質時給が40ドルであれば、近所の人に20ドル払って芝を刈ってもらったり、ハウスクリーニングの会社に4時間120ドルで掃除を任せた方が理にかなっている。もし家の掃除が4時間で200ドルかかるのであれば、その場合は自分でやった方が安上がりだ。

もちろん、あなたは多少お金がかかったとしても、その4時間を自分のもっと楽しいことのために使った方がいいと判断するかもしれない。大事なことはトレードオフに意識的になり、便利さの代償としていくら払っているのかを自覚することだ。

定期的に消費するものからまず、そうした計算を始めるといい。私は以前毎日、コーヒー1杯に3ドル使っていた。家で同じものを作れば、お金をかけずに同じ便益が得られると気づいてからその習慣を改めた。

ただ、旅行するときは時々、スタンプタウン（最高のコーヒーだ）の1杯6ドルのコーヒーを買うつもりだ。その1杯で幸せな気持ちになれることを知っているからだ。また、寿司は家では作れないので、レストランでの注文にいつも頼っている。

問い8：毎年、もしくは亡くなるまでに、これにかかる費用はいくらか？

繰り返し発生する支出は影響が大きい。どんなにささいな金額でも、塵も積もれば山となる。繰り返し発生する支出が毎年、もしくはより長い期間に与える影響を計算しておくことを推奨したい。ある種の支出に関しては、生涯にかかる費用まで計算してもいいだろう。亡くなるまで繰り返し発生する支出はすべて、あなたの貯蓄目標額を大きくすることを忘れてはならない。

コーヒーを1年間毎日買うと、いくらかかるだろうか？　もしくは毎月のジムの会費は年間ではいくらになるだろうか？　1日3ドルのコーヒーでも年間では1095ドルになり、10年では1万950ドルにもなる。10年間、毎日コーヒーが飲めるとすれば、それほど高い費用ではない。私なら払うだろう。一方、あなたはその合計額を目にすると、払いたくなくなるかもしれない。

ジムの毎月の会費が75ドルだとすると、年間に直すと900ドルだ。10年間では少なくとも9000ドルになる（会費は上がる可能性が高いからだ）。もしそれだけの金額を払ってエアロバイクに乗ったり、エリプティカル・マシーンを使うだけであれば、家の地下室にトレーニング設備を置いた方が理にかなっているかもしれない。そのほかにも、月14・99ドルのHBO Now［動画ストリーミングサービス］の定額サービスは年間で179・88ドルになる。

私が自分の支出を分析した際、毎週のチポトレに年間820ドル以上使っていることがわかった。結構な金額だが、私の計算によれば、自分で材料を買って家で作った方がお金はかかる。また、外でコーヒーを買った方が家で作るよりも891ドル余分にかかる（年間1095ドル対204ドル）こともわかった。

この計算を最初にしたとき、私の実質時給は10ドル近くだったため、お持ち帰りのコーヒーを買うために人生の89時間を犠牲にしたくないと思ったが、私の収入と実質時給が上がるにつれて、コーヒーのために犠牲にする人生の時間は年間20時間近くまで減った。今ではお持ち帰りのコーヒーを買うのも、私にとっては価値のある支出になっている。

問い9：この商品の1回当たりの費用はいくらか？

この問いは1杯のコーヒーには当てはまらないので、わかりやすく説明するために少し面倒な話をする。もし頻繁に使用するものを買うのであれば、1回当たりの費用や使う頻度に基づいた費用を計算してみた方がいい。例えば、あなたはバーベキューが大好きで、ふたつのバーベキューグリルの間で迷っているとする。ひとつは500ドルで、もうひとつは1000ドルだ。

価格を比較することに加えて、①年間何回くらいそのグリルを使うのか、②何年間そのグリルを使うつもりなのか——を考えてほしい。週に2回使うのであれば、年間では104回だ。そのグリルが今まで使っていたものと同じように10年間もつと考えると、年104回を10年間でおよそ1040回になる。

ふたつのグリルの価格をその数字で割れば、1回当たり、年間当たりの期待価格を計算できる。500ドル÷1040回＝1回当たり0・48ドル、もしくは500ドル÷10年＝年間50ドル。1000ドルのグリルで同じ計算をすれば、1000ドル÷1040回＝1回当たり0・96ドル、もしくは1000ドル÷10年＝年間100ドルとなる。

1000ドルのグリルは500ドルのグリルよりもずいぶん高いように感じるかもしれないが、1040回使うことを考えれば、高いグリルを使うのに1回当たりおよそ0・48ドル、年間で50ドル余分に払うことになる。これらを考慮した上で、高いグリルに年間50ドル（週1ドル）余分に払う価値があるのかを決めるのはあなた次第だ。高いグリルの方が使い勝手が良く、調理も早く、大人数にも対応できるのであれば、その答えは簡単かもしれない。

この問いは車やボート、数回しか着ない特殊な服（タキシードや派手なドレス）など、大きな買い物をするときに特に使えるものだ。

問い10：そのお金は将来、どれくらいの価値になるのか？

ここまでやってお金に対する考え方が変わり始めたら、もうあなたは私の一生の仲間だ。これらの問いが私の人生も変えた。ただ、もうひとつだけあなたに考えてほしい問いがある。算数モードに入るが、準備はよろしいか？　これは私の大好きな計算だ。

お金を使うとき、もしそれを買っていなければ、そのお金はすべて投資に回せたはずだ。もしそのお金を投資していれば、将来どれくらいの価値になるのかを毎回計算するようにした方がいい（特に大きな買い物を考えているときは）。

きょう使ったお金が5年後、10年後、30年以上後にどれくらいの価値を持つのか、コーヒーの例を使って考えてみよう。本書のサイトにある将来価値の計算機を使えば、この計算は簡単にできる。

7％の年間収益率を使うと、きょう1杯のコーヒーに使った3ドルは5年後には4・21ドル、10年後には5・9ドル、30年後には22・84ドルになる。1杯だと目を見張るほどの数字ではないが、そのコーヒーの年間の費用を見てみると大きく印象は変わる。毎年コーヒーに1095ドル使うと、5年後には8123・26ドル、10年後には1万8086・70ドル、そして30年後にはなんと12万859・3ドルにもなるのだ！　なんだって?!　コーヒー嫌いの人であれば、口座に大金が貯まっているということだ！

きょうあなたが何かを買うということは、その分のお金を貯めて大きく増やす機会を犠牲にしているということだ。あらゆる買い物のたびに、あなたは目標とする数字に到達するのにかかる期間を延長していることになる。また、インフレによってお金の価値は下がるので、長く待てば待つほど、より多くのお金を貯める必要が出てくる。これがお金を投資するのではなく、使うことによって生じる正味のマイナスの効果だ。

資金を投資に回せば回すほどあなたの目標とする金額に近づき、そこに到達するまでにかかる期間を短くできるように、お金を使えば使うほど、あなたはより長く働かなければならず、経済的自由に到達するのにもっと長い時間がかかる。あなたは何かを買うとき、そのお金を使っているからだけではなく、そのお金を増やすための機会損失によって、大損していることになるのだ。

その新車を買わずに4万ドルを貯蓄に回せば、資金を投資できる。あなたの純資産が4万ドル減る代わりに、10年、20年、30年以上もの間、その4万ドルに毎年7%のリターンが加わる。新車をあきらめて投資に回した4万ドルは10年で2倍になるため、10年後には8万ドル、20年後には16万ドル、30年後には32万ドルとなってあなたの手元に残る。お金を使わずに投資に回すたびに、そのお金の効果を最大化させることにつながるのだ。

「このお金はきょう使った方が価値があるのか、それとも将来に備えた方が価値があるのか」。そう自分に問いかけよう。気がつけば、お金を使うのではなく投資しようと自然と心がけるようになっているはずだ。こうした考え方が、最も重要な次の問いにつながる。

問い11：この貯蓄によって、未来のどれくらいの時間（自由）を買っているのか？

経済的自立に向けた旅にどっぷり浸かっているころ、私は25ドル貯めるたびに未来の1日分の自由を買っていると頭で計算していた（およそ1ドルで1時間だ）。つまり、1日に100ドル貯めれば、未来の4日分の自由を買っていると理解していた。こう考えることによって、何かを買おうか迷っているとき、答えを出すのが楽になった。お金を自分の未来の時間、つまり自由に換算することができたからだ。

複利効果のおかげで、若ければ若いほど未来の1日、1週間、1年分の自由を買うのに必要な金額は少なくなる。手計算はやや難しいので、簡単に計算できるツールを私が作っている。そのツールを使えば、現在の投資残高、期待収益率、平均期待インフレ率を基に、未来の1日分・1年分の自由を買うのにいま必要な金額を計算できる。また、いまあなたが投資している金額が未来の何日分の自由を買っているのかも計算できる。

本書のサイトでそのツールを利用できる。ぜひ使って確認してみよう。

幸せに見合わない金額を払うな

覚えることが多すぎると思っているかもしれないが、練習を繰り返せばこれらの問いに対して答えを出すのは楽になる。そして時間が経てば、お金に関してより正しい決断ができるようになるはずだ。ぜひ私を信頼してほしい。心理が与える影響は絶大なのだ！

これらの問いはすべて突き詰めれば、トレードオフの問題であることを忘れないでほしい。3ドルのコーヒーはあなたを幸せな気分にする一方、人生の16分を犠牲にすることになる。それを理解した上で、もしそのトレードオフがあなたにとって見合うものだと思えたならば、コーヒーを飲んでもらってかまわないのだ。

毎年の支出や大きな買い物に対してこれらの問いをすれば、自分のお金の使い方に疑問を持ち始めるようになるはずだ。何度も言うが、お金を貯める最善の方法は、シンプルにお金を使わないことだ。お金を使う価値があるのかを見極めるのはあなただ。これらのトレードオフが積もり積もって、生涯の自由につながるのだ。

本書のサイトでこれらの問いが記されたカードが手に入る。プリントアウトできるため、財布に入れておいてもいいし、携帯に貼ってもらってもかまわない。

第6章まとめ

1 自分の実質時給を計算しよう。人生の1時間で実際にいくら稼いでいるのかを表す数字だ。仕事の準備や通勤、出張、仕事後のストレス解消、そのほか仕事がなければやる必要のないことに使う時間を考慮に入れて計算しよう。

2 何かを買う前に、以下の11の問いを自分に問いかけてみよう。

問い1：この買い物はどれほど私を幸せにしてくれるのか？
問い2：これを買えるようになるには、いくら稼がなければならないのか？
問い3：これを買えるようになるために、人生の何時間を差し出しているのか？
問い4：それを買う余裕があるのか？
問い5：%で見ると価格はどれくらい違うのか？
問い6：安く仕入れたり、自分のものと交換して手に入れられないか？
問い7：便利さと引き換えに、いくらお金を払っているのか？
問い8：毎年、もしくは亡くなるまでに、これにかかる費用はいくらか？
問い9：この商品の1回当たりの費用はいくらか？

問い10：そのお金は将来、どれくらいの価値になるのか？
問い11：この貯蓄によって未来のどれくらいの時間（自由）を買っているのか？

第7章

あなたにとって必要な唯一の予算

THE ONLY BUDGET YOU'LL EVER NEED

お金を使わずに生活し、貯蓄率を25ポイント以上引き上げる方法私は「予算」が嫌いだ。本気でそう思う。ほとんどの人がお金を管理するのが下手なのは、予算こそが最大の理由だと思っている——みんなも予算を立てるのが嫌いなのだ。

パーソナル・ファイナンスに関する本や金融リテラシーの授業では予算を立てることが中心となっているが、予算を維持するのは非常に大変だし、木を見て森を見ずになってしまう。資産形成にあまり大きな影響のない、細かい買い物ばかりにしつこくこだわってしまう。

そのほかにも、欠乏マインドを強める副作用がある。支出を1ドル単位で把握しなければならないため、使い過ぎてしまったり、絶対に必要ないものにお金を使ってしまったときに、罪悪感を感じてしまうのだ。

予算を立てることは、ダイエットと非常に似ている。罪悪感を感じるほど、維持することができなくなる。あー、もう失敗だ、こんなやり方うまくいかない、などと思って諦めてしまう。また、いまいましい予算を守るために、あらゆる些細なぜいたくも切り詰めなければならないため、困窮していると感じ始め、フラストレーションを感じたり、つらく感じたりする。賢くお金を管理するよう奨励することによって自信を与えるツールではなく、不安とストレスの元になる。予算なんて最悪なのだ。

予算を立ててうまくいく人もいるし、確かに小さな買い物も塵も積もれば山となるが、小さな支出を切り詰める効果には限界がある。本当にお金を貯めるには最大の支出——住居費、交通費、食費だ——をコントロールしなければならず、しゃちほこばった予算を立てなくてもできることだ。住居費、交通費、食費を最適化するだけで、貯蓄率を25ポイント以上引き上げることは現実に可能であり、あなたの数字に到達するのにかかる期間を大幅に短縮してくれる。

リタイアに備えて年収の5%を貯蓄することを自慢していた、私の両親の旧友であるトラヴィスを覚えているだろうか？　彼はワイン1ケースで20ドルを節約するために片道40分かけて運転し、そうした掘り出し物を見つけ出せる自分を自慢していた。それなのに、トラヴィス夫妻はそれぞれ少なくとも4万ドルもする新車を購入しているのだ。

複数の自動車販売サイトを見てみると、同じ車でも2年古いモデルで、走行距離3万マイル［4万8000キロ］以下の中古車を買えば、それぞれ少なくとも1万ドルは節約できたはずだ。5年古いモデルで走行距離6万マイル以下であれば、それぞれ2万ドル以上、合わせて4万ドル節約できたはずだ。1台をタダで手に入れるようなものだ！　2万～4万ドル節約するためには、少しだけ安いワイン1ケースならしこたま買わなければならない。

トラヴィス夫妻がその4万ドルを投資に回していれば、20年後には15万4787ドルになっているだろう。あの15万ドルを家の増築ではなく投資に回していれば、20年後には58万4553ドルになっているはずだ。まさに大金だ。

改めて言うが、トラヴィスを非難するつもりはない。彼の家の増築は見事な出来栄えだった。ふたりがその増築によって、どれほどの喜びを感じているのかは知る由もない。私が言いたいのは、数少ない大きな買い物で頭を使えば少ない労力で大きな節約ができるのにもかかわらず、我々は数ドルの節約のために過剰な時間と労力をかけてしまっているということだ。

最大の支出において節約するやり方さえわかっていれば、こまごました支出をそれほど心配する必要はないのだ。大きな支出で節約したお金を投資に回し、時間をかけて増やしていけば、元手を大きく上回る資金を手にすることになる。これこそがあなたにとって必要な唯一の予算なのだ。支出を大きく減らし、貯蓄率を引き上げてくれるため、経済的自立にずっと早く到達できるようになる。

米国の平均的家計は2016年、5万7311ドルを支出に使っている。7203ドルの食費、9049ドルの交通費、1万8886ドルの住居費を含んだ数字だ。足し合わせると3万5138ドル、つまり支出全体のおよそ61・3%にもなる。非常に大きな割合を占めており、支出全体から法律で定められている社会保障の保険料（2016年は平均6509ドル）も差し引くと、支出可能な収入の7割近くを占めるのだ。次ページの表には、各項目ごとの平均的な家計の年間支出を金額の多い順にまとめている。

これらの数字を見ると、上位3つの支出項目である住居費、交通費、食費を減らせば、かなりのお金を貯蓄に回せることがわかる。保険や年金（社会保障を含む）、医療費で多くを節約できると考えるのは非現実的だ。それらの支出は概ね固定費だからだ。娯楽、衣服などそのほかは小さな支出にすぎない。意識すれば簡単に管理できるものの、支出全体に占める割合は小さく、貯蓄額には大きな影響を及ぼさないだろう。また、その小さな娯楽費こそがあなたを最も幸せにし

米国の平均的家計支出と割合、貯蓄のチャンス

	2016		
平均年間支出	平均的な家計	支出に占める割合	貯蓄の機会
住居	$18,886	32.95%	高い
移動	$9,049	15.79%	高い
食料	$7,203	12.57%	高い
保険・年金	$6,831	11.92%	低い
医療	$4,612	8.05%	低い
その他の支出	$3,933	6.86%	中
娯楽	$2,913	5.08%	中
現金寄付	$2,081	3.63%	中
衣服とサービス	$1,803	3.15%	中
合計	$57,311	100%	

てくれる支出だったりする。

最大の支出項目で節約したお金が将来、どれほどの価値を持つのかに目を向けると、貯蓄に与える影響はさらに大きなものとなる。毎月の家賃を400ドル減らしたところでたいしたことないように思えるかもしれないが、1年では4800ドルになる。同じ部屋に3年間住めば、1万4400ドルの節約になるだろう。その毎月400ドルの貯蓄を投資に回せば、3年後には1万6558ドルになっている。7%の複利で20年間転がせば、1セントも追加投資せずに6万6873ドルになるのだ。

もし平均的な世帯が住居費、交通費、食費に使っている3万5138ドルを半分に切り詰めれば、年間で1万7500ドルを貯蓄に回せる。その1万7500ドル（月で言うと

およそ1458ドル）を20年間投資すれば、20年後には83万5143ドルになっている。あなたの数字にこれほどの大きな金額が加わるのだ。

それらの項目のうち、あなたにとって節約しやすいのはどの項目だろうか？　もし小さな部屋に引っ越し、徒歩で通勤し、自炊すれば、貯蓄率を50％、もしくはそれ以上に引き上げることも可能だ。経済的自立に到達するまでの期間を、数十年も短縮できるのだ。それらの項目で使える節約アドバイスを、これから紹介していく。創造力を最大限に発揮すれば、お金を使わないで生活する方法も編み出せるだろう。読み間違いではない。タダで生活できるのだ。

住居費をハックする

住居費は平均的な米国人の予算のおよそ3分の1を占めている。税引き前の収入の3～4割を住居費に回してもいいというのが一般的な常識だ。このアドバイスの由来は定かではないが、誰もがそう口にし、私も最初の部屋を探していたときには知り合いからそう言われた。ただ、多くの人がその範囲に収めているからといって、あなたがそうしなければならないわけではない。少し頭を使えば、住居費はもっと切り詰められるし、タダにすることもできるのだ。

2011年初頭～2012年後半にかけて、私は月1500ドルのマンションから月700ドルの小さなマンションに引っ越すことで、2万5000ドルを節約した。確かに人通りの多い道路の近くになり、広さは半分になり、近隣の雰囲気も大きく変わったが、それでも2部屋のベッドルーム付きで、私にとっては申し分なかった。

その引っ越しで節約したお金は投資で増え、今では10万ドル以上の価値になっている。私の数字のほぼ1割だ。この資金はこれからも増え続ける。もし年間7%の複利で増え続ければ、家賃の節約だけで30年後には76万1225ドルになっているのだ!

ただ、アニータの節約ぶりに比べると、私のその成果ですらかすんで見える。彼女は5年でリタイアするためにルームメイトと共同生活し、家賃はたったの月750ドルだった。弁護士時代の彼女の平均年収は17万5000ドルだ。従来のアドバイスに従って年収の4割を家賃に使えば、計算上は月5833ドルを家賃に使うことが可能だったが、彼女は差額の5083ドルを投資に回し、33歳でリタイアすることができたのだ。

家賃を節約する術はいくらでもあり、わかりやすいものもあれば、そうでないものもある。今よりも小さい部屋、周辺環境の好ましくない地域、古い建物に引っ越すというのがひとつの手だ。また、ルームメイトと生活すれば、ほかの支出も節約できるというメリットが加わる。

もしルームメイトを作ると決めた場合、あなた自身が家を賃借し、部屋を間貸しする側、家を管理する側に回ることで、ルームメイトに家賃の多くを負担してもらうことも可能だ。もしくは家族や両親と同居すれば、家賃も安くしてもらえるかもしれない。誰しも両親とずっと同居していたくはない（私はしたくない）が、節約ができて差額を投資に回せるのであれば、我慢の価値はあるかもしれない。創造力を働かせるほど、家に使うお金は節約できるのだ。

家賃タダで生活する

アニータと私は通常払える金額よりもずっと家賃を抑えることで、かなりのお金を節約したが、それでも月に700～750ドルを払わなければならなかった。我々は、みんな家賃は必要悪だと思い込んでいるが、家賃を払わずに生活する手段は山ほどある。実際、いまはかつてないほどそうした生活が容易な時代であり、友人の裏庭にテントを張って生活する必要もないのだ。

最も簡単なやり方は、ハウス・シッティング（留守を預かる）、ハウス・ハッキング、そしてバータリング（物々交換する）だ。仕組みをそれぞれ見ていこう。

ハウス・シッティングは非常にシンプルで、全くお金がかからない。米国では年がら年中、旅行している間に家やペットを見てくれる人を探している人が大勢いる。すばらしいハウス・シッターになる見返りに、家にタダで住まわせてもらえるのだ。これまでは知り合い――近所の人、会社の同僚、家族の友人――でないとこんなことはできなかったが、いまでは多くの専用のウェブサイトがあり、プロフィールを書き込むだけで、近くでできる数百ものハウス・シッターの仕事を探すことができる。

つまり、自分から積極的に行動すれば、いつでもどんな場所でも留守を預かる家を探すことができる。旅行中でもできるし、あなたが住んでいる街で年中ハウス・シットすることも可能だ。確かに定期的な移動を伴うかもしれないが、それでもタダだ！　多くのハウス・シットの仕事ではお金がもらえ、2度おいしい思いができる。

米国であれば、TrustedHousesitters USA、House Sitters America、HouseCarers、Nomador、MindMyHouseなどのウェブサイトが最もオススメだ。いずれも使い方は極めて簡単。ちょっとした会費を払わなければならないサイトもあるが、タダで住む機会を探せるのであればその分の価値はある。プロフィールを設定し、あなたの経歴をチェックしてもらい（ほとんどのサイトでタダだ）、すぐに家探しに取りかかろう。

何度か仕事をして良いレビューがもらえれば、次の機会を探すのはもっと簡単になる。コロラドの大邸宅やブルックリンの数百万ドルのブラウンストーンの建物など、自分では住めなかったような家に住めることも珍しくない。旅行しながらハウス・シットする方が通常は簡単だが、もし同じ場所に住みたいのであれば、1年や2年の長期の滞在機会を探すこともできる。もし独身であれば、自分の家族のことを気にかける必要がないため面倒なことは少ないが、家族も一緒にハウス・シットさせてもらえる案件もある。

もっと冒険したいのであれば、WorkawayやHelp Exchangeなどのサイトを使えば世界中をタダで生活して回れる。いずれのサイトでも、依頼者は住む場所や食事を提供する代わりに、手を貸してくれる人を探している。そうした人々とグローバルにつながることができるのだ。

例えば、有機農家やハウスボート［運河に浮かぶ住宅］などがそうした機会を提供しており、ほかの場所でもタダで生活できる驚くような機会を見つけられる。自分にとって最も良い環境を見つけるのは少し時間がかかるかもしれないが、もしあなたが柔軟に移動できるのであれば、ほぼ世界中どこでもタダで生活することができる。

ハウス・ハッキングはハウス・シッティングよりもやや努力を要するだけでなく、始めるのに資金も必要だ。ただ正しくやれば、貯蓄どころか大金を稼ぐことも可能だ。要は不動産を買い、自分が使わない部屋を他人に貸し出すのだ。そうすることで、他人に自分の住宅ローンを払ってもらいつつ、あなた自身はタダで住み、お金も稼げるというわけだ。さらに不動産は通常、時間とともに価値が上がるため、不動産投資自体があなたの純資産を増やし、経済的自立への到達をより楽にしてくれる。

あなたの目標とする数字に到達するころまでに住宅ローンを完済してしまえば（ほかの人に完済してもらえれば）、あなたはその不動産の完全な所有者になるため、家賃については全く心配する必要がなくなるだろう。

ハウス・ハッキングを始める最も簡単な方法は、2部屋か3部屋のベッドルームがあるマンション、もしくは家を買い、余った部屋を友人などに貸し出すのだ。きちんとあなたの毎月の住宅ローンの返済額をカバーできるように家賃を設定しよう。1日中ルームメイトと住むのが嫌なら、Airbnbなどのサイトを通して余った部屋を貸し出すこともできる。

あなたの住宅ローンの返済が毎月1000ドルであれば、1部屋を1晩100ドルで10日間貸せば、あなたは残りの20日間をひとりで生活することができる。このやり方のさらなる利点は、2部屋や3部屋のベッドルームのマンションはワンルームやベッドルーム1部屋だけのマンションよりも、価値が上がりやすい傾向にあるということだ。いずれにせよ不動産を買いたいのであれば、長期的にはこの方が良い投資になるのだ。

複数のマンションやマンション丸ごと1棟を買うことも可能だ。思っているほど難しいことではない。Millennial Moneyの読者であるアダムは24歳のとき、シカゴで8戸のマンションを1棟丸ごと買い、ほかの人に貸し出すことで毎月の住宅ローンを賄いつつ、追加で月2500ドルの収入も得ていた。第11章ではハウス・ハッキングと不動産投資の表から裏までさらに詳しく説明するつもりだ。

バータリングはその名の通りシンプルだ。家賃をタダにしてもらう代わりに、ベビーシッター、夏の用地管理人、ペットシッターなどになるのだ。私はある高齢女性の自宅を管理し、彼女のお使いもする代わりに、地下の部屋に住まわせてもらっている男性を知っている。

もし住居費をタダにしたいのであれば、ハウス・シッティング、ハウス・ハッキング、バータリングの3つはいずれも実行可能な選択肢だ。また、いつまでもする必要はない。まずハウス・

シッティングを1年間やることで住宅の頭金となる資金を貯め、それからハウス・ハッキングに転身するというのは優れた戦略だろう。ハウス・シッティングからハウス・ハッキングに転身することで、まずお金を貯め、価値の上がっている資産を手に入れ、やがては家賃収入でキャッシュフローを稼げるようになる。もしあなたが柔軟に移動できるのであれば、ハウス・シットしながら世界中をずっと旅して回るのも悪くない。

交通費をハックする

交通費は平均的な米国人の予算のおよそ16%を占める。この支出項目には3つのタイプがある。通勤、日々の買い物や雑事に伴う移動、そして長期休暇の旅行だ。すでに述べたように、平均的な米国人は毎日通勤に53分費やしており、車で通勤する人が多い。

もしそれしか通勤方法がないのであれば、そうするしかないだろう。ただ、通勤にかかる費用の大部分は車の所有にかかる費用だ。米国人は学生ローンよりも自動車ローンに多くのお金をかけており、2017年第1四半期だけでも960億ドル以上の自動車ローンを受けている。

もしあなたが車を買わなければならないのであれば、交通費を節約する最も簡単な方法は毎回中古車を買い、可能な限り最も安い車を買うことだ。できるなら現金で買おう。そうすればローンの利息を払う必要がなくなる。新車のローンの平均的な毎月の返済額は517ドルで、返済期間は6年以上になる。2000ドル以下の現金で中古車を買って、節約したその517ドルを投資に回せばどれほどのインパクトがあるのか想像してみよう。6年で4万6365ドルを貯めることになり、全く追加投資しなくてもさらに20年後には18万7256ドルになっている。新車ではなく中古車を買うだけで、これほどの投資利益率を確保できるのだ。

もちろん、車は買った後にも所持しておくだけで費用が発生する。本書の執筆時点で、年間1万5000マイル［2万4000キロ］走る場合に車を所有するのにかかる平均費用は8469ドルだ。そこには自動車保険、ガソリン、税金、維持費、駐車場などの費用が含まれる。

これらをすべて考えると、交通費を節約する最も良い方法はそもそも車を所有しないことだ。私自身はモペッドやスクーターの愛好家だ。車と比べてお金がほとんどかからないだけではなく、モペッドはガソリン1ガロン［3・79リットル］でおよそ100マイル［160キロ］走る。見た目も良くて、乗るのも楽しい。移動手段として最もお金がかからないのは徒歩、次が自転車だ。2012年後半には私はオフィスの近くに引っ越し、徒歩で通勤できた。過去5年間で、車を運転しないことによって4万ドル以上を節約した計算になる。

公共交通機関もそれが整備されている都市に住んでいればすばらしい選択肢だ。電車、バス、フェリーでさえも月数百ドルしかかからず、保険や維持費は必要ない。さらに運転という煩わしい作業も免除される！　節約した53分をうまく使えば、読書や仮眠をしたり、ポッドキャストを聴いたり、インターネット上で何かを販売するなどサイドビジネスをしてお金を稼ぐことだって可能だ。

あなたと同じ方向に運転する友人や近所の人が数人いれば、彼らに相乗りさせてもらうのも節約する簡単な方法だ。公共交通機関よりも安く済むかもしれない。UberやLyft、Waze Carpoolなどを使ってライドシェアするのも選択肢のひとつだ。場所によっては、ライドシェアの方が車を所有するよりも安く済むかもしれない。私のロサンゼルス――地球上で最も自動車依存の高い都市――の知人たちは、安く済むためどこに行くにもライドシェアサービスを使っている。

旅費をハックする

外に出て世界を旅しよう。お金をかけずに旅行することが、かつてないほど簡単にできる時代だ。トラベル・ハッキングはやや手間がかかるが、少々の手間でも節約できる費用は非常に大きい。やればやるほどコツをつかめるだろう。私はこの7年間、20カ国以上を回ったが、数回しかチケット料金を払っていない。ビジネスクラスを利用したことも何度もある。それもタダだ。

これから国内と海外、いずれも費用を抑えながら、ときにはタダで旅行できるやり方を紹介する。トラベル・ハッキングの真髄は抜け穴を見つけ出し、タイミングを狙い、戦略的に検索し、航空会社のマイレージやクレジットカードの特典などのサービスを利用して、旅行費用を抑えることだ。

ここで免責事項。トラベル・ハッキングには技芸と科学が求められ、また常に進化しているため、特定の割引や抜け穴は頻繁に変わる。それでもこれから書くことは格好の手引きとなるだろう。最新の情報を入手する最も良い方法はオンラインのトラベル・ハッキングフォーラムをチェックすることだ。以下に私のお気に入りのアドバイスの一部を並べる。

1. 最初に、航空券を検索する前に、再検索したときに高い価格を提示させないようにするために、航空会社や旅行サイトがあなたを追跡できないようにする必要がある。航空会社は様々な価格提示の仕方を利用しており、あなたの閲覧履歴を利用して価格を調整している。ブラウザーのCookieを無効にし、匿名モードでウィンドウを開こう。

2. 誰も旅行したくない時期に旅行しよう。オフシーズンに旅行すれば、航空券、ホテル代などあらゆるものが半額以下になることも珍しくない。どの目的地でも、グーグルで調べればピークシーズンがいつか簡単にわかる。私はどこでも必ずピークシーズンの1~2週間前、もしくは1~2週間後に旅行するようにしている。それだと気候は良いにもかかわらず、旅行客が少なく、お金もかからない。最安値のチケットを手に入れたいなら、水曜日に出発するか火曜日に帰るようにしよう。

3. 片道チケットを買うようにしよう。往復チケットよりも安いことが多い。片道のチケットを探し、見つけたらすぐに予約しよう（どんなチケットでもウィンドウを閉じればすぐに消えてしまう）。最安値の片道チケットを探し、ひとつの航空会社に限定しない。多少余分な時間がかかっても、それだけの価値はある。私は行きと帰りで別々の航空会社を使うことがよくあるし、違う空港を使うことも少なくない。

4. 家族がいれば、1回に1枚ずつチケットを買うようにしよう。航空会社はある価格のチケットを1枚か2枚しか販売していないことも多く、4人分のチケットを買おうとすると、すぐに価格の高いチケットに切り替わるからだ。1回に1枚ずつ買おうとすると時間はかかるものの、かなりの金額を節約できるため時間をかける価値はある。家族全員の座席が近くに固まるように、選んだ座席はメモしておくようにしよう。1人分だけ予約が取り消されるといけないため、後でそれぞれのチケットをリンクさせることも可能だ。

5. 行ける範囲で一番大きな空港から出発するようにしよう。空港の規模が大きいほど、航空券も安くなるからだ。より安いチケットを手に入れるために、バスや電車に乗ったり、車を運転して大きな都市まで行くのも、その労力に見合う価値があることが少なくない。例えば、ニューヨークは世界で最も出発便のチケットの安い都市のひとつだ。行きと帰りでそれぞれ違う都市、空港、航空会社の片道チケットを探すなど、創造力を働かせよう。

6. あなたの理想的な旅の料金が提示されたときに知らせてもらえるよう、Airfare Watchdog、Skyscanner、Hopperなどのサービスを使って料金モニターを設定しよう。また、AwardWalletなどの無料のサービスを使って、自分のマイルやクレジットカードのポイントをすべて常に把握しておこう。

7. 出版物やExpedia、Travelocityなどの旅行検索エンジンからメールで送られるニュースレターに登録しよう。もしあなたが柔軟に動ける立場で、メールをもらったらすぐに行動できるのであれば、たまにクレイジーな安さの旅行を見つけることができる。また、あなたに代わって格安の旅行やチケットを探してくれるプレミアムサービスもある。もし頻繁に旅行をしている、もしくはこれからしたいのであれば、これらのニュースレターをチェックするのも悪くない。

もし最高レベルでトラベル・ハックしたいのであれば、タダで旅行できる機会を最大限に活かせるクレジットカードの特典を利用した方がいい。ただ、あなたがきちんとカードの利用に対して責任を持ち、債務残高を毎月払える場合に限る。私はこのサービスを利用して、無料のチケットを数多く手に入れてきた。以下がそのやり方だ。

1．最初に、自分がメインで使うクレジットカードを探し出す必要がある（個人用に1枚、会社を経営していればビジネス用に1枚）。マイル／ポイントが貯まりやすいクレジットカードに登録しよう。そして買い物のときは常にマイル／ポイントが貯まるよう、何を買うときでもそのカードを使うのだ。メインのカードは最も頻繁に使い、複数年使い続けるため、特典が最も良くて、特定の分野で多くのポイントがもらえるカードを探すべきだ。

例えば、旅行関連の支出には3倍のポイント、食料品の支出には5倍のポイントといった具合だ。もし頻繁に旅行するのであれば、旅行でお金を使うと利益が最も大きくなるカードを手に入れよう。クレジットカードは初年度は会費を免除し、翌年から毎年99～500ドルの会費を課すのが大半だ。

ただ多くの場合、会費を軽減してくれるような特典が追加される。例えば、私がメインで使っているカードは年会費が350ドルだが、300ドル分のトラベルクレジットがもらえ、空港のラウンジも無料で利用することができる。つまり、350ドルの年会費を大きく上回る価値がもらえるということだ。私はメインで使っている個人用とビジネス用のクレジットカードで、毎年少なくとも40万ポイント／マイル貯めており、5000ドル分以上の国内線と国際線のチケットが無料になる計算だ。

2．次に、プロモーション中のマイルカードを探そう。登録することによって一度きりの特典（通常は4万～10万マイル／ポイント）がもらえるもので、カードは後で解約すればいい。最初の3カ月間に通常は2000～4000ドルの最低限の額だけ使えば、特典はもらえる。私はあらゆる買い物にその新しいカードを使っただけで、最低限の額に到達した。

特典がもらえるまでは、そのカードしか使わなかった。ほとんどのカードでは初年度は会費が免除されるため、特典をもらった後に解約すれば会費を払う必要はない。自分のクレジットスコアには気をつけよう。複数のクレジットカードアカウントの開設と閉鎖を繰り返すと、クレジットスコアが一時的に下がることがある。住宅ローンを申し込む前にはやらないようにしよう。

ひとつの銀行で申し込めるカードの数にも制限がある。個人用とビジネス用を合わせて、私は年間3～5枚のカードしか申し込まない。私はほぼ毎年、このやり方でおよそ30万～40万のボーナスマイルを貯めている。4000～5000ドル分の旅行がタダになる。

3．特典をもらった後、ほとんどのクレジットカード会社はポイント／マイルをあなたのお気に入りの航空会社のものに移し替えてくれる。一部の航空会社はポイントの交換比率が高い――1

対1が通常は上限、つまりクレジットカードの1ポイントを最大1マイルに交換できるということだ。ポイントを移し替えた後は、最も少ないマイルで買えるお得なチケットを探そう。

マイルの価値が上がったり、一部の旅行で割引が適用されるプロモーションもときどきある。通常5万マイルが必要なニューヨーク—ロンドンの往復チケットが3万マイルになったり、30万マイルが必要なファーストクラスのチケットが12万マイルになったりする。お得なチケットはコロコロ変わり、アラートを探し求めて常にフォーラムを監視しているのは苦痛だが、節約できる金額は大きい。

私は一部のトラベル・ハッカーほど筋金入りではないが、それでも頻繁にヨーロッパ行きのファーストクラスの往復チケットをおよそ10万マイルで手に入れている。通常であれば5000ドルほどかかるチケットだ。私はどこかに行きたくなったときは、旅行の5カ月前からお得なチケットを探し始める。その日は見つからなくても、次の日に見つかることもある。

最初はクレイジーに思えるかもしれないが、実際は非常に簡単な作業だ。やり方を覚えて実践するのに少し時間はかかるものの、時間に対する費用対効果は非常に大きく、それで世界中を旅行できるようになるのだ。何をするにしても、クレジットカードを利用する額は毎月支払える範囲に抑えよう。もし翌月に持ち越された未返済分に利子がかかれば、本末転倒になる。

食費をハックする

おそらく食事の予算はかなり削れるものの、その節約が時間をかけてやるほどの価値があるのかはよく考える必要がある。もしあなたがフルタイムの仕事や副業で大金を稼いでいれば、食費を節約するためにいつもの食事の仕方を大きく変える価値はないかもしれない。あなたの実質時給が50ドルであれば、10ドル節約するためだけに買い物に余分に1時間かける必要はないだろう。もちろん、買い物が本当に好きだったり、具体的な食事制限があれば別の話だ。

クーポンの活用や料理、外食にも同じことが言える。ここもまた、前章で紹介した計算がかなり活かせる部分と言える。もちろん、あらゆることをコスト中心で決める必要はない――もし料理や買い物、クーポンの切り抜きが本当に好きであれば、どんどんやってもらえばいい！

食費を節約する簡単な方法は、ルームメイトや近所の人と共同で食材を購入する、もしくは自分で栽培する（これはおいしい！）ことなどがある。後者の方が時間を要するものの、屋外で時間を過ごす、健康な食事ができるなどの利点が加わる。自分が必要な分以上を育てれば、売ったりほかの食べ物と交換したりもできる。私がヴィーガン［絶対菜食主義者］だったとき、キッチンで年中レタスを育て、週に30ドルは節約した。味もすばらしかった。

食費を抑えるもうひとつのやり方は、大量のまとめ買いだ。ただ、価格は自分自身で計算するようにしよう。私は最近、コストコよりもホールフーズの方が1単位当たりの価格が安い商品を見つけた！　1対1で比較する場合は、1単位（通常1オンス）当たりの値段が書かれた値札の小さな数字に常に目を配ろう。多くの必需品の価格は上がっていくため、大量にまとめ買いすることでインフレも回避できる。よく利用する商品で使えるもうひとつのやり方は、アマゾンの定期おトク便サービスをチェックすることだ。お気に入りの食材や必需品の定期配送を申し込むことで、10％節約できるサービスだ。

家で作った食事の方が外食よりも安く、健康的であるのは自明のように思えるが、必ずしもそうとは限らない。外食すると決めたときにも、多少の努力で節約できるやり方はいくらでもある。例えば、レストランのミールクラブに入る、宅配アプリの登録プロモーションを探す、「ひとつ買えば、もうひとつおまけがついてくる」のプロモーションを探す、主菜と前菜をほかの人と分ける、いつも水を注文する（レストランは飲み物で稼いでいる）などだ。

お気に入りのレストランで食費を節約するもうひとつの簡単なやり方は、インターネット上の割引業者を通じてそのレストランのギフトカードを買うことだ。すぐに5～25％の節約につながる。あなたは最大の支出項目の中で、どの部分で節約できるだろうか？　どの部分で支出を削れるだろうか？　できる限り節約して貯めたお金を投資に回そう。小さな支出でも節約するようにしよう。ただ、好きなものを削る必要はない。それだけがあなたにとって必要な唯一の予算だ。

第7章まとめ

1 予算を立てる必要はない。3大支出――住居費、交通費、食費――を切り詰めるだけで、2割以上は節約できる。

2 住居費は平均的な米国人の予算のおよそ3分の1を占める。もっと安い家に引っ越したり、余った部屋、もしくは1軒丸ごと貸し出すことで、住居費を節約しよう。ハウス・シッティング、ハウス・ハッキングによって住居費をタダにするという選択肢もある。ハウス・ハッキングとは2～3部屋のベッドルーム付きの家やマンションを買い、余った部屋を他人に貸し出すことで、自分の住宅ローンの一部、もしくは全額を賄ったり、お金を稼いだりすることだ。同じマンションの複数戸を買って貸し出すことで、自分の住居費を賄うやり方もある。

3 可能な限り徒歩や自転車を使い、交通費を節約しよう。どうしても必要な場合を除いて、車は買わないようにしよう。どうしても必要な場合は、必ず中古車を買おう。

4 外に出て、世界を旅しよう。お金をかけずに旅行するのが、かつてないほど簡単にできる時代だ。トラベル・ハッキングには多少の手間が必要だが、少し労力をかけるだけで旅費をかなり抑えられる。やればやるほど、上達していくはずだ。

5 食費を節約しよう。自分で栽培したり、家で料理したり、大量にまとめ買いしたり、近所の人と交換したり、プロモーションを探したりしよう。

第 8 章

9時5時の仕事をハックしよう

HACK YOUR 9-TO-5

フルタイムの仕事を自由に向けた踏み台として利用する

本章でお話しする内容は、あなたの上司が決して教えてくれないことだ。いかにしてフルタイムの仕事を、短時間でより多くのお金を稼ぐための踏み台として利用するかだ。大半の人はフルタイムの仕事をサイロ（貯蓄の手段）と見なす。朝来て仕事をこなし、昼食や世間話で同僚と関係を作り、できるだけ早く家に帰る。ところがそうした考え方は間違っている。

もしもっとお金を稼ぎ、できるだけ短期間であなたの数字に到達したいのであれば、フルタイムの仕事を最大限に利用するのは不可欠なことだ。誰かほかの人のために働くのは富を築く最短の道ではないが、自分でビジネスをしていては得ることのできない多くの利益もある。たとえあなたの夢が独立してビジネスをすることであっても、お金の心配をせずにその夢を実現できるまでは、昼間の仕事を続けつつ、その仕事を最大限利用することが賢明なやり方と言える。

これは仕事の好き嫌いの話ではない。自分のやりたいこと――収入は少ないが本当に好きな仕事をする、早期「リタイア」する――をするために、自由と十分なお金を手に入れようという話だ。どの程度キャリアを積んでいようが、どんな仕事をしようが、エンタープライズ・マインドを持ってその仕事に取り組めば、あなたの数字に到達するのにかかる期間を大幅に短縮することができる。

あなたのいまの到達水準ややる気次第で、あなたの数字に到達するのにかかる期間は5年、10年で済むかもしれないし、20年、もしくはそれ以上かかるかもしれない。そうやって時間がかかる以上は、短期の戦略と長期の戦略のバランスをうまく取る必要がある。フルタイムの仕事からできるだけ多くのお金をしぼり取り、時間をかけてそのお金を増やす機会を探すことが最終的な目標なのだ。

短期のキャリア戦略は、自分の市場価値（他人があなたに喜んで払う金額）を上げること、そして給与と福利厚生を最大化させることに重点を置くべきだ。福利厚生にはリモートワークや自由なスケジュール管理（時間をより自由にコントロールできるようになる）も含まれる。

長期のキャリア戦略は、あなたが持つ情報や人へのアクセスを利用することで築かれていく。自分の価値を上げ、会社（やほかの人）がいかにしてお金を稼いでいるのかについてあらゆることを学べるよう（将来のフルタイムの仕事や副業、ベンチャー事業に活かせる）、人脈を広げ、スキルを磨き、可能な限り学ぶべきだ。

短期戦略：会社を利用し、自分の市場価値を高める

短期戦略の3つの目標は、福利厚生を最大限に活かす、できるだけ多くのお金をできるだけ早く稼ぐ（投資できるように！）、自分の時間をより柔軟に管理できるようにすることだ。以下がそのやり方だ。

福利厚生を最大限に活かす

最大限に活かすのが最も簡単な福利厚生から最初に見ていこう。もしあなたの会社が福利厚生を提供しているなら、使い方次第では信じられないほどの利益を享受できる。あなたの働き方をより柔軟にし、より多くのお金を稼げるようになる。

ただ、それらは最大限活用する必要がある。米国では、およそ34％の人しか会社の福利厚生の中身に注意を払っていない。それはまるで、タダでもらえるお金に手をつけないようなものだ。福利厚生を最大限に活用するだけで、あなたの報酬はゆうに2割、もしくはそれ以上増える。

医療保険、歯科保険、ビジョン・カバレッジ［眼科検診やメガネ・コンタクトレンズに対する補助金］、生命保険、就業不能保険、医療貯蓄口座（ＨＳＡ）、フレキシブル支出口座（ＦＳＡ）、トランジット・ベネフィット［仕事にかかる交通費を所得から控除する制度］、確定拠出年金の会社負担などはおそらく固定された内容で、そのほかの福利厚生――リモートワークできる頻度など――はおそらく会社との交渉次第となる。

休暇日数の追加や交通費の支給、その他の支出の払い戻しなども交渉可能かもしれない。Millennial Moneyの読者の中には、仕事で使っているという理由で会社に携帯電話とインターネットの料金を肩代わりしてもらった人もいる。毎月１５０ドル以上の節約につながったという。もし給与交渉に福利厚生を次々と加えていけば、かなりおいしい報酬パッケージを得られるかもしれない。

会社が提供してくれる保険や税優遇の福利厚生は、必ずすべて利用すべきだ。会社が費用の一部を負担してくれる（タダのお金だ！）ため、会社が提供する保険がらみの福利厚生はほぼすべて加入する価値のあるものだ。HSA、FSA、確定拠出年金、トランジット・ベネフィットなど、節税につながる福利厚生もできるだけ多く利用しよう。拠出した金額があなたの所得から引かれるため、課税所得を減らすことができる。年末に支払う税金を抑えられるということだ。いずれにせよ交通費や医療費がかかる人にとっては、特に有益と言える制度だ。

確定拠出年金をいかにして最大限利用するのかについては、すでに学習済みだ。要点をしっかりと理解してもらうために改めて言うが、会社負担（これもタダのお金だ！）が利用できる満額までしっかりと拠出しよう。その上で、さらに自分の限界まで拠出額を増やすべきだ。税負担を軽くし、将来に備えた投資金額を増やすことにつながる。確定拠出年金への拠出の仕方も後々説明するつもりだ。

確かにわかりにくい専門用語があり、多くの細則が並んでいることもある。ただ、ほとんどの会社には人事部があり、彼らはどんな質問にも答えてくれる。人事部の社員はあなたが福利厚生を理解し、最大限活かす手助けをするよう訓練されている。まずは、あなたの会社の福利厚生がすべて掲載されたリストをもらおう。あなたの知らない福利厚生（会社の利益分配制度など）や、あなたのパッケージには入っていない福利厚生があるかもしれない。たった30分のミーティングでも、短い時間で大きなリターンを生むこともあるのだ。

福利厚生を最大限活用した後は、交渉によって福利厚生をさらに充実させる番だ。福利厚生の交渉は通常、小さな会社の方がやりやすい。ただ大企業に勤めていても、挑戦する価値はある。その福利厚生が、あなたの理想的なライフスタイルをサポートすることになるかもしれない。上司はあなたに会社を辞めてほしくない。そのためにも、福利厚生である程度便宜を図ってくれる可能性は高いのだ。

生活に最もポジティブな影響をもたらし得るのは、リモートワークができるかどうかだ。さらにどのくらいの頻度でできるかも大切だ。あなたはオフィスの一員であることを心底楽しんでいるかもしれないが、それでも週5日、1日8時間もオフィスにいたくはないだろう。もしくは毎日通勤するのが嫌で、オフィスでは気が散ると感じているかもしれない。毎日リモートワークで仕事をこなすのは悪い側面――オフィスにいるときほど効率よく人脈を広げられないなど――もあるかもしれないが、自分に適したバランスを見つけて交渉することが大事だ。

2016年には米国人の43%が年に1度はリモートワークしており、過去最高の割合を記録した。官公庁でさえその輪に加わり、いまでは連邦政府職員の3・1%がフルタイムでリモートワークしているという。2016年のギャラップの全米職場環境調査によると、週に3～4日リモートワークする従業員は最も従業員エンゲージメントが高いという結果が出ている。つまり、少なくとも週に何度か在宅勤務できれば、より良い従業員になれると上司を説得できる論拠があるのだ。

週に3~4日リモートワークできるよう交渉するのはハードルが高いが、小さく始めて、徐々に条件を改善させていけばいい。リモートワークできるかどうかは、最終的にはあなたの会社でのいまの役割、あなたの仕事のパフォーマンス、そして会社にとってのあなたの価値に左右される。例えば、もしあなたがアシスタントであれば、あなたの上司もリモートワークしていたり、オフィスにいない場合を除いて、それほど頻繁に在宅勤務はできないだろう。

ただ、もしあなたが営業やマーケティングの部署にいて、仕事で成果を出していれば、好条件を引き出すことも可能かもしれない。あなたの業績が良く、会社にとってあなたの価値が大きければ、上司もリモートワークに対して寛容になるはずだ。

もっと柔軟なリモートワークの権利が欲しいのであれば、恐れずに交渉しよう。あなたの会社にとっては費用がかかるわけではない。また、柔軟な働き方がエンゲージメントを高めるという研究結果を見る限り、会社にとってのあなたの生産性や価値を高めることさえあるのだ。

34歳でリタイアしたブランドンは会社と交渉し、ウェブディベロッパーとしてフルタイムでリモートワークできるようになった。フルタイムの給与とボーナス、福利厚生を得ながら、旅行ができて、ほぼ制約なしで柔軟に働ける。彼は通勤も仕事着も必要ないため、お金も余分に多く貯まり、経済的自立により早く到達することができた。

シカゴに住むドリューはソフトウェアの営業をしており、会社にもたらした売り上げは200万ドルを超えた。パフォーマンスレビューでは、10万ドルの昇給を求めたほか、彼女と同棲するためのロサンゼルスへの引っ越しとリモートワークを許可してもらえなければ、会社には残らないと言った。会社は彼の売り上げが惜しかったため、その条件をすんなり飲んだ。

いまでは彼の同僚が寒いシカゴの冬を耐え忍び、1日中オフィスにいなければならない一方で、彼は朝起きてからビーチに犬を散歩につれていき、日中は何度か電話をするだけだ。つい最近も1カ月日本で過ごしたが、電話には困らなかった（夜中に何度か電話するだけだ！）。

ドリューの例は少々極端だが、学ぶべき教訓は明白だ。もしあなたが会社にとって価値のある存在であれば（きっとそうだろう！）、あなたが求める福利厚生を強く主張できるのだ。あなたのスキルに対する需要が高いほど、もっと柔軟な働き方が可能になるだろう。あなたが新人で若くても、交渉することは可能だ。仕事で成果を上げているあなたに辞めてほしくないのであれば、会社はあなたがずっと幸せに働き続けてくれるような環境を進んで整備してくれるだろう。ぜひリモートワークしよう。そして余ったお金と時間を将来に備えて貯めるのだ！

すべての人に等しくリモートワークの機会が与えられているわけではない。リモートワークをさせてもらえるのはほぼ会社員だ。ただ、カスタマーサービスや仮想アシスタントなど、時給の仕事でもリモートワークできるものもある。

もしあなたが会社員であれば、上司はあなたが何時間働いたかではなく、仕事をきちんと遂行しているか、成果が出ているのかを見ているはずだ。4時間で仕事を終わらせて、1日中オフィスにいる必要がなければ、残りの時間を使ってあらゆることができる。副業を手がけたり、昼寝をしたり、友人や同僚とランチしてもいい。時給の仕事でも、毎日通勤や仕事の準備が必要なければ、時間とエネルギーを節約できるだろう。

もしかしたら、年収9万5000ドルの仕事を自動化し、週に2時間しか働いていないとReddit〔米国の電子掲示板サイト〕で自白したベイエリア〔サンフランシスコ周辺の湾岸地域〕のプログラマーのように、あなたもなれるかもしれない。彼の仕事はすべて、あるタスクやメールに反応するスクリプトで対応できるため、彼は自分の書いたプログラミングに仕事を肩代わりしてもらっている。このやり方は倫理的には確かに問題だが、彼が求められている仕事をこなしていることに議論の余地はない。

最後に紹介する福利厚生は、福利厚生であり報酬のひとつの形態でもある。会社の所有者になれるエクイティ〔株式やストックオプション〕だ。あなたの会社はもしあなたが会社に残って、事業の成長に手を貸してくれれば、企業価値の向上の分け前に参加できるエクイティを付与してくれる、もしくは将来、エクイティを付与すると約束してくれるかもしれない。会社の「所有者」になることでお金持ちになれるかもしれないし、そのエクイティが二束三文で終わる可能性もある。そのため、そうした機会は注意深く評価しなければならない。

会社が付与できるエクイティのタイプは様々だが、通常は株式が付与される。非公開株式とは公では取引されていない会社の株式で、公開株式とは株式市場で公に取引されている株式だ。議決権（会社の経営方針に投票できる権利）や配当（会社の利益の分け前）が付く株式があれば、付かない株式もある。

エクイティの大半はあなたが売却したとき、もしくは会社が買収されたり、上場したときにのみ価値を有する。雇われたタイミング、もしくは昇進したタイミングで与えられるか、報酬パッケージの一部として定期的に付与されることもある。それぞれ状況が異なるため、すべての人に当てはまるアドバイスは不可能だが、エクイティを会社の業績次第で将来もらえるかもしれないボーナスと捉えるといいかもしれない。

確かに、グーグルやアマゾンの第1号従業員のひとりになれば、億万長者になれただろう。ただ、それはあくまで例外的なケースだ。ご存知の通り、ほとんどの会社は成功せずに終わるため、そうした会社のエクイティをもらってもおそらく二束三文になるだけだ。エクイティは下っ端の従業員よりも、経営幹部に利益をもたらす傾向がある。

また、会社は大きくなるにつれて新株を発行する。新株はあなたの持ち分の価値を希薄化させるかもしれないため、あなたが持ち分を売却するころには、以前ほどの価値がないかもしれない。

会社の一部を所有するのはすばらしい機会のように思えるかもしれないが、その成否は次のふたつの要因に大きく左右される。

1. その会社がこれから成長し、いまよりもっと利益を稼ぎ、もっと価値を持つようになると思

うか？ 会社、ビジョン、リーダーシップを信頼できるか？ 自分のことを投資家と考えた場合、はたしてその会社に投資するだろうか？

2．あなたはその会社に残って、行く末を見届けたいか？ エクイティを現金化できるようになるまでには、長い期間がかかるかもしれない。会社を去ったときに一緒に持っていけるエクイティもあるが、できないものもある。また、大半のエクイティは数年（通常は4～5年）にわたって付与されるので、すべての価値を手に入れるにはその期間、会社に残らなければならない。

会社がまだ小さいころや早い時期に入社する機会があれば、保有するエクイティが非常に大きな価値を持つこともあるかもしれないが、機会は慎重に見極めることが大切だ。エクイティは昇給のように、期待感が大きくなりがちだ。ただ、もし本当にあなたの会社やリーダーシップを信頼できるのであれば、会社の所有者やパートナーになるのはまたとない機会かもしれない。

昇給を勝ち取る方法

経済的な将来性を確保する上で、どれだけ収入を上げられるかは非常に大きな鍵を握っている。毎回の昇給はその都度あなたの生涯収入に大きな影響を与え、一度の昇給だけで経済的自由に到達する期間は数年早まる。

毎年1%昇給するだけでも、その昇給分を投資して複利で増やすことで、20~30年のスパンで見ると数十万ドル手にするお金が増えることもある。毎年の3%の昇給と4%の昇給を比較した簡単な研究によると、その1%の差額を株式投資に回すだけで、4%の昇給の方が30年後には57万8549ドルも多くお金を手にすることになるという。きょうの基本給が、収入の将来性を左右するのだ。

やっている仕事と比べて報酬が低い人がほとんどなのにもかかわらず、行動に移す人は限られている。89%の米国人は自分が昇給に値すると思っているものの、翌年の昇給を求める予定の人は54%しかいない。

これまで私の下で働いてきた従業員のうち、実際に昇給やボーナスを求めてきたのは1割以下だ。不安なのか、怠惰なのか、それともほかの理由なのかわからないが、もっと多くの人が昇給を求めてこなかったのはいまでも信じられない。

一部の人にとっては働く動機がお金ではないことは確かだが、もらえるお金はもらっておきたいはずだ。ただ昇給を求めなければ、自分の本来の価値の給与をもらえることはないし、あなたの時間の価値を最大化することもできないだろう。積極的に昇給を求めることによって、生涯収入には大きな差が生じ、経済的自立に到達する時期を早めてくれる。

雇用主と従業員との間には絶えず緊張関係がある。従業員として、あなたはできるだけ給与を払ってもらいたいが、あなたの上司（だけでなく上司の上司、さらに食物連鎖の上位捕食者たち）はあなたに会社に残ってもらいつつ、支払う給与はできる限り抑えたい。給与を最適化するということは、上司が払ってくれる給与の上限を把握しつつ、その金額を求めるということだ。試行錯誤の連続だが、正しい情報さえ把握しておけば、昇給のチャンスを大きく増やすことができる。しかも青天井だ。

フルタイムの仕事で給与を上げたいのであれば、どれだけ懸命に働こうが、どんなに忙しかろうが、どれだけの時間をデスクで過ごそうが、どれだけの時間を仕事に投入しようが、そうしたことは全く関係ない。最も大事なのは、あなたの会社が認識しているあなたの価値だ（言い換えれば、あなたの上司とその上司があなたのことをどう思っているかだ！）。

彼らにとってあなたが価値ある存在であれば、あなたの給与は増える。あなたがやっていることや成し遂げたことの中でも、上司やその上司が見落としていることはたくさんあるはずだ。自分の成果を語り、自分の価値を証明できるかはあなた次第なのだ。

あなた自身があなたの真価を主張しなければならない。あなたの上司はあくまでコストを抑えたいのであり、あなたに払う給与を増やしたいわけではない。確かに、あなたの上司はあなたにずっと働いてもらいたいが、ある人事部の責任者は「従業員にギリギリ満足し続けてもらえればいい」と私にかつて教えてくれた。別の元同僚によると、「会社に残ってくれながらも、次の昇給やボーナスに向けて働きたいと思ってもらえるギリギリの給与を払いたい」。冷徹に聞こえるかもしれないが、そうやって会社は利益を上げているのだ。

そこで私にプランがある。ファイルを手に取って、あなたの市場価値、会社にとっての価値、自分の職務内容を超える責務をこなしたとき、他社からもらった仕事のオファーに関する情報をまとめよう。目的は、あなたがもっと高い給与に値することを会社に主張するための裏付け情報をまとめておくことだ。そのファイルを上司に渡す必要はないが、交渉において補強証拠を使う必要がある場合に持っておくと役にたつ。

例えば、あなたの給与が安いことを示すような証拠だ。他社におけるあなたのポジションの給与のプリントアウトを持ち出したり、ほかの会社でいくら稼げるのかを示す人材紹介会社からのメールを持ち出すのもいいかもしれない。新しい仕事を探したいときにも、その情報は役にたつかもしれないのだ。

こうした作業の効果は、あなたがもらうべき給与をより正確に把握できることだけではない。あなたがしっかりと準備し、データに基づいて主張し、それだけ労力をかけてまでも、会社に真剣に残りたいと思っていることを上司に印象付けることもできる。あなたの主張がより準備され、整理され、説得力があるほど、いまのポジション、将来のポジションでもより多くの給与を得ることができるだろう。

自分に値する給与をもらうということは、市場が、会社が、そしてあなた自身があなたの時間をどのように評価しているのかということだ。自分で試算をして、市場を分析してみた結果、あなたは会社が払う給与のために自分の時間を差し出したくないと思うかもしれない。新しい仕事を探す、もしくは全く新しいキャリアを築くきっかけになる可能性もある。

あなたの1時間にはいくらの価値があるだろうか？　いくらもらえれば、その時間を差し出してもいいと思えるだろう？　評価、交渉の過程においては、そのことを常に念頭に置いておこう。これは仕事や給与だけの話ではない。あなたの時間、あなたのエネルギーについての話だ。

以下はあなたが会社に昇給を求めるべきかどうかを決める（その答えはほぼ常にイエスだ！）、シンプルな4つのプロセスだ。これらのプロセスに従えば、昇給を勝ち取る可能性を大きく高めてくれるだろう。

1. あなたのいまの市場価値（言い換えれば、ほかの会社があなたのスキルと経験を持つ人に払ってくれる金額）を把握しよう。

2. あなたが会社にとってどれほどの価値があるのか（言い換えれば、あなたの会社があなたでどのくらいお金を稼いでいるのか、あなたの代わりを見つけるのにどれくらいのお金がかかるか、あなたがどれくらい自分の役割以上の仕事をこなしているのか）を把握しよう。

3. どれくらいの昇給を求めるのか、どのタイミングで求めるのかを決めよう。

4．要求しよう。

それでは、それぞれのプロセスを詳しく見ていこう。これらのプロセスを実行に移すことによって、Millennial Moneyの読者の多くはフルタイムの仕事において実際に昇給を勝ち取っている。中には8万ドルの昇給を勝ち取った人もいるのだ！

1．いまの市場価値を把握する

企業は常に競争力を保とうとしており、最高の人材を採用したいと思っている。そのため、上司や会社は従業員の市場価値を常に把握しておこうと努めている。あなたのポジションとスキルの組み合わせに対する需要は常に変化しているため、あなたも同じことを少なくとも年に数回はやるべきだ。

あなたの市場価値とは、別の会社があなたの仕事に対して払ってくれる金額であり、マーケティングやプログラミングなどの分野では、あなたの住む都市におけるあなたのポジションに対する供給と需要によって、その市場価値は上下する。また新たなスキルを獲得し、さらに経験を積むことで、あなたの市場価値は大きくなる。あなたの持つスキルの組み合わせに対する需要が高まるほど、給与は増える。また、そうあるべきなのだ。

働いている都市や国によって市場の需要も大きく変わってくるため、あなたがどこに住んでいようが、ほかの都市の会社でリモートワークを使って働けば、同じ仕事をしながらもっと稼げる可能性もある。

自分の市場価値を把握するためには、3つのことをやる必要がある。

まず第1に、あなたの都市におけるあなたの職務の一般的な給与を調べてみよう。利用できるインターネットのツールはたくさんあり、私のお気に入りはGlassdoor、LinkedIn、Indeedの給与チェッカーだ。あなたの肩書に加えて、それと似た職務の給与もきちんと調べるようにしよう。比較できる給与をすべてプリントアウトし、証拠集めのファイルに加えるのだ。変わった肩書をお持ちの方は、スキルで検索してみよう。さらに、あなたのスキルや職務を一般的な肩書や給与に結びつけてくれる人材紹介の専門家に話を聞いてみるといい。

2番目に、あなたの業界を専門としている人材紹介の専門家にコンタクトしよう。ほとんどの業界には、会社の求人中のポジションを埋めるために雇われている人材紹介会社や専門家がいる。単純に「人材紹介会社　(あなたが働く業界)」と検索してみよう。人材紹介の専門家を利用する最大の利点は、彼らが求職者側ではなく、求人を出している会社側からお金をもらっているということだ。そのため、あなた自身は情報のために彼らにお金を払う必要がない。彼らがあなたに手を貸したいのは、あなたに仕事を斡旋することによって会社側から報酬をもらえるからだ。

彼らはあなたの業界に特化し、市場に近い立場にいるため、あなたの経験やスキルを踏まえていくらもらうべきかを伝えることができる。あなたと同じスキルを持つ人材の給与の具体的なレンジを、人材紹介の専門家に訊いてみよう。彼らのメッセージをプリントアウトし、それをあなたのファイルに加えるのだ。少なくとも2～3人の専門家に話を訊くことをオススメする。それぞれ異なる見解を持っているため、自分で分析する際に複数の給与基準値を持つことができるからだ。

3番目に、人材紹介会社や業界団体が作成した研究レポートを探してみよう。ほとんどの業界には給与ガイドを公表している企業や協会があり、多くのガイドには具体的にあなたの都市の給与の計算に利用できる便利な表が掲載してある。グーグルで「(あなたの業界) 給与ガイド」と検索してみよう。おそらくまずはじめにレポートが手に入るはずだ。それらをプリントアウトし、ファイルに加えよう。

人材紹介の専門家と知り合いになっていると、あなたが会社を辞めたいと思ったときにすばらしい(かつ給与の高い)機会を紹介してもらえる可能性もある。別に会社を辞めたくないときでも、あなたが断れないような仕事を見つけて、知らせてくれるかもしれない。ニューヨーク州シラキュースに住む27歳のMillennial Moneyの読者であるブライアンは、私にどうすれば給与の高いＩＴの仕事を見つけられるか尋ねてきた。彼は燃え尽きており、給与も安かった。5万ドル以上はもらえる仕事で、4万2000ドルしか稼げていなかったのだ。

私はＩＴ業界を専門とする人材紹介の専門家にコンタクトし、彼のスキルであればどれほどの価値があるのか、もっと良い機会がないか訊いてみてはどうかとアドバイスした。彼はニューヨークに顔の広い人材紹介会社にコンタクトし、最終的には家からリモートワークで働ける年収9万ドルの仕事を見つけてもらった。ブライアンの人生は大きく改善したが、やったことは専門の人材紹介会社にコンタクトしただけなのだ。

最後に、これはややリスクのある行為だが、もしあなたが別の会社の給与の高いポジションへの転職に興味があるのであれば、競合他社に話を訊いてみるのも手だ。その会社で求人中のポジションや報酬について詳しく知ることができる。もしあなたがいまの会社を辞めることを考えており、その会社にとってふさわしい人材だと思ってもらえれば、多くの採用担当責任者は喜んであなたと会ってくれるだろう。

ほかの仕事のオファーを獲得する一連のプロセスを経験しておけば、上司との交渉の際に切り札として利用できるかもしれない。これは以前に昇給を求めたが断られていた場合、もしくはあなたが会社を辞めることを厭わない場合に役に立つ戦法だ。この戦法が見事にうまくいったケースを何度も見ており、多くの人が大幅な昇給を勝ち取っている。

一方、裏目に出ることもあり、上から目線で要求されることが嫌いな上司がその従業員を実際に解雇したこともある（幸い、その従業員は潤沢な退職手当をもらい、より給与の高い別の仕事に就いた）。もしいまの会社を辞めるほどの覚悟がなければ、この戦法は控えておいた方が賢明かもしれない。

2．会社にとって自分はどれほど価値があるのかを見極める

計算する必要のある2番目の価値は、会社にとってのあなたの価値だ。あなたの市場価値を計算するよりも少し厄介だが、以下にそのやり方を説明する。定量面と定性面、ふたつの側面から評価するようにしよう。

最初に、会社があなたの代わりを見つけるのにどれくらいのコストがかかるのかを計算しよう。どこの業界でも、従業員――特に正社員――を新たに雇うコストは非常に高くつく。そのコストは会社が使っているのと同じ計算方法を使って計算すればいい。

通常はパーセンテージ法（例えば、時間給従業員だと16％）か、もしくは6～9カ月分のフルタイムの給与を使う。もしあなたが正社員で年収6万ドルであれば、あなたの代わりを見つけるのに3万～4万5000ドルかかる計算だ。

あなたが経験豊富で、会社特有の知識やスキルを身につけている場合、会社にとってより価値のある存在となる。あなたの上司はおそらく、あなたの代わりを見つける費用や会社にとってのあなたの価値を知っているはずだ。昇給を求める際は、そのことをうまく利用しよう。

もしあなたが辞めるかもしれないと思っていれば、すぐに5000ドル、もしくはそれ以上の昇給を認めるかもしれない。あなたの代わりを見つけるのに2万ドル以上かかることはわかっているし、あなたが会社で得た経験や知識をすべて失いたくないからだ。

たいていの人はもっと高い給与をもらうべきだが、会社にとっての自分の価値を低く見積もり、仕事を失うことを恐れるあまり、何も行動に移さない。実際は、会社はあなたを引き止めるため、あなたが会社の文化やビジネスにもたらしてくれた価値を失わないために、給与を上げてくれる可能性が高いのだ。

次に、もしあなたがクライアントや顧客から稼いでいる会社で働いている場合、あなたの仕事で会社がどれくらいの売り上げを上げているのか、あなたが会社にどれくらいの利益をもたらしたのかを計算してみよう。もし法律事務所や広告代理店などタイムチャージ（時間制報酬）の業界で働いている場合、その計算は簡単なはずだ。また、営業職として働いており、会社にもたらした売り上げを知っている場合も同じことが言える。

この計算はあらゆる仕事や業界で可能なわけではない。例えば、もしあなたが教師、もしくは大きなチームの一員として働いているならば、あなたの貢献をドルに換算することはできないかもしれない。ただ、もしあなたがクライアントにサービスを提供する業界で働いていれば、あなたが提供しているサービスに対して会社がいくら請求しているのかを把握し、その料金からあなたの平均時給を差し引くことで、会社の利ざやを計算できる。

例えば、あなたが電気技師だとする。あなたの会社が1時間当たり３００ドル請求し、あなたの時給が30ドルであれば、会社はあなたの労働時間に対して時間当たり２７０ドルの利益を稼いでいる。会社はあなたへの投資によって、ものすごく大きなリターンを上げているのだ！

もちろん、この計算には会社の間接費用――家賃や光熱費、補助スタッフの給与、福利厚生の費用など、会社を経営する上で負担する必要のあるほかの費用――が含まれていない。会社によってまちまちだが、会社の間接費用が与える影響を計算する標準的なやり方は、平均時給に3割加えるというものだ。

同じ電気技師の例を使うと、時給30ドルの3割は9ドルとなるため、間接費用を加えればあなたの会社の総費用は39ドルになる。それでも会社は顧客に300ドル請求している。もしあなたが年収の3～4倍の売り上げを上司にもたらしていれば、昇給を正当化するのも容易なはずだ。

もしあなたが営業部門で働いており、歩合給が自分の売り上げの15～25%を下回っていれば、昇給を求めるべきだ。平均的な歩合給は業界によって大きく異なるが、私は個人的に、5%の歩合給しかもらっていない営業マンに数え切れないほど会ってきた。

成果を出している営業マンに対しては、ほとんどの上司は歩合を引き上げてくれるはずだ（あなたが去れば、あなたの売り上げをすべて失うリスクがあるのだ）。少なくとも15～25%の歩合を交渉してみることを強く推奨する。すでに15%の歩合給をもらっているのであれば、20%への引き上げを交渉してみよう。すでに25%もらっているのであれば、次は30%だ。

あなたの会社はおそらく、あなたを利用して多額の利益を稼いでいる。そうでなければそのビジネスをやっていない。ほとんどの営業職の歩合給は交渉可能だ。あなたが会社にとどまれば利益を稼げるが、あなたがいなくなればその分稼げなくなるため、会社にも交渉に応じる利点があるのだ。このことを知った上で、昇給を求めよう。もしくは自分の会社を立ち上げるモチベーションにするのも悪くない。自分でビジネスを始めれば、時給が30ドルではなく300ドルになる。

ミルウォーキー出身の26歳のMillennial Moneyの読者であるヴィクターは、あるメーカーの営業部門で働いている。私がブログに載せたある文章を読んだ後に連絡をくれ、次のような話を聞かせてくれた。彼はこの1年間、新しいビジネスで150万ドルの売り上げを会社にもたらしたが、年収は4万5000ドルしかなく、歩合給もないという。

私が本章の戦略を彼にアドバイスしたところ、歩合給は勝ち取れなかったものの、12万5000ドルへの昇給を勝ち取ることができた。彼のミルウォーキーでの市場価値はおよそ5万ドルだったが、それよりずいぶん高い年収を要求できたのだ。

8万ドルの昇給はそれだけで大きいが、その昇給が彼の数字に到達する年数に与える影響はさらにとてつもないものだ。8万ドル増が20年続けば、160万ドルもの収入増加になる。さらにその8万ドルを投資して年間7％の複利で増やしていくと、880万ドル以上になるのだ！

きっと彼はそうやって投資に回してくれることだろう。もし転職を決意することになっても、次の会社でも12万5000ドル以上稼げる可能性が高い。つまり、1度の昇給の効果はさらに絶大だ。たった1度の昇給が、経済的自立に到達する時期を何年も早めることになるのだ。

最後に、あなたが最後の昇給以降、もしくは会社に入社してから、いかにこれまで会社に貢献してきたのかを見てみよう。生活費の上昇分に当たる1～3％を超える昇給やボーナスを勝ち取るのは、単に「いい仕事」をするだけでは不十分かもしれない。いかに職務を超えた仕事をこなしたか、もしくは期待以上のやり方で会社の成功に貢献したのかを証明する必要がある。

あなたが直接貢献した会社の大きな業績や、職務明細には記載されていないが手がけたことのある大きなプロジェクト・職責などに特に注目しよう。職務を超える成果を上げた？ 新しいクライアントを獲得した？ より多くの部下や職責を管理していた？ 獲得した新たなスキルは？ 営業職ではないのに、新しいクライアントを会社に紹介した？ 誰かが会社を辞めたときに、彼らの仕事を引き継いだ？ できれば数字で裏付けられると理想的だ。

あなたが成し遂げたこと、職務で使うために獲得した新たなスキル、職務以外に手がけた業務の成果をすべてリストアップしよう。単なるいい仕事にとどまらない成果を上げてきたことを証明するのだ。自分の職務を超えた仕事をこなしたとき、その都度パソコンや紙、携帯電話に日付と仕事内容を記録しておくとさらにいい。交渉の場で相手に見せることができる記録が残っていることになる。交渉のテーブルに、すべての成果を持ち出す必要はない。時期や中身の違う、数個の具体的な例を持ち出せばいい。自分の物語を売り込むのだ。

3．どれくらいの昇給を求めるのか、どのタイミングで求めるのかを決めよう

すでに学んだように、お金をパーセンテージとドルの両方の観点から考えることで、あなたの

貯蓄に対する認識は大きく変わる。同じことが昇給に対する上司の考え方にも当てはまる。通常、パーセンテージで要求した方がドルで要求するよりも、より大きな昇給につながる可能性が高い。パーセンテージの方が捉えにくいからだ。

次のように考えてみるといい。もしあなたの年収が5万ドルだとして、10％の昇給と５０００ドルの昇給、どちらの方がより大きいと感じるだろうか？　おそらく５０００ドルの方ではないだろうか？　それはあなた（そしてあなたの上司）がすぐに、５０００ドルでは何が買えるのかを想像できるからだ。５０００ドルには具体的な価値があるが、10％は抽象的であり表象的だ。10％でいったい何が買えるのだろうか？

あなたを会社に引き止めるために、上司は５％の昇給なら認めるかもしれないが、もしあなたが10％、もしくはそれ以上の昇給を望むのであれば、集めたデータを利用して説得力のある主張を展開する必要がある。

もしあなたがほかの仕事のオファーをもらっているのであれば、より大きなリスクを取ることも可能だ。市場価値や会社にとっての価値と比較して不当に安い給与しかもらっていない場合を除いて、10～15％の昇給が妥当な相場だと個人的には思っている。もし不当に給与が抑えられている（2割かそれ以上）と思えば、調査結果を携えて、最低でもあなたのポジションの市場平均までの昇給を求めることができるはずだ。市場の給与レンジの上限を求めるようにしよう。

もし自分の市場価値を大きく下回る給与しかもらっていないのであれば、インターネットや人材紹介の専門家から集めたデータを使って主張を展開することで、市場水準まで2割を超える昇給を勝ち取ることも決して非現実的ではない。ちょっと時間をかけて調べるだけで、費用対効果は大きい。

もし会社があなたを引き止めたい（さらにそうする資金がある）のであれば、市場の水準まではは給与を上げてくれるだろう。すべての会社に昇給に応じる体力があるわけではなく、体力のある会社でも要求をはねつける場合もあるだろう。あなたが昇給を求めたところで、上司は断るための言い訳には困らない。「目標の数値には到達していない」、「売り上げが落ちている」、「予算が足りない」など。彼らの言葉を信じるのか、そんな環境でも会社にとどまるのかを決意するのはあなた次第だ。

多くの会社員は昇給を求めるタイミングを知らない、もしくは間違ったタイミングで昇給を求める。上司が首を縦に振るのかどうかは、タイミングに大きく左右される。まず、キャリアと職責における自分の立ち位置を見定めよう。自分の市場価値と会社にとっての価値を定期的に確認するのも重要だ。もしあなたの職責が変わるのであれば、少なくとも年に2回は確認しておきたい。

あらゆる調査を行った上で、昇給を求める腹を固めたら、次は実際のタイミングを考える番だ。最も良いタイミングはパフォーマンスレビューのとき、会社の年度末（知らない場合は人事部に訊いてみよう）、同僚の異動や離職に伴い仕事量が増えたとき、もしくは大きな成功に終わった会社の新事業をリードしたときなどだ。以下がその理由だ。

パフォーマンスレビューの間、あなたの上司はすでに会社にとってのあなたの価値について考えている。もし市場価値の調査を携えて交渉に臨めば、より大きな昇給を得られる可能性は大きく高まる。会社の年度末には、上司はすでに翌年度について考えており、会社の業績が順調であれば、首を縦に振ってもらえる可能性は高い。ただ会社の業績が悪ければ、数字を改善させるためにはあなたを引き止める必要があると思われない限り、昇給を勝ち取れる可能性は低い。

あなたの職責が大きく変わったときや、配置転換や離職、組織の統合などによってあなたの仕事量が増えたときも適切なタイミングだ。こうした状況では、ほかの社員が離職するのは会社としてはどうしても避けたい事態だ。あなたを引き止めるために、昇給してもらえるかもしれない。同様に、大きな成功を収めた新事業やプロジェクトをあなたが立ち上げたときも、昇給を求める格好のタイミングだ。自分の成果をうまく利用しよう。

次は日時を決める番だ。思いつきで選んだ火曜日の午後4時は適したタイミングではない。上司がストレスを感じている時間帯だ。休日前の金曜日の午後、もしくは上司が長期休暇に入る直前も良いタイミングとは言えない。月曜の朝もダメだ。月曜の朝が好きな人などいるだろうか？

研究によると、金曜日の朝が昇給を求める最も良いタイミングだという。あなたと同じで上司も比較的リラックスし、週末に向けて気分が高揚しているからだ。また、心理学の研究によると、午前中に人は寛容になる傾向があるという。

日時にかかわらず、上司の気分は感じ取っておきたいところだ。あなたの上司はストレスを感じ、腹を立て、ほかのことに集中しているかもしれない。もし上司がほかのことに気を取られたり、ストレスを感じているなら、集中しているときに比べればあなたの話に耳を貸さないはずだ。

あなたとあなたの上司、いずれも気分が優れているタイミングを見つけよう。以上の指針は参考にはなるものの、あなたにとっての最良のタイミングがいつ訪れるのかはわからない。常に準備しておくようにしよう。

4．要求する

完璧なタイミングを決め、昇給を求める準備も整った。これから説明するのは、上司に首を縦に振ってもらえるチャンスを最も高めるやり方だ。最初に、話し合いの場をセッティングするか、上司のデスクにふらっと立ち寄るのかを決める必要がある。その決断はあなたの上司との関係、上司のスタイル、あなたのスタイルに左右される。

上司の中には非常に形式を重んじ、サプライズが嫌いな人もいる。そんな場合は、話し合いの場をセッティングすべきだ。上司にメールを送って、15～20分ほど話があることを伝え、都合がいい日時を訊き出そう。もし上司が自然でフランクな場合は、デスクに立ち寄って、話に誘ってみよう。

次に、具体的なパーセンテージを念頭に置いておく必要がある。同じ都市の同じポジションの中で、少なくとも上位10％に入る水準まで昇給を求めるべきだ。もし会社の売り上げに大きく貢献し、それを裏付けるデータがあるのであれば、あなたを引き止めるために会社はもっと高い給与を払ってくれるかもしれない。自分が望む以上の額を求めることを恐れないようにしよう。そうすれば交渉の余地が出てくる。最悪でも要求をはねつけられる、もしくは要求額を下回る結果になるだけだ。

話し合いが始まったら、まず上司に彼（彼女）の下で働けることがどれだけ楽しいのかを伝えることから会話を始めよう。会社のプロジェクトや経営方針について、あなたが心からワクワクしていることを伝えるのだ。そうすることで、会話の中で会社（と上司）を第一に考えていることが伝えられる。

次に、昇給を求める理由を説明しよう。「xやy、zの理由で、最近私の責任が非常に大きくなっている」、「最近、これまでの経験を基準にした自分の市場価値を分析している」、「最近、人材紹介の専門家から連絡があり、私の経験だと年収Xのポジションを紹介できると言われた」などだ。それから昇給の話を始めるのだ。「心からこの会社に残りたい、ここでは輝かしい将来が見える。だからこそ、x％の昇給を要求したいのです」などと言ってみよう。あまり多くを語らず、売り込みすぎないようにしよう。

上司の言葉にはきちんと返事をしよう。上司はいくつかの質問をするかもしれないし、考える必要があると言ってくるかもしれない。すぐに答えを求める必要はない。ただ、もし上司が考える時間が欲しいと言ってきた場合は、きちんと期限を設けよう。

「もちろんかまいません。金曜日か来週の月曜日までに返事をいただくことは可能ですか?」

返事を引き延ばそうとする上司もいるだろう。数週間経っても音沙汰がない、もしくはいっさい返答がないということもあるかもしれない。そうした場合は、別の仕事を探したほうがいいかもしれない。その場であなたが望んでいないオファーをしてきた場合は、交渉を続けて、あなたに有利になるような証拠をさらにいくつか挙げよう。ただ、それは上司が代案を出してきたときや、あなたの要求をはねつけたときだけだ。

ほとんどの従業員は自分たちの方が交渉で優位な立場にいて、自分たちが思っているよりも上司や会社にとって価値がある存在であることを自覚していない。うまく要求して、妥当な昇給額であれば、上司はあなたの考えやあなたが会社に残りたいという思いを正しく評価してくれるはずだ。最悪でも、要求を断られるだけだ。ひるむ必要はない。もらえるお金はもらっておこう。自分の時間とあなたが会社に与える影響を過小評価してはいけない。

自分の価値を調べ続けよう

昇給を交渉した後や新しい仕事を得た後も、自分の市場価値、会社にとっての価値、報酬、そして福利厚生を、少なくとも年に数回は確認することを怠らないようにしよう。椅子に座って、自分の将来の市場価値——いまのキャリアをこのまま続けた場合、将来いくらもらえるか——も分析すべきだ。さらに、今後3〜5年の間に経験したいと思っている職務の給与も調べてみよう。

例えば、もしあなたがジュニアグラフィックデザイナーで、5年後にはクリエイティブディレクターになりたいのであれば、その仕事に至るルートと期待できる報酬を調べるのだ。そのほかにも、類似しているが年収の期待値は高い仕事を探し、その仕事に就く可能性を高められるスキルを習得しよう。

要求されるスキルの組み合わせは似ているにもかかわらず、年収の高い仕事があることに注目すべきだ。いまの時代はそうしたデータがあることで、より年収の高い仕事を目指せる環境が整っている。いまのキャリアが気に入らなければ、できるだけすぐに船から降りよう。目標に至るまでのルートをきちんと計画すれば、そこにたどり着ける可能性は高まるはずだ。

こうした分析をときどき行うのは、決して昇給を得るためだけではない。新しい仕事を獲得することや、自分でビジネスを始めることにもつながる。自分の本当の市場価値を計算するのも、徐々にうまくなっていくだろう。

長期戦略：スキル＋人脈＝お金

短期的な戦略は現状の最大化をもたらすものだが、あなたが実際に働く期間は5年、10年、20年、さらにもっと長い可能性が高い。長期の戦略は、自分の価値を高めることに重点を置かなければならない。そのためには可能な限り学習し、メンターを活用し、人脈と支持者を広げ、生涯利用できる需要の高いスキルを習得しよう。

スキルとは将来の通貨だ。つまり、より価値の高いスキルを学べば、あなたはより価値のある存在になり、いずれよりお金を稼げるようになるということだ。あなたが持つスキルに対する需要が高く、その組み合わせが多様であるほど、あなたの収入は上がり、選択肢も増える。異なるふたつの一見相反するスキルを習得して組み合わせれば、ものすごく大きな価値が生まれる。

例えば、プログラミングの書き方を知っていて、営業のやり方も熟知していれば、よりお金を稼げるようになる。同じように、グラフィックデザインと分析のスキル、エクセルとマーケティングのスキルを組み合わせれば、収入は増えるはずだ。

あなたが持つスキルの組み合わせがより多様でより幅が広ければ、収入は増え、副業も手がけやすくなる。私の知っている最も優れたグラフィックデザイナーのひとりは、フルタイムの獣医で学んだ。彼女は副業でデザインを楽しんでいるのだ。彼女はそのスキルの大半を無料のユーチューブで学んだ。

あなたがどのスキルよりも学ぶべき、最も重要で価値のあるスキルのひとつは、間違いなく営業スキルだ。モノやサービスを売って、ビジネスを勝ち取るスキルはどの会社でも高く評価され、報酬も高い。自分で儲かる副業を立ち上げる際にも不可欠なスキルだ。

将来の仕事の多くはまだ存在すらしていないが（デジタルマーケティングは20年前には存在していなかった）、多様なスキルを習得し、学び続け、成長することであなたの将来の成功につながる。いま持っている自分のスキルを見つめ直し、これから就きたい仕事に必要となるスキルや経験の穴を埋めつつ、興味を持っている新たなスキルを自発的に学び始めよう。どの時代にも需要があるのは、営業、コミュニケーション、マーケティング、ブランド戦略、デザイン、プログラミング、データ統合などのスキルだ。

私が24歳のとき、実家を出てから最初に就いた仕事はシカゴにある小さなデジタルマーケティングの代理店だった。デジタルマーケティング業界に入ると決めて以降、小さな会社の仕事にしか応募しなかった。より現場に近い環境で仕事がしたかったのだ。これは私のキャリアにおいて、非常に大きなターニングポイントだった。この年に、5万ドルだった年収が、副業を手がけることで30万ドル以上に増えた。

この代理店に勤めていた11カ月の間、私は朝早く出社し、夜遅くまで残業した。会社のほぼすべての従業員に会い、彼らの仕事を学んだ。ブランド戦略やコピーライティング、クリエイティブデザイン、ウェブデザイン、フロントエンドとバックエンドのプログラミング、提案書の書き方、検索エンジンの最適化などを学んだのは、彼らとの会話や関係を通じてだった。そして最終的に最も役に立ったスキルである営業スキルもここで学んだ。

私の直接の仕事はグーグル広告のキャンペーンを運営することだったが、営業部門の責任者だったデイヴとジェイドを探し出し、ふたりに直談判して営業のノウハウを教えてもらった。彼らは会社のサービスに対する既存顧客からの質問に対応しつつ、ウェブサイトやデジタルマーケティングの支援を求めている新規の顧客に働きかけていた。私はできるだけ多くの時間を彼らと共に過ごした。あなたが質問をすれば、大半の人は喜んで教えてくれるものだ。同じ会社に勤めていればなおさらだ。

数カ月すると、彼らは私を新規の顧客への売り込みの現場に同席させてくれた。私は2度目の売り込みで契約にこぎつけたのだが、その顧客は歴代の顧客の中で最も規模が大きく、最も利益に貢献してくれた会社のひとつだ！　私はその仕事に夢中になり、それまでの人生で学んだ以上のことを1年で学んだ。それもすべて、私の好奇心が強かったおかげだ。

ここであなたのキャリアと人生に大きな配当をもたらすアドバイスをひとつ。毎週、知らない人をひとりランチに誘おう。彼らの仕事があなたの仕事と全く関係なくてもかまわない。彼らの仕事について学びたいという意思を伝えるのだ。その人の人となりをきちんと知れるように、十分な時間を取ろう――コーヒーでもランチでも雑談でも、少なくとも1時間は予定しよう。1時間あれば十分で、単なる社交辞令的な会話に終始しないで済む。その人自身と職務について、可能な限り教えてもらおう。彼らは自分の役に立つだろうか？　自分は彼らの役に立てるだろうか？

私は2011年にこの習慣を始め、当初は本当に大変だった。私は生まれつき内向的な性格だからだ。ただ、それも徐々に楽になった。週に1度、知らない人をランチやコーヒーに誘えば、1年後には50人の人と1時間の会話を交わしたことになる。学びを提供してくれる50人の人脈であり、あなたが人生を通して利用させてもらえる資源だ。毎週は多すぎると感じるのであれば、それでかまわない――2週間に1度や月に1度でも有益だ。複利と同じように、関係やコネ、知識の価値は時間とともに大きくなる。

多くの人に会うことで、一見無関係に見えるものごとの中にパターンを見出せるようになる。会社を良くする方法を突き止め、うまくいきそうなふたりの人を引き合わせ、新たなスキルの組み合わせの価値を学び、新しいリソースを発掘し、以前は見えなかった金儲けの機会も見つけられるようになる。いかにして他人を助けられるのかがわかることで、ビジネスチャンスも当然広がる。また、既存の人脈が新たな人脈を呼び込んでくれるようになる。昔やった会社の同僚とのランチのおかげで、私は副業で手がけている顧客の紹介事業を通じて、少なくとも25万ドルこれまで稼いできた。

新たなスキルを習得し、他人に質問し、人脈を広げ、目新しい機会に目を凝らす。こうした習慣を継続しよう。金儲けと副業の最良の機会は、既存の人脈によってもたらされることが多い。すでに知っている人に対しては、売り込むことも助けを求めることも気楽にできやすいからだ。最良の仕事の多くは、コネを持つ人や、その会社の誰かを知っている人に与えられる。インターネットの求人サイトには決して出てこない。

フルタイムの仕事を最大限活用し、次のステージへの踏み台として利用する準備が整ったら、今度は余暇の時間を使って副業を始め、もっとお金を稼ぐ必要がある。副業を通じてあなたの貯蓄は大きく増え、新たなスキルを学び、自分の好きなように大金を稼げるようになるのだ。

第8章まとめ

1 フルタイムの仕事はすばらしい収入の機会だ。会社の福利厚生と給与を得る機会を最大限に活かそう。ほかの収入源を並行して確立しながら、フルタイムの仕事を次のステージへの踏み台として利用すべきだ。

2 福利厚生を最大限に活かそう。人事部の人と会って、会社にどのような福利厚生があり、どうすればそれを最大限に活かせるのかを理解しよう。ほぼすべての福利厚生は、利用する価値のあるものだ。HSA、FSA、確定拠出年金、継続学習、様々な種類の保険、リモートワークの機会などを調べよう。既存の福利厚生の中身で満足できない場合は、より充実したものにできないか交渉してみよう。福利厚生を最大限活用しないのは、もらえるお金に手をつけないようなものだ。

3 給与を最大化しよう。会社はあなたの時間を利用して、最大限の利益を稼ごうとしている。会社に昇給を求める際には、その事実をうまく味方につけよう。自分のいまの市場価値、会社にとっての価値に関する情報を調べ、他社からもらった仕事のオファーと一緒にプリントアウトしよう。1度昇給を勝ち取るだけでも、あなたのキャリアに与える正味の影響は甚大だ。

4 あなたの持つスキルと経験に対するいまの市場の需要を分析し、昇給を求めるべきか見極めよう。Glassdoorなどの給与比較サイトを確認し、人材紹介の専門家にコンタクトし、業界の給与レポートを読むだけでできることだ。もし可能であれば、会社にとってのあなたの価値や、あなたの代わりを補充するのにいくらかかるのか（おそらくものすごい額だ！）を計算してみよう。また、職務には明記されていないがあなたがやり遂げた成果をすべてリストアップしよう。

5 いくら昇給を求めるのか、そしてどのタイミングで求めるのかを決めよう。ドルではなくパーセンテージで昇給を求めた方が、より大きな昇給につながりやすい。もし市場価値を大きく下回る給与しかもらっていないのであれば、インターネットや人材紹介の専門家から得たデータに基づいた要求をすることで、市場の水準に並ぶよう2割以上の昇給を勝ち取ることも現実的に可能だ。

6 正しいタイミングを選ぼう。パフォーマンスレビューのときとあなたの職責が大きく変わったとき、これらふたつなどが適切なタイミングだ。研究によると、金曜日の午前中が昇給を求める絶好の時間帯だという。あなたの上司もあなたと同じように比較的リラックスしており、週末に向けて気分が高揚しているからだ。また、人は午前中の方が寛大になる傾向にあるという研究結果もある。

7 あなたの価値とあなたの将来の市場価値――いまのキャリアを続ければ将来もらえると推測される給与の額――を継続して調べよう。次の3〜5年の間に就きたいと思っている仕事の給与を調べてみよう。調べた結果が気に入らなければ、できるだけすぐに方向転換しよう。

8 スキル+人脈=お金。スキルは将来の通貨だ。あなたの持つスキルの組み合わせがより価値があり、より多様であるほど、より多くのお金を稼げる。継続してスキルを習得し、人脈を広げよう。やがて大きな配当をもたらしてくれるはずだ。

第9章

より少ない時間でより多くのお金を稼ぐ

MORE MONEY IN LESS TIME

いかにして儲かる副業を始めるのか

マットは25歳のグラフィックデザイナーだ。シカゴに住んでおり、フルタイムの仕事の年収は5万5000ドル。会社の同僚や雰囲気は気に入っており、会社を辞める予定はない。ただ、マットにはほとんどの同僚が知らない一面がある。彼は副業で年に20万ドル稼いでいるのだ。犬の散歩を請け負う会社で、まだ学生だった3年前に立ち上げた事業だ。

彼は大学の授業の合間の小遣い稼ぎとして、1回5ドルで犬の散歩を始めた。大学の掲示板でその仕事を見つけた。毎週、多いときには10匹の犬を散歩に連れて行った。近隣住民の数が徐々に増えて行く中、次第に自分ひとりでは対処しきれないほど仕事が舞い込み始めた。顧客からの需要を満たすために彼は有限責任会社を設立し、犬の散歩をしてくれる学生を何人か雇った。このシンプルなビジネスアイデアで、彼はオフィスでの仕事の4倍のお金を稼いでいるのだ。

マットは学生のような生活を続けているため、かなりの額のお金を貯めている。大学のときと同じアパートに住み、副業での稼ぎのほぼ100%を投資に回している。もし年収5万5000ドルのうちの2割（1万1000ドル）しか貯蓄できなければ、7%の複利で増やしても彼の数字である150万ドルに到達するには33年かかっただろう。ご存知のように、33年後にはリタイアするのにもっとお金が必要になる。その副業のおかげで、マットは30歳になるころには（たったの5年後だ）150万ドルに達するペースで貯蓄を増やしている。

前章では、昼間の仕事を最適化するやり方についてお話しした。ただ、もしもっと早く大金を稼ぎたいのであれば、少なくともひとつ副業――フルタイムの仕事以外の儲かるベンチャービジ

副収入があれば経済的自立は早くなる

毎月の副収入	毎年の副収入	25倍の乗数（あなたの数字の減額分）	30倍の乗数（あなたの数字の減額分）
$250	$3,000	$75,000	$90,000
$500	$6,000	$150,000	$180,000
$1,000	$12,000	$300,000	$360,000
$1,500	$18,000	$450,000	$540,000
$2,000	$24,000	$600,000	$720,000
$2,500	$30,000	$750,000	$900,000
$3,000	$36,000	$900,000	$1,080,000
$4,000	$48,000	$1,200,000	$1,440,000
$5,000	$60,000	$1,500,000	$1,800,000
$6,000	$72,000	$1,800,000	$2,160,000
$7,000	$84,000	$2,100,000	$2,520,000
$8,000	$96,000	$2,400,000	$2,880,000

ネス――を立ち上げて、収入源を多様化する必要がある。本章では、いかにして儲かる副業を選び、立ち上げ、大きくするのかについてお話しする。副業さえあれば、経済的自立により早く到達できるだろう。

副業でちょっとした副収入を得て、おいしい食事を食べたり、おしゃれな靴を買うのもひとつの選択肢だが、もし経済的自立にできるだけ早く到達したいのであればそれではいけない。単にちょっとしたお小遣いを稼ぐために自分の時間を差し出すのではなく、エンタープライズ・マインドを持って副業に取り組む必要がある。

エンタープライズ・マインドを持つとは、お金を稼ぐ機会をできるだけ見逃さないということだ。つまり、稼いだお金を全額投資に回すことを意味する。副業で稼いだお金を投資に回せば、今度はその投資したお金があなたのために働いてくれる。副業で稼いで投資したお金はすべて、あなたの数字に到達する期間を短くしてくれる。もし私が副業からの収入をほぼ全額投資に回していなければ、経済的自立に到達するのに少なくとも2~3倍の期間がかかっただろう。

副業が優れている点は、何をしてでも稼げる——ときに大金を稼げる——というところだ。芝刈りでも、犬の散歩でも、雪かきでも、ベビーシッターでも、配達でも、運転手でもかまわない。昨今は副業を始めるのに、その場に居合わせる必要もない。インターネットを使って稼ぐことが、かつてないほど手軽にできるからだ。インターネットでプログラムを書いても、個人授業をしても、ブログを立ち上げても、イーベイやアマゾンでモノを売っても、フォーカスグループ［市場調査のためのグループ］に参加しても、なんでもいいのだ。

ただ、副業の潜在力を最大限に活かしきれている人はほとんどいない。大金を稼がなければならないし、さらにそれを投資に回して増やすことが大事なのだ。もし副業でお金を稼いでもそれを投資に回していないのであれば、時間を無駄にしていることになる。

副業の規模は順調に大きくなっていたが、私が投資資金を増やすという目的のために副業に真剣に取り組み始めたのは2010年からだ。その時期までは、副収入があっても消費に回していた（だからこそ私は24歳で一文無しだったのだ！）。

ただ、お金の将来価値を学んで以降、私は副業に夢中になった。当時、私は小さなデジタルマーケティングの代理店で働いており、年収は5万ドルだった。副業に自由な時間の大半（週におよそ40時間）を費やし、（ほとんど）自分が心から楽しめることだけをしながら最大限お金を稼いでいた。以下は私が手がけた副業だ。

・法律事務所のホームページの作成。

私が最初に手がけたプロジェクトは、Craigslistで見つけた500ドルの仕事だった。その3カ月後には、同じテンプレートを使って5万ドルのプロジェクトを納品した！　弁護士の紹介を通じて顧客が増えていったため、ほとんど自分から売り込む必要はなかった。

・ドメイン名の転売。

これは私にとって間違いなく最も儲かった副業だ。ドメインとはインターネット上の住所であり、いまでも非常に割安だと私は思っている。私は以前、ドメインオークションでソーシャルメディアや法律、お金、教育をテーマとする多くのドメインを購入できた。50ドル以下で買えることが多く、1年以内に2500ドル以上で転売した。投資リターンは少なくとも4900％にもなる。

もちろん、すべてのドメインがそれだけ高い金額で転売できるわけではないし、転売できないものもあるが、全体的に見れば完璧な副業であり、私はいまでも続けている！　本書の執筆時点で８００以上のドメインを保有しており、日に日にその価値は上がっている。中級のドメインでも平均価格は過去３年で４００ドルから２５００ドルに急騰した。

・法律事務所と不動産会社のデジタルマーケティングキャンペーンの運営。

法律事務所と不動産会社に対しては、ホームページの作成に加えてデジタルマーケティングも請け負っている。私の広告キャンペーンで有望な見込み顧客を獲得できた場合、最大５００ドルを請求している。このビジネスの拡大を真剣に考えたこともあるが、そこまで楽しんでいる仕事ではないという結論に至った。

・検索エンジンの最適化（ＳＥＯ）プロジェクトを手がける。

グーグルの検索ランキングで上位に来るようウェブサイトを最適化する作業は、芸術であり科学でもある。だからこそ私はＳＥＯを大変気に入っている。ＳＥＯはデジタルマーケティングの複利とも言える。小さな調整や最適化が、時間とともに非常に大きな効果を発揮するからだ。私が始めたころに比べるとコモディティ化しつつあるものの、かつてないほど需要は高まっており、もしこれを自分の得意分野にすれば、大金を稼ぐことも不可能ではない。私は数百のウェブサイトのＳＥＯ戦略を通じて、多くのことを学んだ。私がMillennial Money.comを大きくする上で非常に役に立っている。

・ヴィンテージのモペッドとフォルクスワーゲン（VW）のキャンピングカーの転売。

私は大学時代から、この転売を手がけてきた。VWのキャンピンカーよりも1970年代のヴィンテージのモペッドの方を数多く転売してきたが、キャンピングカーでも掘り出し物を見つけたら、ためらわず購入する。私は1970年代と1980年代のVWのウエストファリアがお気に入りで、過去10年の間に2台保有している。その間に大きく価値が上がり、いまでも上がり続けている！

私はそのほかにも、いろいろな仕事に手を出してきた。コンサートチケットの販売、隣人の猫の世話、高性能オフィスチェアの転売、ホワイト・ペーパー（詳細な報告書、権威ある報告書）の執筆、様々なリサーチ、それだけでなく、ベビーシッターもときどき行った。取るに足らない仕事などないのだ。

どうすればもっとお金が稼げるのか、私は常にアンテナを張っていた。私の投資収益のほとんどは、副業で稼いだ資金が元手となっている。さらに指摘しておきたいのは、私が手がけた副業はすべて学校で習ったこと、大学の学位が必要なもの、ほかの会社に勤めなければできないことではない。

副業でお金を稼ぐ方法はふたつある。他人のビジネスのために働く、もしくは自分のビジネスのために働くかだ。他人のビジネスを使って副業をする場合、あなたが稼げる金額は常に時間の制約を受ける。9時5時の仕事をこなした後に、［ライドシェア企業の］Lyftの運転手として一晩中運転するのは非常に骨が折れる。

確かに柔軟に働けるし自由もあるが、Lyftのために何時間運転したところで、もしくは［即配サービス会社の］Postmatesのために何時間配達したところで時間の制約を受けるため、会社からもらえる以上の金額を稼ぐことはできない。つまり、スケールアップできない仕事なのだ。

自分のビジネスであれば、あなたが心から好きなことをやりながら大金を稼ぐことができるし、自由裁量も大きくなる。マットもほかの人が経営している犬の散歩会社で働いて、時給10ドルを稼ぐこともできたが、自分の会社を立ち上げたことで自分の時間だけではなく、彼が雇った従業員の時間を使ってお金を稼ぐことができる。

稼いだお金を投資に回せば、お金はさらに増えていく。月に数百ドルしか投資に回せないから、他人の会社の従業員として犬の散歩をする仕事に価値がないと言っているわけではない。どんなささいなお金でも、経済的自立にいち早く到達する上で糧にはなる。単に、自分のビジネスほどは儲からないと言いたいのだ。

他人の会社のために働く場合、あなたは自分のサービスの価格を自分では決められない。ただ、自分でビジネスを始めればそれが可能だ（少なくとも市場で受け入れられる範囲で料金設定できる）。例えば、ベビーシッターでも自分で会社を立ち上げ、安定的な顧客基盤を確立すれば、託児所やベビーシッターの会社に登録するよりもお金を稼げるだろう。顧客からの信頼が厚くなれば料金を上げることができるかもしれないし、追加のサービス――家庭教師や夕食の準備など――を提供できるようになるかもしれない。

さらに、（間接費用を除いた）利益は雇用主と分け合うのではなく、まるまるあなたの懐に入る。もっと稼ぎを増やしたいのであれば、働いてくれるベビーシッターを雇い、彼らの稼いだお金の一部を自分のものにできる。何が言いたいのかというと、自分の会社であればお金と時間をより自由にコントロールできる上、ビジネスを拡大する機会も与えられるということだ。

不労所得、お金／時間のトレードオフ

あなたがもし副業でお金を稼ぎたいのであれば、現実的にどれくらいの時間をその仕事に充てられるのかを計算する必要がある。時間の多寡によって、始められる副業の種類が決まってくるからだ。副業の仕事の中には、軌道に乗るまでに非常に時間のかかる仕事がある。例えば、もしあなたが携帯アプリの優れたアイデアを持っているとしても、プログラミングの書き方がわからなければ、そのアイデアを形にするまでには途方もない時間がかかる。一方、夕方や週末の犬の

散歩であれば、歩ける以上の能力は要求されない。

忙しい人には、副業をする時間が確保できないと言っているわけではない。副業の難易度は、自分の使える時間と照らし合わせて測るべきだという意味だ。また、副業にかける時間を見つけるよう努力することも大事だ。

本当に副業でお金を稼ぎたいのであれば、必ず時間は確保できるはずだ。もし副業をする時間がないと言うのであれば、私はあなたに週に何時間テレビを見ているのか、スポーツを観戦しているのか、友人と遊んでいるのか、テレビゲームをしているのか、ダラダラと過ごしているのかと問いたい。

私は好きなことをするなと言っているわけではない。自分の毎日の時間の使い方を精査すれば、どんなに忙しい人でも時間を見つけられると言いたいのだ。本当にもっと稼ぎたいのであれば、絶対に見つけられるはずだ。予定表を見て、時間を確保できる時間帯を調べてみよう。きょうの時間の投資は、将来もっと自由になるためであることを忘れないようにしよう。

私のコミュニティの一員であるクリスは、副業のアイデア（非常にすばらしいアイデアだった）に取り組む時間をどうすれば確保できるのか、私にアドバイスを求めてきた。彼は地元のマラソン大会のグランドマーシャル（総監督）であり、ランナーのための会合を主催し、複数の非営利団体の理事を務め、個人指導のボランティアをし、草バスケットのリーグでプレイし、トライアスロンのトレーニングも行っているという。

週54時間のフルタイムの仕事をこなし、ふたりの子どもを育てながらやっているのだ。私の答えはシンプルだった。彼はいくつかの仕事や活動（もちろん子育て以外だ！）を辞退しなければならない。つまるところ、優先順位とトレードオフの話なのだ。

副業の優れた点のひとつは、自分のペースでやれるというところだが、どれくらい稼げるのか、うまくいくのかどうかは、かけられる時間に比例するということを認識しておくべきだ。また、事業の立ち上げには多くの時間がかかるものの、継続にはそこまで時間はかからない。副業を軌道に乗せるために毎週土曜日働いているからといって、土曜日が未来永劫副業で潰れるというわけではない。クリスのスケジュールを見ながら、私たちは週8時間を副業の立ち上げのための時間として確保することができた。

余計なことは辞めよう。そして大切なことだけに集中するのだ。喜びをもたらさないもの、やる「必要」がないものであれば、すぐに辞めてしまおう。すべての時間を副業に費やすべきだと言っているわけではない。どうすれば時間を確保できるのか教えているだけだ。時間を確保できるかどうかはあなた次第だ。日常の生活の中で自由な時間を確保できるタイミングは主に5つあり、それぞれについて詳しく説明していく。

朝

私は決して朝に強い人間ではないが、それを決して言い訳にはしない。朝は私にとって1日のうちで最も生産的な時間となり、それはいまでも変わらない。朝の2~3時間は、私にとって最も大切な仕事の時間だ。ほかの優先的にやるべき用事はすべて昼間にあるため、朝であれば仕事をしない言い訳ができないのだ。午前4時の起床といった、クレイジーなことをする必要はない。

私は午前5時半か6時ごろに起きて、すぐに仕事に取り掛かる。静かな時間に日の出を見ながら、まず自分自身と自分の副業に集中するのだ。2~3時間など取るに足らないと思うかもしれないが、家族が起きる前に2~3時間集中するだけで大きな成果は出せる。

1週間だと10~15時間になり、副業を立ち上げ、大きくするには十分な時間だ。成功の鍵は、集中して――テレビ、ソーシャルメディアなどあらゆるものを消して――仕事に取りかかれるかどうかだ。朝の予定を立て、真剣に取り組もう。毎朝の投資は時間とともに複利で大きくなる。

夕方から夜

副業をするのに2番目に適した時間帯は夕方から夜だ。ただ、朝働くのに比べるとやや難しい側面がある。忙しい1日を終えた後で、疲れているかもしれないからだ。こんなときこそ自分で自分の尻を叩いて、副業に取り組もう。毎晩時間を確保するのは難しいが、週に数日、1日数時間働くだけでも意味はある。スポーツの試合を観戦したり、友人と外で飲むのではなく、自分の副業に取り組もう。

もし可能であれば、数週間、数カ月前から予定表にスケジュールを組むのだ。そうすればしっかりと取り組めるはずだ。自分自身と自分の副業を優先すれば、より多くのことを成し遂げられるだろう。フロー状態（集中している感覚）に入れる夜も出てくるはずだ。そんな夜にはフローに身を任せ、できる限り遅くまで働くべきだ。きょうはいつもより生産性が高いと感じれば、そのまま仕事を続けよう。そうでない日には、無理に続ける必要はない。エネルギーの保存と管理が大切なのだ。

週末

週末は副業をする上で、1番大切な時間だ。絶対に無駄にしないようにしよう。私は24歳のとき、毎週土曜日に外でお酒を飲みながらブランチを取り、時間を無駄にしていることに気づいた。お金だけではなく時間もかかり、家に帰り着くと必ず昼寝もしなければならなかった！　つまり、ほぼ毎週土曜日、そのブランチのためだけに7～8時間もかけていたのだ。

毎週末だったその習慣を、2～3カ月に一度に減らした。その代わりに午前7時に起きて、犬を散歩に連れて行き、午後2～3時まで仕事に没頭することにした。土曜日の残りの時間は休みに当てる。翌日の日曜日も休むことが多かった。

土曜日は私にとって、週の中で最も生産性の高い日になった。確かに休みを取ったり、友人と外に出かけることもできたが、私にとっては副業をすることの方が重要だった。毎週末に少なくとも8時間を副業に費やせば、年間では400時間以上になる。もし副業を心から楽しんでいるのであれば、仕事だとは感じず、土曜日を犠牲にしているとも感じないだろう。必ずしも毎週、働く必要はない。月に2回でも大きな成果を出せるはずだ。

長期休暇、病気休暇、リモートワーク

例えば3カ月に一度など、フルタイムの仕事に影響の出ない範囲で長期休暇や病気休暇を取って、副業に勤しもう。これらの休みは非常に貴重な時間であり、丸1日あなたのビジネスに集中しなければならない日など特別なタイミングで取るべきだ。
新しいホームページやオンラインコース、ポッドキャストを公開する勝負の日や、大規模なマーケティングプランを実施するときなどに病気休暇を取っている知り合いがいる。病気休暇を取るときは早起きし、休みをできる限り生産的に使おう――時間に対して最高の投資利益率を上げるために、8時間、10時間、15時間でも投入するのだ。ほかにもリモートワークの特権を使って、副業に勤しむ知り合いもたくさんいる。上司にとって大事なのは、やるべき仕事をきちんとやっているかどうかだ。こうした休日を副業に充てることで、ビジネスの成長は加速する。

スキマ時間

さらにあらゆるスキマ時間を活用しよう。1日のいたるところに、10分や20分、30分、ときには60分のスキマ時間さえ見つけられるはずだ。いかにして通勤やランチの時間を最大限活用するかであり、移動時間、Uberを利用している時間、約束の前の待ち時間の使い方が大事なのだ。もしきちんと集中できれば、短い時間でも大いに活用できる。タクシーの後部座席に座って携帯電話でブログの記事を書いてもいいし、ちょっとした時間があるときに電話に出てもいい。いずれにせよ、スキマ時間を最大限活用して副業に励むのだ。

もしくは20分のスキマ時間に、ただ深呼吸をしたりリラックスしたりしてみよう。ちょっとした時間の使い方としては最も充実した使い方かもしれない。スキマ時間をどのように使うにしても、計画的に使おう。その時間を最大限活用するのだ。

たった1～2時間でも、塵も積もれば山となる。私は何度も仲間と一緒にスキマ時間を探したことがあるが、必ず週に5～10時間はそうした時間が見つけられた。週に20時間以上、副業に充てられる時間を見つけられたケースもある。

誰もが忙しいのはわかるが、空いた時間を活用するだけで十分なお金を稼ぐことができる。どれだけスキマ時間があるかは人それぞれだが、時間を最大限活かす上で大切なのは、最も投資利益率が高い作業や決断をすることだ。時間を無駄にしてはいけない――時間を最適化しよう。

あなたを前進させてくれる決断にはイエスと言い、そうでないものにはノーと言う。ただそれだけだ。自分自身に正直になるのだ。どれだけ懸命に働くかは重要ではない。もっと重要なのは、いかに時間を使うかだ。あなたがきちんと仕事をしているのかどうか、後ろから見張ってくれる人は誰もいない。自分がやらなければならないのだ。

時間が有限であることを考えると、最も儲かる副業は不労所得――つまり、自分から積極的に何か作業をすることなく稼げるお金――をもたらす副業だ。ビジネスを大きくすることによって儲かるのもその理由だ。あなたが寝ている間にも（犬の散歩であれ、ベビーシッターであれ何であれ、あなたが雇った従業員が働いてくれている間に）お金を稼ぐことが可能となる。

不労所得はすばらしい。自分の時間を差し出してお金を稼がなければならないという、従来の考え方を根底から覆してくれるものだ。従業員を雇っても雇わなくても、不労所得のビジネスを立ち上げることはできる。

ただ、不労所得の副業を立ち上げるのは簡単ではない（結局、タダのお金など存在しない）。ものすごく長い準備期間が必要なものが多く、しっかりとしたマーケティング／営業戦略も求められる。不労所得を作るための最良の方法は、作るのにあまり時間がかからず、追加作業もあまり必要ないのに、人々が末長く買ってくれるものを売ることだ。

いくつかのアイデアを挙げると、オンラインコースの作成、アマゾンでのドロップシッピング販売、アプリの製作、本の執筆、アパレル製品の販売などだ。また、ブログの執筆なども半不労所得と言える。以前発表したコンテンツでお金を稼ぐことができ、更新の必要もない。私のブログ収益の大半は、２～３年前に書いた投稿から生み出されている。

こうした種類のビジネスは、早期リタイアに向いている。不労所得からの収益が、毎月の支出を十分賄ってくれるかもしれないからだ――より早く「リタイア」できるようになるかもしれないし、少なくとも自分の夢を追い求めるのに必要な数カ月、数年のミニリタイアを可能にしてくれるかもしれない。繰り返し発生する安定した毎月の収入があれば、あなたの目標とする数字は抑えられ、さらに毎月の支出をすべて賄ってくれるかもしれない。

不労所得のビジネスチャンスを判断するときは、必ず流行りのものではなく人々が必ず必要なものだけに目を向けよう。例えば、食べる、寝る、犬の散歩、ベビーシッターを雇う、芝を刈る、A地点からB地点へ移動する。これらはすべて我々が必ず必要とするものだ。さらに我々にとって、娯楽や学習、インスピレーションも常に欠かせないものだろう。

ただ、どんなタイプのビジネスでもうまくいかなくなることはある。家賃収入を除いて、長期的に持続可能な不労所得を構築するのは非常に難しい。世の中の変化は速いため、需要の変化も速い。きょう買われているものでも、明日は買われなくなるかもしれない。

不労所得を十分に稼げていたオンラインビジネスはたくさんあるものの、グーグルがアルゴリズムを更新して検索結果に現れなくなっただけで、フェイスブックがニュースフィードを変えてサイトに訪問者が来なくなっただけで、そうしたビジネスはうまくいかなくなった。

確かに不労所得の収入だけに頼って1年間世界を旅行して回れる（もし興味があれば、絶対にやるべきだ）可能性はあるものの、永遠にそれだけで生活するのは難しいかもしれない。

ただ、不労所得があることで、あなたの数字により早く到達できることは間違いない。投資に回せる追加資金になるだけではなく、物理的な時間をそれほど要しないため、残りの時間をほかのビジネス（もしくは単にリラックスする時間）に充てることができるからだ。

副業による節税と起業

副業を持つもうひとつの利点は、経費の多くが所得控除の対象になるということだ。つまり、ビジネスを軌道に乗せることによって、コスト効率がより高まることになる。ホームページを立ち上げる、そして名刺を印刷するのに使った100ドルは、すべて個人の所得申告から控除される。自分の副業に関連する会議へ出席したときや、潜在的な顧客や事業パートナーとのランチで使った費用も控除の対象だ。

あなたの副業が成長し、日々の生活のより大きな部分を占めるようになったとき、有限責任会社（LLC）を設立すると節税メリットがたくさんある。経費を計上するのに正式な会社を持つ必要はないが、ビジネスではなく「趣味」でやっている限り、節税の額や種類には限界がある。

これこそが、副業のためにLLCを設立することを検討すべき多くの理由のひとつだ。副業で実際にお金を稼ぎ始めたら、LLCの設立をもっと真剣に考えてもいいころだ。いくらか資金（通常は300~400ドル）は必要だが、おそらくそれに見合う価値はあるだろう。

副業のためにＬＬＣを設立する利点は多い。事業用口座を開設でき、経費目的のクレジットカードを作ることができ、自分のビジネスに対する信頼性も上がる。そのほか、追加的な法的保護の措置が受けられ、個人とビジネスの資産を区分して保護でき、自分自身に給与を払ったり、従業員や事業費の管理が許され、節税の機会も増える。

また、潜在的なクライアントや顧客に対する法的信用力も上がるため、ビジネスのブランド化や拡大の機会が広がる。もっと大きなビジネスに成長させたいと思ったときに、規模を拡大するのも容易だ。もし副業に真剣に取り組むつもりであれば、ぜひＬＬＣを設立してあらゆる支出と収入をその会社を通じて処理しよう。税務処理もずいぶん楽になるだろう！

副業を評価するためのフレームワーク

あまり手を広げすぎないように、最初はひとつの副業から始めることを私はオススメしたい。ただ、あなたの上司は誰もいない。すべてを決断するのはあなただ。心の底から好きで、しかも／もしくは最も稼げる仕事を見つけるためなら、多くのアイデアを試してみたってかまわない。

ビジネスとしては何を売ってもいいが、売るものはおそらく製品かサービス――そして自分のものか他人のもの――に限られる。ただ、あなたがいかにしてお金を稼ぐべきかを模索していく中でひとつだけ覚えておいてほしいのは、アイデア自体はありふれて価値のないものだということだ。

私はUberが設立される4年も前から、同社と同じビジネスアイデアを持っていた。それなのになぜ私はビリオネアになれなかったのか？　なぜなら実行に移さなければ（もしくは移せなければ）、アイデア自体は何の価値も持たないからだ。本章を読みつつ副業のアイデアをブレインストーミングしながらも、どの副業であれば自分の持つ時間やスキル、モチベーションで可能なのか、現実的な視点を忘れないよう心がけよう。

本章で紹介するフレームワークを使っていくつかのアイデアを思いついたら、まずは始めてみよう。深く考えすぎてはいけない。やりながらいろいろなことがわかってくるはずだ。どのアイデアにも過度に固執しすぎてはならない。うまくいかなければ、いつでも次のアイデアに移ればいいのだ。いかにして次に手がけるべき副業を選べばいいのか。そのための4つのステップを簡単に説明する。

1．自分の情熱とスキルを分析しよう。

次にどの副業を手掛けるべきか見極めるためには、自分が何に対して情熱を感じているのか、そして自分がどんなスキルを持っているのかをよく考えるべきだ。何をやってもお金を稼ぐことはできるが、自分が愛すること、もしくは少なくとも好きなことをやる方が、ずいぶん楽にお金を稼げるはずだ。

楽しんでやれることなら継続できる可能性が高い。しかも仕事とすら感じない。趣味を持って何かを純粋に楽しむのもいいが、どうせなら同時にお金も稼げた方がいいに決まっている。

自分は何を心から愛しているのか、それをマネタイズできるのかどうかを考えてみよう。手作業でモノを作るのが好き？　サマンサは日中デジタルマーケティング代理店でアカウントマネジャーとして働いているが、夜間や週末には美しいハンドメイドのドリームキャッチャーを作り、ネットショップで50ドルの値段で販売している。

彼女の商品は最近、著名な雑誌に取り上げられ、6カ月待ちの人気になった。彼女は自分のビジネスを次の段階に進めるべきかどうか、一緒にドリームキャッチャーを作ってくれる人を何人か雇うべきかどうかを検討しているところだ。人がうらやむ立場であり、彼女にとってはぜいたくな悩みだ。大好きなことをやりながらお金を稼ぎ、もし望めばそのビジネスを大きくする機会にも恵まれているのだ。

音楽を心から愛している？　もっと人前で演奏し、自分の音楽を売り、友人をプロデュースし、地元の音楽イベントのプロモーションを手がけ、プロモーション会社、マネジメント会社、レコードレーベル、音楽ブログを立ち上げるべきだ。アダムはあまりに音楽に夢中で、Run The Trapというブログを開設した。そのブログで月に4000ドル稼げたため、デジタルマーケティングのフルタイムの仕事を辞め、夢だった音楽マネジメント会社を設立した。

彼の会社はコーチェラ［カリフォルニア州の野外音楽フェスティバル］で演奏したことのあるアーティストや世界ツアーをしているアーティストも輩出している。アダムはいまでは夢のライフスタイルを送りながら世界中を周り、大金を稼いでいるのだ。彼はこのままいけば、35歳になるころには経済的自立に到達しているはずだ。すべてはシンプルな音楽ブログの副業から始まったのだ。

文章を書くのが好き？　ジム・ワンは2005年、国防総省でソフトウェアエンジニアとして働くかたわら、パーソナル・ファイナンスに関するブログ、Bargaineering.comを始めた。彼は文章を書くことが大好きだったため、マイペースでそのブログを書き続け、少しずつ収入が発生し始めた。継続していく中で、ブログビジネスを理解していったのだ。やがて、そのブログをフルタイムの仕事にできるほど十分な収入を稼ぐようになる。5年後、そのブログはある上場会社に300万ドルで買われ、ジムは34歳にして経済的自立に到達した。

プログラミングが好き？　ブランドンは2010年、コンピュータプログラマーとして働くかたわら、旅行で使う言葉を中国語から英語に翻訳してくれるiPhoneアプリを開発し、不労所得として月におよそ500ドルの収入を得た。たった500ドルと思うかもしれないが、いったん配信すればほぼ何もしなくても継続的にお金が入るビジネスだ。ブランドンはそこからの収入をすべて投資に回し、32歳で経済的自立に到達することができた。

旅行が大好き？　個人の旅行者を相手にカスタムツアーの予約を手伝う会社を立ち上げてみて

はどうだろう。もしくは、夢のような旅を計画している人にコンサルティングサービスを提供するのも悪くない。そのほかにも、トラベル・ハックのやり方を指導する、旅行ブログを執筆する、あなたの街のお気に入りのスポットをマーケティングするなど、アイデアはいろいろある。

旅行サイト「The Points Guy」で知られるブライアン・ケリーは旅行好きが高じて、旅のブログを書き始めた。ブログには目的地のレビュー、彼が見つけた格安チケット、クレジットカードのポイントや航空会社のマイルを使ってタダで旅行する方法などを投稿した。旅行のレビューを書いて年に数百万ドルを稼ぎ、最近になって自分のブログを2500万ドルで売却した。彼は35歳でいつでもリタイアできる状態になったのだ。

人と人をつなげるのが大好き？　タイラーはテクノロジー企業の営業部門で働いており、人脈を広げるのが好きだったため、副業として人材紹介会社を設立した。余暇を使って、友人に別の友人が働く会社の仕事を紹介し始めたのだ。紹介した従業員の初年度の年収の2割がタイラーの売り上げだ。つまり、もし年収10万ドルの人を紹介すれば、彼の懐には2万ドルが入る計算になる。月5000～1万5000ドルは楽に稼ぐことができた。そのビジネスは軌道に乗ってフルタイムの仕事となり、彼の毎月の生活費を十分にカバーする収益を上げている。

いまでは新しい仕事を探している友人や顧客の数は増え、ますます多くの会社が優秀なタレントを求めてタイラーを頼りにするようになっている。世界中どこでも働くことができるという特権を彼はフルに活用している。数カ月前には、ネパールのエベレストのベースキャンプで仕事をこなし、そこから香港で開催されたパーティーに飛行機で向かったという話だ。

次に、あなたは自分のスキルについて考える必要がある。最も理想的な副業は、あなたがすでに持っているスキルを使って始められるものだ。自分が持っているあらゆるスキルを棚卸ししてみよう。さらに、あなたが好きなことの中でマネタイズできるものがないか考えてみよう。自分では気づいていないが、あなたはすでにお金を稼げるスキルを持っているはずだ。

「スキル」と言うと、仕事で使っているものや正式なトレーニングを受けたもの、学校で学んだものだと思いがちだが、商売として使えるスキルには様々な種類がある。例えば、育児や教育の分野で働いていなくても、子どもを扱うのが非常に上手で大好きなら、ベビーシッターをやったり、託児所を開設してみてはどうだろうか？ あなたは自分が持っている多くのスキル――運転、洗濯、掃除、料理、庭の手入れなど――を、当たり前のものだと思っていないだろうか？

フルタイムの仕事で得たスキルや専門性を利用するのも有効な手段だ。私の知り合いの弁護士、会計士、ウェブプログラマー、デジタルマーケティングマネジャー、編集者、コピーライター、デザイナーの多くが、フルタイムの仕事と同じサービスを副業に転用している。副収入を得る手段としては賢いやり方であり、あなたが勤めている大手法律事務所やデジタルマーケティング代理店の高額な料金には手の届かない人にも、サービスを提供できるメリットがある。

もちろんそうした副業を始める前には、あなたの会社に社外での副業を制限する利益相反の規定がないか確認しておく必要はある。会社のビジネスと競合しない――あなたの会社がサービスを提供している同じ業界向けではない、もしくは競合相手にサービスを提供していない――限り、許してくれる会社は多い。

もしあなたの会社が副業を制限する厳格な規定を設けていれば、会社と膝をつき合わせてみて、具体的になぜ副業でお金を稼ぎたいのか、なぜそれが利益相反に当たらないのかを説明しよう。会社は特例を与えてくれるかもしれない。もし与えてくれなければ、そうした規定のない会社に転職することを真剣に検討すべきだ。

私のデジタルマーケティングとウェブデザインの副業の主な取引相手は、私が働いていた会社に依頼する金銭的余裕のない会社や、会社が潜在的な顧客とは見ていない会社だった。私の会社はホテルや自動車会社を取引相手にしていたが、私は地元の法律事務所や病院、不動産会社を相手にサイドビジネスをしていたのだ。提供しているのは同じサービスなのに、お金は私の会社や会社のパートナーではなく、すべて私の懐に入っていた。

副業のアイデアを考える際には、特定のニッチな業界に特化することを検討してみよう。サービスの提供相手を限定することにはなるものの、ニッチな業界に特化することによる利益はそのリスクを上回る。

私の場合も相手を選ばないという方法もあったが、意図的に法律事務所と不動産会社に的をしぼった。一方、9時5時の仕事でもターゲットを大学だけにしぼっていた。いくつかのニッチな業界に的をしぼることで、顧客の紹介を受けやすくなり、コネクションも作りやすくなる。また、業界の専門家としての地位も確立しやすくなるのだ。

多くの人が手を広げ、できるだけ多くの業界でクライアントを獲得しようとするが、実際は商売相手の的をしぼった方がよりお金を稼げる。ターゲットとする市場が潤っている業界であればなお良い。私が知っている儲かっているコンサルタントは全員、ニッチに特化し、その分野で専門家になれるよう懸命に働いてきた人ばかりだ。

デジタルマーケティングを専門とするトレヴァーは、カナダの歯列矯正医のみを相手にし、彼ら全員が所属している主要な学会の輪に加わり、そのニッチな業界のデジタルマーケティングの専門家として信じられないほど儲かるビジネスを築き上げた。

どのニッチ市場を選ぶにしても、いまの時代はかつてないほどネット上で専門性を売り込みやすくなっている。1対1のコンサルティングであれ、オンラインコースなどほかのフォーマットであれ、トレーニングであれ、グループコンサルティングサービスであれ同じだ。フルタイムの仕事と同じように、あなたの持つスキルにより価値があり、需要が大きいほど、副業でもよりお金を稼ぐことができる。

また、フルタイムのアントレプレナーになるための手軽な第一歩にもなる。フルタイムのベンチャー事業として成立するほど十分な数のクライアントと契約を交わし、十分なお金を稼ぐ。そうしたことも決して非現実的な話ではない。昔から多くの業界で起きてきたことだ。フルタイムの仕事で使っている自分のスキルを棚卸ししてみよう。もしその仕事が好きなら（もしくはフルタイムの仕事の時間以外にやってもやる気を失わない程度に好きであれば)、副業を始めるには格好のスタート地点だ。

新たに学びたいスキルは?

副業は新たなスキルを学び、ほとんど経験のない業界で新たなキャリアを始めるにもうってつけの手段だ。付加価値を提供し、お金をいただいている人のニーズさえ満たしていれば、商売ができるはずだ。もちろん、全く無知の分野ではできないが、相手以上にその分野に精通していればいいだけであり、それ以上のことはやりながら覚えていけばいい。まさにお金を払ってもらっているクライアントに尻を叩いてもらうようなものだ。

私はそんな風にしてホームページの作り方を学んだ。基本的なHTML［プログラミング言語］は知っていたものの、WordPress、Drupal、Joomlaのホームページの作成の仕方はユーチューブを見て無料で学んだ。その学習には数週間しかかからず、お勉強してお金をもらえたのだ。今ではたいていのことはユーチューブで学べる。多くの業界で、学位や正式なトレーニングはもはや必要ない。

文字通りあらゆる分野で無料、もしくはお金のあまりかからないコースが用意されており、新たな知識を習得できる。スキルを素早く習得し、お金儲けに利用しやすい環境が整っている。情報があるからといって成功が保証されているわけではないものの、ふたつのものさえ持っていれば大丈夫だ。それは好奇心と集中力だ。現在は生涯学習の時代に突入しており、学べば学ぶほどお金を稼ぐことができる。常に学び続けよう。

何を学ぶにしても、そのスキルを必要としている人を探し、彼らに自分のスキルを売り込もう。足りない知識があっても、継続して補強していけばいい。学校に戻らなくても、フルタイムの仕事にどっぷり浸からなくても、スキルと経験を強化し、新たなキャリアを試すことができるのだ。

自分は何をするのが大好きか——好きなことならなんでもいい——よく考えてみよう。あなたの趣味、情熱を傾けているもの、持っているスキルは何なのか。フルタイムの仕事であれそれ以外であれ、自分の持っているスキルを棚卸しするのだ。

そのどれかを使ってお金を稼げないだろうか？

そのやり方を他人に教えるコースを始められないか？

地元の人を相手にして、そのスキルで商売できないか？

紙1枚、もしくはスプレッドシートに、ふたつの行を作ってみよう。最初の行にはあなたの趣味／情熱を傾けるものを、もうひとつの行にはあなたの持つスキルをリストアップしよう。その上であなたが楽しめないスキルをまず削除して、リストを絞るのだ。

ふたつの行に重複するものがあれば、そのアイデアから始めてみるといい。あなたがすでに持っているスキルとあなたの興味が重なるものだ。もし重複するものがなければ、まずはスキルを

趣味や情熱から稼げるスキルを抽出する

趣味／情熱	スキル
デザイン	エクセル
電子音楽	ライティング
旅行	コピーライティング
ランニング	編集
ボランティアの個人指導	フェイスブック広告
料理	写真編集
読書	アウトドアのサバイバルスキル
ベースジャンピング	
登山	
地ビールづくり	

重視して、金儲けに必要なレベルまでスキルを高めてみよう。以下にうまくいった例を紹介する。

カイルはあるエンジニアリング会社のマーケティングマネジャーで26歳だ。そのフルタイムの仕事でそこそこの収入は稼いでいたものの、情熱を持てるような仕事ではなく、長くは続けたくなかった。彼は自分が心から好きなことができる副業を始め、それでいくらかお金を稼ぎたかった。自分以外に上司はおらず、もっと旅行をするのが夢だ。彼はフルタイムの仕事になる可能性がある副業を見つけることを目標とした。上の表がカイルの趣味／情熱とスキルのリストだ。

ふたつのリストを見れば、彼の趣味とスキルの間にはいくつかの重複があることがわかる。可能性のある副業を選ぶのは難しくなさそうだ。例えば、カイルはデザインが大好きで、写真編集とコピーライティングのスキルを持っている。そのため、地元の会社やUpworkのようなインターネット上のフリーランス市場からデザインの仕事をまず受注し、そこから顧客の紹介を通じて仕事を広げられるかもしれない。もしくは、地ビール醸造所を相手にデザインの仕事を受注することも可能だ。

そのほかにも、登山とベースジャンピング［断崖などからパラシュートで降下するスポーツ］への愛とアウトドアのサバイバルスキル、デザインへの愛とマーケティングスキルにも重複が見られる。もし彼が本当に優秀な登山家であれば、登山旅行を先導したり、登山旅行や遠足を計画する会社を立ち上げる（さらに売り込む）こともできる。

ビジネスを立ち上げたときにはすでに持っているスキルに加えて、企業会計や契約、交渉などのスキルもおそらく学ぶことになるが、それらのスキルも自分から商売として売り込むことができる。副業の最大の利点のひとつは、お金を稼ぎながら学べ、マネタイズできるスキルの数を増やせるということだ。スキルは将来の通貨であり、自分をより価値のある存在にし、さらなるお金儲けの手段になるということを忘れないようにしよう。

2. 副業でいくら稼げるのかを評価する

副業の候補となるリストを作成した。次はその中から最も稼げる仕事に絞り込む番だ。まずは市場の需要を確認してみよう。あなたが提供するサービスや製品に対する需要が高いほど、稼ぎやすさにつながる。市場の需要は買いたい人（顧客）の数と売っている人（競合相手）の数で決まる。

マットの例で言うと、需要は増えている（犬を飼っている人が近くに引っ越してきていた）一方、供給は少なかった（その地域では犬の散歩を手がけている業者が不足していた）ため、彼は大金を稼ぐことができた。まさに金鉱を掘り当てたのだ。

マットは近所の犬の散歩業者の大半が、自分と同じ——少数の顧客を相手にしている個人事業主——であることに気づいた。もし近所に専門業者がたくさんいれば、彼の勝算は小さかっただろう。ただ、大きな競合相手はおらず、彼にはその市場に入り込もうとする会社が持っていない強みもあった。多くの地元住人とのつながりだ。彼らが犬の散歩が必要な人を紹介してくれていたのだ。

いかなるビジネスでも始める前に、きちんと市場の需要を分析して理解しておくべきだ。あなたが売ろうとしているものを誰も求めていなければ、もしくはすでに多くの人が同じものを売っていれば、お金を稼ぐことはできない。

犬の散歩のようなサービスだと、（提供されるサービスの種類や質ではなく）概ね価格勝負になる。価格勝負に巻き込まれた場合、人々が選ぶのは最も安い選択肢になることが多い。つまり、市場に参入する業者の数が増えてくると、すべての業者が稼げなくなる。犬の散歩は誰にでもできるため、顧客に請求できる料金には限度がある。もちろん、芝刈りや雪かき、ベビーシッターの需要は多少はあるが、これらの市場に参入したり、事業として成立させるハードルはずいぶん高い。

もし市場が過当競争に陥れば、競合相手が提供できない何かを提供しない限り、お金を稼ぐことはできないだろう。ただ、この種の市場ではお金を稼げないという意味ではない。顧客が競合相手ではなくあなたを選ぶように、そしてあなたのサービスにもっとお金を払うように、付加価値を加える方法を見つける必要があるという意味だ。例えば、犬の散歩を手がける会社であれば、早朝や深夜の散歩、長距離の散歩、グルーミング、ペットホテル、調教（もしスキルがあれば）などのサービスを提供するやり方がある。

需給の法則にもひとつ例外がある。それは顧客がすでにあなたの知り合いである場合だ。そうした場合、顧客は喜んでお金を払ってくれる。ビジネスとは人間関係だ。もしその人があなたを信頼していれば、あなたからモノやサービスを買ってくれる。あなたのコミュニティで副業を始めるべきであり、インターネット上のコミュニティの関係を構築するよう努めるべきなのも、そうした理由からだ。いかなる副業を始めるにしても、あなたがすでに所属しているネットワークの内部の人や知人に売り込む方が楽だ。大事なのは紹介と口コミなのだ。

だからこそ、マットにとっては早くからその地域に住んでいるという先行者利益が大切だった。彼はすでにそのコミュニティの中で人間関係を構築していた。もしあなたがある市場の最初の参入者だった場合、その人脈を他社がまねするのは難しい。マットがほかの業者より抜きん出でいたのはその部分だ。彼は市場の機会を見出してすぐに行動を起こし、既存の人脈からの紹介でさらなる人間関係を構築した。

いまではマットの近所にはほかにも犬の散歩業の会社があるが、口コミやちょっとした宣伝をするだけで、彼のもとにはさばききれないほどの仕事が舞い込んでいる。彼は新たな顧客を紹介してくれた人には無料でサービスを提供している。既存の顧客の何人かが潜在的な顧客を彼に紹介し、あとはインターネットの掲示板さえ立ち上げておけばビジネスが回る。犬の散歩の需要は旺盛で彼の評判も良いため、マーケティングは必要ないのだ。

そのほかにも注目すべき点は、忙しい人は少しでも自分の雑用を減らすためなら金に糸目をつけないということだ。もしあなたが問題を解決してくれることがわかれば、競合他社をチェックすることなく、あなたに仕事を依頼するだろう。お金はあるが、自分では忙しくて雑用をする時間のない人にシンプルなサービスを提供することで、大金を稼いでいる人も少なくない。

副業になりそうな仕事のリストを作りながら、誰があなたの製品やサービスを買ってくれるのか想像してみよう。もし稼げそうだと思えば、外に出てすぐに商売を始めてみればいい。人々があなたから買うか買わないかで、需要の有無は市場が教えてくれるはずだ。

ほとんどの副業には開業資金がそれほど必要ではない。まず始めてみて、どう転ぶのかを見極めればいい。多額の経費が必要だったり、高額なツールが必要な副業はオススメしない。初期投資はできるだけ抑えよう。差し出すのが限られた時間であれば、新たな金儲けの機会を試してみることにマイナスの側面はほとんどない。

インターネット上で製品やサービスを売る場合、オンライン調査は不可欠だ。もしインターネット上のオーディエンス／コミュニティを持っていなければ、まずはコミュニティを作ることに集中しよう。既存のオーディエンスがいなければ、ネットで商品を売るのは極めて難しい。コミュニティを作ってほかの人とつながったら、彼らの興味の度合いを測ったり、製品アイデアを試してみるために、簡単な調査表を送ってみよう。あなたのアイデアについて意見を求めたり、あなたから製品を買うかどうか訊いてみる。すると非常に多くのことが学べる。

あなたが始めたいと思っている副業に似たビジネスを成功させている人を探してみるのもいいかもしれない。すでに手がけている人を探し出し、できる限りあらゆることをその人から学ぶのだ。年単位の時間の節約につながるかもしれない。成功しているアントレプレナーの年配者の中には、喜んであなたとコーヒーやランチをしながら、自分たちの経験談を聞かせてくれる人も少なくないだろう。副業次第だが、競合相手になるかもしれない会社に連絡を取り、ビジネスを学ぶために数カ月のインターンを申し込むこともできる。

グーグル検索のデータを利用して、市場分析をするやり方もある。ほとんどあらゆる種類の製品やサービスで利用できる。誰もがグーグル検索を利用しているため、検索のパターンを分析するだけで世界中どこでも統計的に有意な分析が可能なのだ。ニューヨーク州シラキュースで犬の散歩の会社を立ち上げたいのであれば、その地域でグーグルを使って「犬の散歩」、「犬の散歩業者」と検索している人がどれくらいいるのかを調べてみよう。

さらに、検索件数が毎年どのように変化しているのかも調べてみる。需要は増えているのか、それとも減っているのか？　グーグル広告のクライアントでない限り、すべてのデータにアクセスすることはできないが、無料のサービスでもビジネスを始めるのに十分な情報を提供してくれる。グーグルキーワードプランナーで検索してみよう。

グーグル検索のデータの分析に加えて、あなたが考えている副業のアイデアそれぞれについて、競合相手が誰なのかを時間をかけて調べてみよう。競争環境を分析することは極めて重要だ――競合相手が誰なのかだけではなく、料金、具体的なサービスや商品の中身、サービスや商品の売り込み方、まだ誰も手がけていないかどうかもわかる。潜在的な競合相手の商品やサービスをこっそり買ってみるのもいい。

また、彼らのホームページのお問い合わせ欄に記入、もしくは直接電話して、彼らのサービスや料金について詳しく質問してみるのだ。できるだけ多くの情報を引き出そう。自分の副業を立ち上げる上で、あらゆることが役立つ情報になる。料金をいくらに設定するのか、頭ひとつ抜け出すためには競合相手とどう差別化したらいいのか、そうした判断の手がかりになる。

競合相手が多く、市場が過飽和状態であれば、競争の少ないほかの副業を選んだ方がいいかもしれない。自分だけの価値や他社との差別化要因について、自分に正直になるのだ。なぜ顧客はほかの会社ではなく、あなたから買うべきなのか？

もちろん、すべての副業が儲かる大きなビジネスに化ける必要はないが、競合相手が多ければ自分の商品を売るのが難しく、結果的にあまり稼げないということだけは認識しておこう。すでに過当競争の市場では、潜在的な顧客にリーチするだけでもお金と労力がかかる。

あなたが提供しようとしているものを提供している人がほかにいない場合、それは誰も買わないものか、もしくはすばらしい副業のアイデアをあなたがたまたま発見したということであり、先行者利益を享受できるかもしれない。副業のアイデアが何であれ、競合相手のことを熟知すればするほど、そのサービスを売り込みやすくなる。

競合社同士の違いは何なのか？　各社のサービスはどう違うのか？　なぜ一部の業者は料金が高いのか？　自分はどういった独自性を出せるのか？　こうしたあらゆる内偵調査が、あなたのサービスや手数料のより適切な価格設定につながるのだ。

3．請求する価格、最初の売り上げ、できるだけ高い料金設定

価格を決めるのは本質的には6つの要素がある。

①その仕事を遂行するのに必要なスキル、競合相手と比較したあなたのスキルレベル

②需要

③競合相手がいくらの料金を請求しているか

④付加価値（あなたが提供する追加的なサービスやプレミアム）

⑤知覚価値（あなたの評判やあなたが提供するものが顧客にとってどれほどの価値があるのかに基づく）

⑥顧客の支払い能力（一般的には、お金を持っている人／会社の方が金回りが良い）。お金を持っている人に売った方が儲けにつながることが多い

それでは、それぞれの要素についてもう少し掘り下げてみよう。

まず、あなたの持つスキルに対する需要が大きいほど、高い料金を請求できる。同じサービスを提供できる人の数が限られているからだ。犬の散歩よりもホームページ作成の方が高い料金を請求できるし、もしあなたが特別な才能のあるプログラマーであれば、同じサービスでもほかのプログラマーよりも高い料金を請求できる。

2番目に、あなたが提供するモノやサービスに対する需要が大きいほど、より高い料金を請求できる。犬の散歩は誰にでもできることだが、多くの人がそのサービスを必要としており、いたるところで需要は大きい。ただ、需要は市場に依存している、つまり特定のロケーションに左右されるものであり、犬の散歩の需要も都市や地区によって大きく変動するかもしれない。

3番目に、あなたがいくら請求できるかは、あなたの競合相手がいくら請求しているのかに左右される。競合相手よりも過大な料金は請求できず、そうするには多くの価値を加えなければならない。新しい製品やサービスを売り出すときには、低価格志向の顧客を捕まえるためにまず競合相手よりも安い料金設定をすることも少なくないが、価格を低く設定しすぎるとリスクがある。価格を上げるのは下げるのに比べてずいぶん難しいからだ。競合相手といかに差別化するのか、どのようにしてその違いを伝えるのかが非常に大事なのはそうした理由もある。

4番目に、できるだけ多くの価値を加えたいかもしれないが、あくまでクライアントや顧客にその価値が伝わらなければ意味がない。いかに一生懸命働いたか、いかに多くのことをやったか、いかに忙しいかはお金を稼ぐこととは関係ない。あなたの仕事の知覚価値を最大化することが大切であり、なおかつできるだけ効率的に（できるだけ少ない時間で）やらなければならない。顧客があなたの仕事に価値があると思うほど、よりお金を稼ぐことができる。買うのは人であり、彼らの考えていることが最も重要なのだ。

最後に、お金を持っている会社や人の方が金回りが良い可能性が高い。近所に金持ちが多いほど、犬の散歩でより稼ぐことができる。会社は大きければ大きいほど、あなたのサービスに払える原資も大きい。

例えば、私はある小さな法律事務所向けに５００ドルでホームページを作成したのだが、その数カ月後には同じありきたりなテンプレートを使って、大きな法律事務所向けに5万ドルでホームページを作成した。実際はその5万ドルのホームページの方が作成にかかる時間は短かったのだが、大きな会社の方が自由に使える資金が多く、きれいなホームページを作る利点が大きいと感じていたのだ。

両社に私が提供した価値は同じだが、5万ドルを払った顧客の方がその価値をより大きく認識していただけだ。賢明な価格設定は芸術であり科学でもあるが、競合相手の料金を参考にしたり、実際に売ってみることで、市場がいくら払ってくれるのか、その感覚を養うことができる。あなたのモノやサービスが全く売れなければ、価格を引き下げるか、自分に競争力がないということを自覚しよう。

非常に稼ぎやすい副業もある。そのため、目標とする時給を前もって決めておくことは大切だ。第6章で実質時給を計算したときのように、副業でもどれくらいの時給を目指すのか決めておきたいところだ。アイデアを書き、潜在的な競合相手を分析した後は、それぞれのビジネスで現実的にどれくらい稼げそうかを書き出してみよう。フルタイムの仕事の実質時給を20ドルと評価したのであれば、副業でも少なくとも20ドル（それ以上ではなくても）は稼ぎたいだろう。

はっきり言って、副業をしている人の大半が自分たちのサービスや製品を安売りしすぎている。始めたばかりのころは特にそうだ。あまり自分を安売りしないようにしよう。最初の数人のクライアントや顧客には魅力的な価格を提示したいのはわかるが、その後は価格を引き上げるべきだ。

本書の目的のひとつは、あなたの限られた時間で最大限稼ぐことだ。あなたがやや不安に感じるくらい、そして顧客が少し不快に感じるくらい（ただ、あなたからは離れない程度に）の料金を請求すべきなのだ。私のメンターがかつて言った言葉だが、「もし顧客がその価格に抵抗しないのであれば、もっと上げてもいい」のだ。

どんなサービスや製品を提供するにしても、市場が払ってくれるギリギリの価格を設定すべきだ。高すぎれば買われないだろうし、安すぎても買われないかもしれない（あなたが提供しているモノの価値や質が低いと思われるからだ）。また、安すぎればあまりに多くの顧客を抱えてしまうことになる。多くの場合、５０００人の顧客に20ドル払ってもらうよりも、５人の顧客に２万ドル払ってもらう方がいい。いずれの場合でも、あなたの売り上げは10万ドルだ。ただ、５０００人の顧客よりも５人の顧客の方がずいぶん管理しやすい。

あなたが供給と需要をうまくコントロールできるくらいの価格設定をしよう。月に３つのホームページを作成しているが、今月はひとつしか作りたくないと思えば、料金を２倍、３倍に引き上げられないか試してみよう。もし本当に需要が大きければ、あなたは非常に有利な立場にいる。顧客が払ってくれる料金を自由に請求できるのだ。

あなたの仕事の利益貢献度に基づくサービス料の設定の仕方もある。あなたがほかの誰かの製品やサービスを売っている場合、あなたが貢献した利益や売り上げを基に請求するのだ。もし自分の腕に自信があるのであれば、売り上げや利益の一部をもらうよう提案してもいいかもしれない。そうすれば、クライアントはあなたが売り上げに貢献したときのみ料金を支払うことになる一方、あなたは製品やサービスを売れば売るほど、お金を稼げる。

私はかつて、ブルートゥースのヘッドセットを扱う会社のために働いたことがあり、私が手がけた広告キャンペーンが寄与した利益の2割をサービス料としてその会社に請求した。数カ月間はものすごく稼げたが、最後は会社が自分たちで広告キャンペーンを手がけるようになってしまった！　もし広告やマーケティングが専門で、クライアントの売り上げを改善する腕に自信があれば、検討に値する価格設定モデルだ。高リスク高リターンで稼ぎは青天井だ。

最初の売り上げ

すばらしい副業のアイデアを思いついたら、次はいかにして顧客を獲得するのかを考えなければならない。あなたが扱っている商品やサービスの種類にもよるが、一般的にはあなたが市場分析のために調査したコミュニティに売り込むのが最も楽だ。あなたのことを知っていれば、あなたから買ってくれる可能性は高くなる。

一方、あなたが知られていようがいまいが関係なく、モノが売れる可能性を大きく高めるやり方がひとつある――自分の話をするのだ。製品やサービスを売る上で肝心なのはあなた自身の物語だ。我々はみな人間であり、モノを売るとは人とつながることでもある。人はあなたの話を理解し共感するほど、あなたが提供する価値やサービスを信頼する。あなた自身について説明した自己紹介のページこそが、あなたのホームページの中で最も重要な部分なのだ。

言い忘れていたが、何を売るにしても、きちんとしたホームページは絶対に不可欠なものだ。

ご心配なく。1時間もあれば、WordPressを使って簡単に作成できる。ホームページの見栄えが良いほど、あなたの信頼性は高まり、商品も売りやすくなる。あなたの物語を潜在的な顧客と共有することが目的だ。そうすれば、彼らはあなたのことを知り、あなたとつながる。

あなたはなぜそのビジネスを始める決断をしたのか、自分の物語をみんなと共有しよう。あなたにとってのアハ！体験とは何だったのか？　あなたは何にインスピレーションを受けたのか？なぜそのビジネスに情熱を感じているのか？　会社の目標やミッションは？

そのほかにも、顧客との物語や会社の経営を通じて学んだことなどを共有しよう。自分をさらけ出すほど、人脈を広げる可能性は高まる。競合相手のホームページを研究し、彼らに勝る自己紹介のページを作ろう。世の中には退屈な自己紹介のページがあふれており、あなたの人となりや情熱をあけっぴろげにすることで、有利な立場に立てるはずだ。

最初のうちは、多くの人に売らなければならないと気負いすぎないようにしよう。まずは1番目の顧客、最初に売る商品だけに集中するのだ。あなたがかつてない最高の製品やサービスを販売し、瞬く間に対応できないほどの売り上げを記録する可能性は否定しない。

ただ、一般的には最初の数人の顧客を獲得する（最初の数個の商品を売る）のに苦労することの方が多い。それが普通であり、あなたにとってもその方が都合がいいのだ。対処できるペースで、ゆっくりと副業を大きくできる。立ち上げたばかりの会社にとって最悪の事態は、モノやサービスが売れすぎて、需要に対応できなくなることだ。

最初の顧客を捕まえたり、最初の商品を売るのは難しいが、もし適切に対処できれば最初の顧客はあなたにとって最も重要な顧客となる。最初のうちにゆっくりとビジネスをやれば、良い口コミが広がりやすく、顧客にフィードバックを求める余裕も生まれる。いずれもあなたのビジネスの成功の可能性を大きく高めてくれるものだ。

最初の顧客には、必ず期待以上の製品やサービスを届けるべきだ。できる限りの価値を与えるのだ。幸福感を感じてもらうために、たとえ余分な時間がかかったとしても、彼らの期待をはるかに超える製品やサービスを届けよう。そうすれば、最初の顧客があなたの会社を他人に勧める役割を担ってくれる。

すばらしい推薦がもらえると、次の顧客を捕まえるのがずっと楽になる。満足している顧客の存在を知れば、次の顧客もあなたから買ってくれる可能性が高まるからだ。私が最初にホームページを作成したのはシカゴの弁護士で、Craigslistで見つけた案件だった。私はその弁護士を2年間、推薦者として利用させてもらった。そのひとりの推薦者がいるだけで、30万ドル以上の売り上げにつながった。彼は私の最初の顧客であり、最も重要な顧客になった。

また、最初の顧客からは非常に大切なフィードバックがもらえる。そのフィードバックを元にして、商品やサービスを改善できる。どこを気に入ってくれたのか、どこに改善の余地があるのか、必ずフィードバックを求めるようにしよう。ちょっとしたインセンティブ――経験の共有を促す無料の何か――も忘れてはいけない。あなたの製品やサービスの質が改善するほど、顧客は幸せになり、あなたもお金を稼げる。幸せになった顧客はほかの人にその理由を伝え、やがて紹介の輪が広がり、勝手に営業をやってくれるようになるのだ。

新規の顧客を獲得するもうひとつのやり方は、競合関係ではない会社とパートナーを組むことだ。例えば、あなたが雪かきビジネスを手がけているとする。あなたの地元の芝刈り業者や造園業者にコンタクトを取り、何か（お金でなくてもいい）と引き換えにあなたのビジネスを顧客に紹介してもらえないか頼んで、ウィンウィンの関係を構築するのだ。他人のネットワークを活用すれば、あなたの副業は急速に拡大する。そうすればひとつのネットワークに入り込むだけでも十分かもしれない。

4．ビジネスを拡大する時期を知る

ビジネスの売り上げが安定している場合、過去半年間、利益を上げている場合、もしくはサービスや商品に対する需要が急拡大している場合には、副業の拡大を検討すべきだ。需要があなたひとりのキャパシティを超えている場合、もしくは需要は安定しているが自分では対応したくなくなった場合、ほかの人を雇ってその仕事をやってもらうことを検討しよう。一方、もし需要が少ない、もしくは成長が遅い場合には、新しく人を雇うのは控えるべきだ。従業員を雇ったものの、やらせることがないというのは最悪の状況だからだ。

従業員を雇うことで、あなたは新たなフェーズに移行する。自分の時間を切り売りするのでは

なく、他人の時間を仲介する立場になるのだ。あなたのチームが成長し、より効率的になれば、顧客に高い料金を請求できる。仕事量を増やさなくても（むしろ少ない仕事量で）より稼げるようになるのだ。より多くの仕事を従業員に割り振れば、あなたの仕事量は減り、ビジネスも早く成長させることができる。

ビジネスを拡大する決断をした場合は、自分にふさわしいペースで拡大するようにしよう。必ずしも巨大な企業に育てる必要はないし、大量の従業員を雇う必要もない。私は契約社員をひとりかふたり雇うところから、ゆっくりと始めてみることをオススメする。あまり多くの資金をフルタイムの従業員の給与や福利厚生に使わない方がいい。会社の経営状況や成長機会をうまく管理できるようになるまでは、間接費用（従業員の費用）はできる限り抑えるよう心がけよう。

最初の数人の従業員を雇うと決めた場合は、いわゆる「信者」――そのビジネス機会やビジネス自体にワクワクしている人――を雇うようにしよう。仕事を実際に楽しんで、あなたのビジョンにも共感している人は、終業時刻ばかり気にする従業員よりも価値があり、役にたつ。彼らは一生懸命働くだけではなく、あなたの側で忠実に会社の成長を支え、成長をさらに後押ししてくれる存在だ。

また、あなたがどんな人生を送りたいのか、お金を稼ぐためにどれほどの犠牲を払う覚悟があるのかについて、もう一度しっかり考えてみることをオススメする。ソロプレナー（個人起業家）からアントレプレナーへの移行には大きな苦労が伴う。すでに説明したように、アントレプレナーになる途上には多くの困難が立ちはだかる。自分が事業の舵を握れるとは言え、チームを雇って管理し、彼らの給与を払うために売り上げを拡大させるのは、自分ひとりを管理するよりもずっと大きなストレスを伴う。従業員を抱えることで、あなたの責任は大きくなる。全く新たなレベルの重責を担うことになる。自分の生活だけではなく、従業員とその家族の生活にまで責任を感じ始めるようになる。これは非常に荷が重い。

私にとっては大きな変化だった。従業員から雇用主に変わるのは予想していたよりも煩雑な作業を伴い、愛していた仕事（ホームページの作成、商品のマーケティング、デジタルマーケティングの最前線での競争）から私を引き離すことにもなった。家族よりも過ごす時間の長いオフィスでの人間関係の機微への対応など、ほとんどの時間を管理業務に費やすことになったのだ。

ところが研究によると、いくら労働時間が長くなったとしても、自営業の人は会社勤めの人よりも幸せだという。自分でビジネスを手がけていると、新たなことに挑戦する自由があり、課題を解決したり、ビジネスを大きくすることにより専念できるからだ。

自分のビジネスを持つ最大の利点は、好きなことを何でもできるということだ。大きくて儲かるビジネスを作りたい人もいれば、ライフスタイル・ビジネス――自分の理想のライフスタイルに合ったビジネス――を作りたい人もいるかもしれない。ライフスタイル・ビジネスとは、お金と時間の理想的なバランスを取ることであり、あなたの数字により早く到達する機会を与え、毎月の支出をカバーしてくれる（もしかしたらそれ以上の）安定的なキャッシュフローをもたらしてくれるかもしれないものだ。

マットは犬の散歩ビジネスの規模を2倍にすることもできたが、その会社の経営にはそれ以上自分の時間を差し出したくはなかった。バランスのとれた生活ができており、フルタイムの仕事と副業を両立しながら、彼女と旅行をする時間もある。そのままのペースで事業を継続しても、30歳で150万ドルという彼の目標の数字に到達できるのだ。

副業とは、時間とお金のトレードオフであることを忘れないでほしい。将来投資に回すための資金をもっと稼ぐために、きょうどれくらいの時間を差し出すのかを決めるのはあなただ。多少の犠牲は避けられないものの、どのくらいの犠牲を払うのかを決めるのはあなたなのだ。もし経済的自由を得ることに全力を傾けたいのであれば、きょうお金を稼ぐために費やした時間は将来もっと大きな時間の節約につながるということをしっかりと肝に銘じておこう。

ときにはノーと言わなければならない状況も出てくるだろう。毎晩ネットフリックスを見たり、外で遊んでおきながら、数百万ドルを稼ぐことはできない。私も副業に真剣に取り組んでいたときには、友人からの遊びの誘いを断ることがあった。

ただ、自分の副業に絡ませることで、友人との時間を捻出した。仕事に友人の手を借りたり、同伴してもらったりしたのだ。最終的にはあなた次第だ。私が間違いなく言えることは、副業でお金を稼ぐようになり、ビジネスの成長を目の当たりにすると、犠牲を払っているという意識はなくなるということだ。

第9章まとめ

1 ひとつの、もしくは複数の副業――フルタイムの仕事以外でお金を稼ぐ事業――を手がけて、収入源を多様化する必要がある。副業の利点は、基本的に何をやってもお金を稼げる――ときに大金を稼げる――ということだ。また、通常はほとんど開業資金を必要とせず、様々なアイデアも容易に試すことができる。

2 投資のために副業をすることで、投資資金は急速に増える。副業で稼いで投資に回したすべての資金が、あなたの数字に到達するのに必要な期間を短縮してくれる。取るに足らない仕事などない。投資資金が1ドル増えるだけでも、経済的自立への道を早めてくれるのだ。

3 副業でお金を稼ぐ方法は大きく分けてふたつある。誰かのために働くか、自分のために働くかだ。誰かのために副業をする場合、あなたが稼げる金額は必ず時間の制約を受ける。自営業であれば、心から好きなことをしながら大金を稼ぐことができ、自分のお金と時間をより自由にコントロールしつつ、もし望めばビジネスを大きくする機会もある。

4 現実的にどれくらいの時間を副業に捧げられるのかを判断する必要がある。どれくらいの時間を捧げられるかによって、手がけられる副業の種類や稼げる金額も決まってくるからだ。

5 最も儲かる副業は、不労所得――能動的に何かをすることなく稼げるお金――を生み出す副業だ。不労所得は、お金を稼ぐには自分の時間を差し出さなければならないという従来の考え方を根底から覆した。人を雇っても雇わなくても、不労所得のビジネスを作ることはできる。

6 あなたの毎月の支出をカバーできる十分な収入（もしくはそれ以上の収入）をもたらす不労所得のビジネスを作ることも可能だ。そうなればあなたの時間の使い方はより柔軟になり、経済的自立にいち早く到達できるかもしれない。

7 副業を評価するフレームワーク。
・自分の情熱とスキルを分析する。
・何をするのが好きかを考え、自分のスキルを棚卸しする。その中でどれだったらお金を稼げるか？　他人にそのやり方を教えるコースを始められないか？　地元でそれを使って商売することは可能か？

・その副業でいくら稼げそうか評価する。

・料金設定を判断し、最初の売り上げを上げて、できる限り料金を上げる。
価格設定を左右するのは以下の6つの要素。

1. その仕事の遂行に必要なスキル、競合相手と比較したあなたのスキルレベル
2. 需要
3. 競合相手がいくらの料金を請求しているか
4. 付加価値（あなたが提供する追加的なサービスやプレミアム）
5. 知覚価値（あなたの評判やあなたが提供するものが顧客にとってどれほどの価値があるのかに基づく）
6. 顧客の支払い能力（一般に、お金を持っている人／会社の方が金回りは良い）

・ライフスタイル・ビジネスの構築に照準を合わせる――どのタイミングで、どのようにビジネスを拡大すべきかを知る。

第10章

投資戦略の7つのステップ

THE SEVEN-STEP FAST-TRACK INVESTMENT STRATEGY

投資のリターンを加速させる！

投資こそが不労所得の究極形態であり、経済的自由への加速装置だ。自分の時間を差し出すことなく、お金に働いてもらってお金を稼ぐ方法だ。

本章で紹介するシンプルな投資戦略は、あなたがあなたの数字にできるだけ早く到達する手助けとなることを目的としている。あなたを含め誰もが実践できる戦略であり、収入の額や投資経験の多寡は関係ない。この戦略は米国市民向けのものだが、あなたが米国市民でなくても、同様の資産には投資できるということを指摘しておきたい。ただ、利用する口座の種類が異なるだけだ。

多くの人は投資を非常に難しく、わかりにくいものだと思っている。そのため投資をしなかったり、愚かなものに投資したり、投資資金が少なすぎたり、自分でも簡単に管理できるのにファイナンシャル・アドバイザーに高額な手数料を払ったりしている。

高度な戦略や見かけ倒しの戦略、複雑な専門用語などに惑わされてはいけない。大切なのは投資のプロになることではなく、あなたの資金をできるだけ早く、できるだけ効率的に増やすことだ。待てば待つほど時間とお金の浪費につながる。本書で何度も繰り返し述べてきたように、毎日の複利が重要なのだ。きょうから始めよう。真面目な話、投資を始める前からすべてを理解しておく必要はないのだ。

よくある誤解からまず解いておきたい。投資はギャンブルではない。投資をするときは、そのお金を取り戻せる、もしくは増やせる可能性が十分に高いものに投資している。一方、ギャンブルでは儲かるかどうかが唯一運次第だ。またギャンブルとは違い、投資ではリターンやボラティリティ［変動の激しさ］に影響のある変数の多くを自分で自由にコントロールできる。

この戦略は、あなた自身が直接コントロールできる5つの重要なコンセプトに基づいている。

1. **リスクを最小限に抑える**
2. **手数料を最小限に抑える**
3. **掛け金に対する税金を最小限に抑える**
4. **リターンを最大化する**
5. **お金を引き出す際の税金を最小限に抑える**

あらゆる投資にはリスクがつきもので、マーケットや経済、特定の株式のパフォーマンスをコントロールすることはできないが、本章で紹介する投資戦略は、あなたが安心できるリスクレベルの範囲でリターンを最大化することによって、成功の確率を最も上げることに資するものだ。ご心配なく。自分自身のスイートスポット――夜の睡眠が妨げられることなく可能な限り儲けられる投資のやり方――を見つけるのに、それほど長い時間はかからない。経験を積むにつれて、儲けを増やすためにリスクを承知で賭けに出ることにも慣れてくるはずだ。

アート作品、ワイン、コモディティ、通貨、仮想通貨、ドメイン名、家具、収集品、会社など、投資対象は多岐にわたる。このうちどれに投資しても稼ぐことはできるが、本章では物的資産（アート作品、ワイン、収集品など）や投機的な金融商品（仮想通貨など）への投資は扱わない。本章の目的と相いれないからだ。

理解していないものには、決して手を出さないようにしよう。投資対象の中身やリスク／リターンのトレードオフをきちんと理解しないまま、友人や家族、ファイナンシャル・アドバイザー、会ったばかりの人が勧めたものに資金を投じてはいけない。はやりの商品や話のうますぎる投資――20％の年間リターンを約束するものや長期的にはありえないもの――には気をつけよう。投資を勧めてくる人をいくら信用していても、長期的に安定したリターンを生み出すシンプルな金融商品に照準を定めるのだ。投資ポートフォリオの中核は株式、債券、そして不動産だ。最も簡単かつ信頼できる投資資産であり、多くの儲けをもたらしてくれるものだ。

投資資金の運用のためにファイナンシャル・アドバイザーを雇ったり、企業に運用を任せたりもできるが、本書を通して学んできたように、自分のお金にかかわる作業を自分でコントロールするほど、より多くのお金を稼ぐことができる。投資戦略は自分で実行できる、またすべきものであり、月に1時間以下しか使わずに資金を運用するのも非現実的な話ではない。

ファイナンシャル・アドバイザー、受託者責任のある業者、ロボアドバイザー

もし投資をひとりで始められない場合は、手数料のみで雇えるファイナンシャル・アドバイザーを数時間だけ雇って、ポートフォリオの設定を助けてもらうこともできる。その場合は、AUM（運用資産残高）ではなく、時間やプロジェクトベースで料金が決まるアドバイザーを選ぶべきだ。

AUMに基づいて料金が決まる場合、アドバイスに従って運用した結果、資産が増えても増えなくてもあなたの資産残高の一定のパーセンテージ（通常は1〜3%）を差し引かれることになる。ほかの投資手数料と同じで、パーセンテージに基づいた支払いは時間とともにマイナスの複利がかかり、投資資産の長期的な価値を毀損する。

また、受託者責任のある業者――自分本位ではなく顧客本位のアドバイスが法的に義務付けられているアドバイザー――かどうかを確認しよう。もし受託者責任のある業者でなければ、あなたの最善の利益に反している場合でも、彼らにとって都合の良い商品を売ることができる。

多くの仲介業者はある特定の商品を売ることで手数料を受け取っているため、こうした事態はよく起こる。ファイナンシャル・アドバイザーと話すときは、受託者責任があるかどうか、特定の投資商品の販売によって手数料を受け取っていないかどうか訊いてみよう。もし後者の答えがイエスであれば、彼らにはあなたの資産を任せないようにしよう。

もしくは一般的にロボアドバイザーとして知られる、手数料の安い会社に運用を任せるという手もある。アルゴリズムを使って資産を運用し、説明責任を果たす会社だ。私は個人的に多くのロボアドバイザーを試してみたが、彼らのサービスはすべて自分ひとりでもできることだと感じた。ただ、あなたがどうしても資産運用にアドバイスが必要だと判断したなら、Vanguard Personal Advisor ServicesやBetterment、Wealthfrontなどのロボアドバイザーをオススメする。

手数料と受けられる支援の種類にはしっかりと注意しよう。私は個人的にバンガードのサービスが好きだ。手数料が安く、質問があればいつでもファイナンシャル・アドバイザーやタックス・アドバイザーと話ができるからだ。

本章の戦略は支払う税金を最低限に抑え、リスクを最小化し、インフレを考慮に入れつつ、リターンを最大化することを目的としている。私が個人的に実践した投資戦略と非常に近く、さらに私が経済的自立に到達した後にわかった改善点や、経済的自由にいち早く到達した人から集めたアドバイスを加えたものだ。

この投資戦略は定められた順序でやるよう設計されているため、指示されたステップに従おう。もしこの手順に従い、可能な限り多くの資金を投資に回せるよう貯蓄率の最大化に努めれば、あなたの目標とする数字にいち早く到達できる可能性を驚異的に高めてくれることは間違いない。また、この戦略はあなたが亡くなるまで変えることなく利用できるものだ。

ステップ1：短期と長期の投資目標を区別する

お金が短期的（5年以内）に必要となるのか、長期的（5年後以降）に必要となるのかによって、投資のやり方も変えるべきだ。あなたが亡くなるまで投資からの収益だけで生活費を賄えるようにするには、資産の大半は長期目的で運用すべきだ。

短期投資

株式市場は5年スパンで見ると大きく変動するため、もしあなたが数年以内に大きな資金を使う予定——家を買いたい、キッチンを改装したい、夢見てきた最高のイタリア旅行を実現したい——であれば、ボラティリティの小さい資産に資金を投じた方が賢明だ。リスクを取る場合と比べると資産はそれほど増えないが、大きく失うこともない。現金が必要だというタイミングで、株式市場の暴落によって2割も資産を失いたくはないだろう。

大半の人は、短期資金はすぐに手をつけられるよう、預金口座に現金の形で保有する。それで夜ぐっすり眠れるのであれば悪くない選択肢だが、預金口座の金利は概ね1％以下であり、実際はインフレ（米国では年間2～3％）によって価値が目減りしている。

投資資金の一部は緊急の場合に備えて、一般的にエマージェンシー・ファンド（緊急時用ファンド）と呼ばれる口座の中に現金の形で保有しておくとまず安全だ。通常は、少なくとも6カ月分の生活費を賄える資金を預金口座かマネーマーケット・ファンドに現金の形で預けておくことが推奨されている。

資産を売却することなく、必要なときにいつでも現金にアクセスできるため、緊急時や失業したときには役立つ。もし自分の仕事が安定している、もしくは複数の収入源からキャッシュフローがある（ひとつの仕事に対する依存度が低い）のであれば、預けておくのは6カ月以下の生活費を賄える金額でも問題ない。余ったお金は株や債券に投資しよう。

私が現金の形で預けていたのは、生活費の2カ月分もなかった。私の場合は、できるだけ多くの資金をマーケットに投資して増やしたかったからだ。私がそれでも安心できたのは、複数の収入源があり、緊急時の支出をカバーするのに戦略的にクレジットカードを利用できた（毎月のキャッシュフローで残高をすべて返済できた）からだ。

もうひとつの安全な方法は、譲渡性預金（ＣＤ）に預けることだ。ＣＤは銀行のサービスで、一定期間およそ2％の金利が保証されるものだ。ただ、通常は1～5年間資金を引き出すことができず、設定した期間の前に資金を引き出すと罰金が課せられる。もしもの場合に現金を引き出したいとき、融通が利かないのだ。

ただ、ＣＤラダーと呼ばれる戦略を利用できる。資金の一定割合が段階的に（通常は1年ごとに）満期が来るよう開設時に設定するものだ。満期が来た金額は必要なときには使えばいいし、必要でなければ新たなＣＤに再投資すればいい。

もっとオススメなのは、短期投資用の資金を債券に投資しておくやり方だ。債券とは、企業や政府、地方自治体が資金の必要なときに利用する借り入れの一種で、保証された利息付きの融資だ。あなたは債券を購入したとき、一定期間の固定利息と引き換えに、その債券の発行機関に対して資金を融資しているのだ。

利息が固定であるため、債券はフィクスト・インカム（確定利付）資産として知られている。発行機関が債務不履行に陥らない限り、リターンが保証されているのだ。ハイ・クオリティ債券（米国政府のように借り手が資金を返済する可能性が高い債券）は、これまでは株式よりもリスクの低い投資資産と見なされてきた。債券の利息は株価のように変動しないからだ。

もし債券に投資したいのであれば、わざわざ直接買う必要はない。債券ファンド（リスクを分散して期待収益率を維持するために、複数の債券を保有する）を通じて簡単に購入できる。様々な投資適格債に分散投資しているVanguard Total Bond Market Index Fundを見てみよう。このファンドはおよそ3割を社債、7割を公債に投資している。

債券ファンドはリスクが低い上に、大半の預金口座よりも潜在的なリターンが高い。少なくともインフレを相殺でき、インフレ率を上回る可能性もある。２０１２～１７年にかけて、Vanguard Total Bond Market Index Fundは毎年およそ2～3％のリターンを達成した。もし税引き後投資口座［税金を払った後のお金を投資する口座］で債券ファンドに投資していれば、いつでも資金を引き出すことができる。引き出す際は、儲かった分に対してだけ税金を払えばいいのだ。

もう少しリスクを取りたければ、Vanguard Wellesley Income Fundのように株式と債券から構成されるファンドに資金を投じてもいい。同ファンドはリターンを高くする（同時にリスクもわずかに高くなる）ために、資金のおよそ6割を債券に、4割を株式に投資している。

2017～18年にかけて、同ファンドのリターンは10・2％だった。過去3年間では年率6・45％、5年間では年率7・31％であり、ほとんどの預金口座の金利である1％以下を大きく上回っている。もし安定したキャッシュフローがあるのであれば、あまり資金を無駄に寝かせておかないようにしよう。早期リタイアの時期に近づけば、現金ファンドに入れておく資金を生活費の6カ月から12カ月に増やした方がいい。

長期投資

投資を始めるタイミングに関係なく、あなたの資金の大半は長期投資（30年以上）向けに投資するべきだ。それより早いタイミングでリタイアする計画であっても、生涯投資からの収益だけで生活できるようにするためには、リタイア後も資金を増やし続けなければならない。

長期の投資ゲームとはすなわちバイ・アンド・ホールド［投資した株や債券を長期間持ち続け

ること」だ。より長期的な時間軸を持つため、資産の短期的な変動はそれほど大きな問題ではない。価格が一時的に下がったとしても、回復する十分な期間があるからだ。長期目的で投資する最良の投資対象は、米国株式市場とグローバル株式市場だ。

本章で紹介する投資戦略の残りの部分は、長期投資を目的とするものだ。

ステップ２：いくら投資しなければならないかを計算する

ご存知のように、貯蓄率が高いほど投資に回せる資金が増え、あなたの数字にいち早く到達できる。毎日、毎月、毎四半期、毎年、いくら投資できるのか、じっくり腰を据えて考えてみよう。基準値――それぞれの期間にそれぞれの口座にいくら投資するかの基準となる数字――を設定するのだ。

給与からの天引きであれ、確定拠出年金への拠出であれ、銀行口座からポートフォリオへの毎月の資金移動であれ、できるだけ多くの資金をそれぞれの投資口座に自動的に振り込むようにしよう。ただ、自動化は始まりにすぎないということも忘れてはならない。いったんセットしたら、あとは放置していいわけではない。給与から天引きする額や副業からの収入を増やしていくことで、基準値をできるだけ頻繁にできるだけ高く引き上げるのだ。

	7月	8月	9月	10月	11月	12月	合計
	$5,000	$5,000	$5,000	$5,000	$5,000	$5,000	$60,000
	$1,000	$1,000	$1,000	$1,000	$1,000	$1,000	$12,000
	$6,000	$6,000	$6,000	$6,000	$6,000	$6,000	$72,000
	$1,200	$1,200	$1,200	$1,200	$1,400	$1,500	$14,300
	$500	$500	$500	$700	$700	$700	$6,200
	$50	$50	$50	$50	$50	$50	$600
	$0	$0	$0	$0	$0	$0	$0
	26%	27%	28%	29%	30%	31%	26%
	$1,560	$1,620	$1,680	$1,740	$1,800	$1,860	$18,360
	$52	$54	$56	$58	$60	$62	$50
	$1,750	$1,750	$1,750	$1,950	$2,150	$2,250	$21,100
	29%	29%	29%	33%	36%	38%	29%
	3%	2%	1%	4%	6%	7%	3%

投資に回す収入を1カ月ごと1%ずつ引き上げていく

	1月	2月	3月	4月	5月	6月
収入						
フルタイムの収入	$5,000	$5,000	$5,000	$5,000	$5,000	$5,000
副業の収入	$1,000	$1,000	$1,000	$1,000	$1,000	$1,000
総収入	$6,000	$6,000	$6,000	$6,000	$6,000	$6,000
投資口座						
税優遇のある口座						
確定拠出年金	$900	$900	$1,200	$1,200	$1,200	$1,200
Roth IRA	$200	$500	$500	$400	$500	$500
SEP IRA	$50	$50	$50	$50	$50	$50
税優遇のない口座						
証券口座	$0	$0	$0	$0	$0	$0
目標貯蓄率	20%	21%	22%	23%	24%	25%
毎月の目標貯蓄額	$1,200	$1,260	$1,320	$1,380	$1,440	$1,500
毎日の目標貯蓄額	$40	$42	$44	$46	$48	$50
実際の貯蓄額	$1,150	$1,450	$1,750	$1,650	$1,750	$1,750
実際の貯蓄率	19%	24%	29%	28%	29%	29%
貯蓄率の目標値との差	-1%	3%	7%	5%	5%	4%

少なくとも30日ごとに1ポイント、投資に回す収入のパーセンテージを引き上げ（1ポイントなど気づかないほど微々たるものだ）、さらに6カ月ごとに評価し直すようにしよう。この習慣を続けていけば、毎年少なくとも12ポイントは貯蓄率が上がっていく計算になる。もし1ポイントでは張りがないと感じれば、2ポイント、5ポイント、それ以上の引き上げも試してみよう。

投資資産が増えていくと、貯蓄に対する心理的抵抗はどんどんなくなる。私を含めたスーパーセーバー［超倹約家］にとって最も大変だったのは、貯蓄率を0％から20％まで引き上げることだ。ただ、20％を超えると如実に自分の資産が増えていく変化を感じ始め、モチベーションも高まる。20％から50％への道はずいぶん楽になる。

パーセンテージよりもドルで考える方が容易であれば、毎日できる限りの資金を投資に回すようにしよう。2011年、私は自動化していた掛け金に加えて、毎日追加で50ドルを退職金口座に拠出し始めた。収入が増えていくと、できる限りの額を投資に回すようになり、副収入があったときには200ドル投資に回す日もあった。

いったん投資してしまえば後ろ髪ひかれることはない。残高が増えていくのを見て楽しむだけだ。毎日1ドル余分に投資するだけでも大きな違いを生むことを忘れないでほしい。日々できるだけ投資に回すよう自分を追い込もう。それは将来の自分への投資なのだ！

前ページには、簡単なスプレッドシートのフォーマットを載せている。貯蓄率を計画して、その推移を把握するためのものだ。

この例では、貯蓄額の目標は1万8360ドル、貯蓄率の目標は25・5％だったが、実際には2万1100ドル、29・3％を貯蓄した。このような簡単なスプレッドシート（もしくは私が作ったツール）を利用するだけで、自分を追い込めるのだ。

本書のサイトでこのスプレッドシートの編集可能なバージョンが手に入るので、ぜひ利用してほしい。

ステップ3：目安とするアセットアロケーションを決める

次に目安とするアセットアロケーション、つまりあなたの投資口座におけるそれぞれの資産（株式、債券、現金など）の割合を決める必要がある。アセットアロケーションの目安は投資ポートフォリオのリスク／リターンの水準を決めるため、投資に関する最も重要な決断のひとつと言える。どのようなアロケーションを選ぶにしても、すべての投資口座をならすとそのアロケーションになるよう維持管理する必要がある。

通常、株式の方が債券よりもリスクが高く、ポートフォリオにおける株式の割合が高まるほどリスクは高い、つまり価値が大きく変動するということだ。債券の変動率は株式より小さい、つまりリスクは低いが、潜在的なリターンも小さい。現金は現金であり、その価値はほとんど上がらず、ご存知の通りインフレの影響でむしろ徐々に目減りする可能性が高い。

つまり、ポートフォリオの100%を株式に投資するのは、6割を株式、4割を債券に、もしくは4割を株式、6割を債券に投資するよりもリスクが大きい。株式市場が下落した場合、債券に投資する割合が大きいほどポートフォリオの価値は毀損しない。一方で、株式市場が上昇した場合でも、ポートフォリオの価値は上がりにくくなる。

債券へのアロケーションを自分の年齢に合わせる（つまり、あなたがもし30歳であれば、ポートフォリオの30%を債券に投資する）というのが代表的なアドバイスだ。ただ、このアドバイスは誤解を招く恐れがある。というのも、あくまであなたが60代、70代でリタイアすることを前提としているからだ。早期リタイアを目指しているわけではない多くの人にとってはうまくいくかもしれないが、あなた向きではないだろう。あなたを過度なリスクにさらすかもしれないし、無用にリターンを小さくするかもしれないのだ。

目安とするアセットアロケーションの最善の選び方は、あなたが投資資金に手をつけ始める（投資からの収益を取り崩して生活費に回す必要がある時期）まで、どれくらいの期間があるのかを計算することだ。

投資資金を取り崩すまでの期間が長いほど、アセットアロケーションではリスクを取るべきだ。短期間の変動をやり過ごしつつ、長期的な潜在収益を享受するための十分な時間があるからだ。次に挙げるふたつのシンプルなルールに従おう。

1. リタイアまでの期間が長いほど、資金に手をつけずに投資しておける期間が長いほど、よりリスクを取るべきであり、株式へのアロケーションを高めるべきだ（例えば、株式100％／債券0％、株式90％／債券10％）。

2. リタイアに近いほど、投資資金に頼って生活する時期が近いほど、リスクを抑えるべきであり、債券へのアロケーションを高めるべきだ（例えば、株式70％／債券30％、株式60％／債券40％、株式40％／債券60％）。

もしリタイアが10年以上先であれば、当面は株式に全資金を投じることをオススメする。リタイアが5年先であれば、相場次第だがアロケーションをより保守的なものに組み替えた方がいいだろう。リタイアした後（つまり、投資口座からの収益だけで生活する年齢に達したとき）は、資金をどれくらい持続させなければならないかにもよるが、リスクを抑えて安定した収益を生み出すことを重視するアロケーションにシフトした方がいいだろう。

ただ、もし完全にリタイアするつもりではないのであれば、ポートフォリオのリスク水準を高く維持して、資金をより早いペースで増やし続けることもできる。

32歳で経済的自立に到達したブランドンは現在36歳だが、ポートフォリオはすべて株式だ。ブログ執筆の副業でお金を稼いでいる上、彼は米国株式市場の長期的な見通しに自信を持っているからだ。

私は本書の執筆時点で32歳だが、資金の100%を似たような理由で株式に投じている。まだ収入がある上、株式市場の長期的な上昇を信じているのだ。もし副収入がなければ、およそ7割を株式、3割を債券といったより保守的なアロケーションにしていたはずだ。厳格なルールなどはない。投資する資金が増え、将来の計画も変わっていく中で、目安とするアロケーションも変わるのだ。

一方、それぞれ31歳と32歳で経済的自立に到達したクリスティーとブライスはより保守的なアロケーションだ。ふたりとも30代半ばだが、概ね保証された固定収入が確保できるよう株式の割合を6割、債券の割合を4割にしている。株式市場に何が起きても、元本を維持したまま配当と利息で3万~4万ドルの収入が得られるよう設計しているのだ。

資産の増加よりも安全性を重視しているが、それでも株式に6割投資しているため、上昇相場に伴う儲けも享受できる。ブランドンや私よりも恩恵が少ないというだけだ。28歳で経済的自立に到達したJ．P．も保守的だが、クリスティーやブライスほどではない。彼女はポートフォリオのおよそ7割を株式に、3割を債券／フィクスト・インカム資産に投資している。

左のページには、あなたの年齢とリタイアまでの年数に基づいて推奨するアセットアロケーションの表を載せている。私はあくまでリタイアまでの年数を指針にすることをオススメするが、

年齢が若いほどリタイアまでの年数が長いほど株式が推奨される

年齢とリタイアまでの年数別推奨されるアセットアロケーション

年齢	リタイアまでの年数	株式	債券	現金	年齢	リタイアまでの年数	株式	債券	現金
20	5	100%	0%	0%	35	5	70%	20%	10%
20	10	100%	0%	0%	35	10	80%	20%	0%
20	15	100%	0%	0%	35	15	80%	20%	0%
20	20	100%	0%	0%	35	20	80%	20%	0%
20	25	100%	0%	0%	35	25	80%	20%	0%
20	30	100%	0%	0%	35	30	90%	10%	0%
20	35	100%	0%	0%	35	35	90%	10%	0%
20	40	100%	0%	0%	40	5	60%	30%	10%
25	5	100%	0%	0%	40	10	80%	10%	10%
25	10	100%	0%	0%	40	15	80%	10%	10%
25	15	100%	0%	0%	40	20	80%	10%	10%
25	20	100%	0%	0%	40	25	90%	10%	0%
25	25	100%	0%	0%	40	30	100%	0%	0%
25	30	100%	0%	0%	45	5	60%	30%	10%
25	35	100%	0%	0%	45	10	70%	20%	10%
25	40	100%	0%	0%	45	15	80%	20%	0%
30	5	100%	0%	0%	45	20	80%	20%	0%
30	10	100%	0%	0%	45	25	100%	0%	0%
30	15	100%	0%	0%	50	5	60%	30%	10%
30	20	100%	0%	0%	50	10	60%	40%	0%
30	25	100%	0%	0%	50	15	60%	40%	0%
30	30	100%	0%	0%	50	20	70%	30%	0%
30	35	100%	0%	0%	55	10	60%	40%	0%
30	40	100%	0%	0%	55	15	60%	40%	0%

表には年齢も考慮に入れた推奨割合を掲載してある。まだ始めたばかりであれば、良い参考基準になるからだ。

自分に合うように適宜調整しよう。リタイアの時期が近づくにつれて、アロケーションを見直すことも忘れてはならない。アセットアロケーションはあなたのリスク／リターン選好次第であり、どのくらいのリスクであればあなたが夜ぐっすり眠れるかにもよる。

目安とするアセットアロケーションの参考として、左ページの表にはそれぞれのアロケーションの過去1年、5年、10年のパフォーマンスをまとめてある。株式投資についてはVanguard Total Stock Market ETF（VTI）インデックスファンドへ、債券投資についてはVanguard Total Bond Market ETF（BND）インデックスファンドへ投資したとみなしている。

表を見てわかるように、過去10年間で見れば、株式100％のポートフォリオの年間収益率は債券100％のポートフォリオを4・54ポイント上回っている。過去1年間では、株式100％のポートフォリオが債券100％のポートフォリオを17・54ポイント上回っている。もちろん、同様のリターンが今後も保証されているわけではないものの、アセットアロケーションを選択する上では頼れるベンチマークになる。

アロケーションの目安を決めた後は、すべての投資口座をならして、そのアロケーションになるよう維持すべきだ。アロケーションの目安を株式6割、債券4割としたら、すべての投資口座でアロケーションをその割合にしなければならないという意味ではない。すべての口座を合算し

これまでは債券よりも株式の収益率が高かった

それぞれのアセットアロケーションの過去10年のパフォーマンス

株式	債券	1年	3年	5年	10年
0%	100%	3.62%	2.18%	2.04%	4.18%
10%	90%	5.37%	3.07%	3.39%	4.63%
20%	80%	7.13%	3.96%	4.74%	5.09%
30%	70%	8.88%	4.85%	6.09%	5.54%
40%	60%	10.64%	5.74%	7.44%	6.00%
50%	50%	12.39%	6.63%	8.80%	6.45%
60%	40%	14.14%	7.52%	10.15%	6.90%
70%	30%	15.90%	8.41%	11.50%	7.36%
80%	20%	17.65%	9.30%	12.85%	7.81%
90%	10%	19.41%	10.19%	14.20%	8.27%
100%	0%	21.16%	11.08%	15.55%	8.72%

たアロケーションが、目安とする割合になればいい。

例えば、確定拠出年金の口座では株式100％、ＩＲＡ（個人退職金口座）では債券8割でも、それぞれの口座に投資した金額次第では、ならすと株式6割、債券4割になるかもしれない。本書のサイトにある無料のアプリを使えば、非常に簡単に継続してあなたのアロケーションを把握することができる。

投資資産をアセットアロケーションの目安に沿って配分（もしくは調整）しても、運用資産の増減や、マーケットの変動に合わせて、そのアロケーションを維持するよう努めなければならない。アロケーションを維持することによって、リスクの水準を維持しながら最大のリターンを確保することにつながるのだ。

目安と合致するようアロケーションを再調整することをリバランシングと言う。これは四半期に一度（年に4回）行うべきだ。例えば、株価の上昇で債券と比べて株式の価値が急激に上がった場合、株式6割／債券4割だったのが、株式8割／債券2割になることがある。

あなたが10万ドルの8割（8万ドル）を株式、2割（2万ドル）を債券に投資したとする。その後、数カ月間で株式市場のリターンが20％だった場合、あなたの持つ株式資産の価値は9万6000ドルになる。一方、債券のリターンが3％であれば、あなたの持つ債券資産の価値は2万6000ドルだ。資産全体では11万6600ドルになり、あなたのアロケーションは株式82・3％、債券17・7％に変動する。あなたの目安とする8対2のアロケーションが維持されず、ポートフォリオのリスクがやや高まることになるのだ。

このため年に4回、リバランシングをすることが大切だ。シンプルに、持ち過ぎている資産（この場合は株式）の一部を売却し、そのお金で増やすべき資産を購入しよう。この場合、リバランシングのために債券の購入を増やすという手もある。多くの場合、リバランシング目的では資産を売却するよりも、購入する方が理想的だ。運用資産が増え、資産の売却に伴う税金も回避できるからだ。リバランシングのために資産を売却すると決めた場合は、税優遇のある口座で資産を売却すべきだ。そうすれば、株式や債券の売却や再購入に伴う税金を避けられる。

ステップ4：手数料をできるだけ安く抑える！

投資にかかる手数料は、あなたの資産の増加ペース、一定の期間内にどれだけの資金を手にすることができるか、経済的自立に到達するのにどれくらいの年数がかかるかなどに多大な影響を及ぼす。

あなたの資産を保有、もしくは運用する会社は、いずれもあなたに手数料を請求するだろう。投資の際には通常、複数の手数料が重層的にかかってくる。例えば、あなたの会社の確定拠出年金プランに資金を投じる場合、そのプランを管理する会社に加えて、プランが提供するファンドを運用する会社にも手数料を払うことになる。

また、売買手数料として知られるものにも注意しよう。年金プランの管理会社の規模が小さい場合に、請求される可能性のある追加の手数料だ。確定拠出年金に限ってもそれだけの手数料があり、あなたの運用資産や投資口座にはすべて手数料がかかるのだ。

手数料が高くなるほど、資金を複利で増やしにくくなる。運用資産の0・5～1％など微々たる額のように思えるかもしれないが、時間とともにその影響は拡大する。複利効果はプラスにもマイナスにも作用することを忘れないでほしい。手数料の0・1％が毎年、マイナスの複利効果を生むのだ。また、あなたの年齢が若いほどマイナスの複利効果は長く継続するため、手数料の影響は大きくなる。

私は最近、ある夫婦と話をした。ここではジムとジェーンとしておく。ふたりはいずれも弁護士で、週に70時間以上働き、定期的に出張があるため子どもたちをベビーシッターに任せていた。高収入を維持するために大きな犠牲を払っているが、彼らの資産運用について話が及ぶと、ふたりはファイナンシャル・アドバイザーの協力を仰いでいることを認めた。仮に資産が目減りしても、口座の管理のために毎年、運用資産の1％を手数料として払っているというのだ。

会話の中で、自分たちが何に投資しているのかを理解していないことも打ち明けてくれた。「でも、資産は増えてるんだ」と彼らは言った。「アドバイザーにも十分満足してるわ。ジムの大学からの古い友人なの」。

私はそのふたりの資産の推移をすべて把握しているわけではないが、少なくとも150万ドルを投資しており、いま40代前半だ。手数料が彼らのポートフォリオにどのような負の影響をもたらすのか、次ページの表にその現実的なシナリオをまとめてある。ふたりが資産額10万ドルで運用を始め、毎年7万5000ドルを25年間（従来のリタイアの年齢である62～65歳に到達するまでの期間）追加投資すると仮定しよう。この結果の違いを刮目して見てほしい。

ファンド1：手数料0・04％の株式市場インデックスファンドに直接投資する。

ファンド2：手数料1％のファイナンシャル・アドバイザーに頼んで、手数料1・2％のアク

数%の手数料の差が莫大な資産の差となる

それぞれのアセットアロケーションの過去10年のパフォーマンス

ファンド1	ファンド2
手数料支払い後の資産価値	
$5,178,096	$3,687,812
手数料による損失（ドル）	
$33,325	$1,523,609
手数料よる損失（%）	
-0.6%	-29.2%
手数料の節約分（ファンド1ーファンド2）	
$1,490,284	

ティブファンドに投資する。手数料は合わせて２・２%。

この表を見ればわかるように、手数料が毎年２・２%もかかるおかげで、25年の間にふたりは29・２%もの資産を失うことになる。

もしふたりがファイナンシャル・アドバイザーに頼んでアクティブファンドに投資するのではなく、米国株式市場と連動する手数料の安いシンプルなインデックスファンドに投資していれば、リタイアするころには１４９万２８４ドルも余分に資産を手にすることになる。少しだけ注意を払って手数料の安い投資信託に投資し、自分たちで運用するだけで、こんなに大きな差が生まれるのだ。

運用資産が数百万ドルという大きな規模ではなくても、手数料のちょっとした違いで投資収益を数十万ドル失う可能性はある。あなたがリタイアした後も、手数料は重大な問題のままだ。運用資産が年間7%増加し、3~4%の資金を生活費に回すつもりであれば、手数料で1%引かれると投資収益のうち2~3%しか資産として残らなくなる。

手数料のわずかな差でも、時間とともに影響が大きくなることを忘れないでほしい。そのため、0・3%を超える手数料はすべて見直すべきだ。もっと手数料が安く、似たような中身の商品がある可能性が高い。確定拠出年金のように、勤めている会社がプランの管理会社を決めているため、自分ではどうにもならない手数料もあるだろう。ただ、もし手数料が割高だと思えば、会社の人事部と相談して何か打てる手立てがないか確認してみるといいかもしれない。

ステップ5:正しい資産を選択する

次のステップは、手数料が安く、税金の影響が抑えられ、リターンの大きい資産を選ぶ番だ。IRA口座だと好きな資産を選べるが、確定拠出年金口座では投資できる対象が会社のプランに左右される。

理論的には自分で個別の銘柄や債券を買って、ポートフォリオを分散することも可能だが、資産を分散する最も手軽な方法は投資信託かETF(上場投資信託)を買うことだ。複数の資産がパッケージ化されたファンドで、個々の銘柄をいちいち買うことなくいろいろな株式や債券にいっぺんに投資できる。

投資信託もETFもシンプルな分散投資を目的として作られたもので、複数の株式を保有するファンド、複数の債券を保有するファンド、株式と債券の両方を保有するファンドがある。これらのファンドは、通常はあるテーマやセクターに沿った商品設計がなされている。つまり、特定の種類や特定の業種に属する資産が複数保有されるということだ。

投資信託とETFは非常に似ているが、投資信託は1日に一度だけ発行者によって基準価額が決められる一方、ETFは株式と同じように振る舞い、その価値が1日中変動する。いずれのファンドも手数料は同じくらいである場合が多いが、ETFの方が運用しやすい傾向にある。

大半の会社は5~30種類の投資信託やETFを提供しており、米国株式ファンド、グローバル株式ファンド、債券ファンド、株式・債券ファンド、ターゲット・デート・ファンド（株式と債券を保有するファンドで、購入者が従来のリタイアの年齢に近づくにつれてアロケーションをより保守的にシフトさせていく）、金や現金で運用するファンドなどの種類がある。

利用者の投資を楽にする目的で、一部の確定拠出年金の管理会社はモデルポートフォリオと呼ばれるものを提供する。ある特定のリスク水準——保守的から積極的まで——に合わせて設計されており、そのリスク水準に沿った資産配分がなされる。

ただ、こうしたモデルポートフォリオは手数料が高く、過度に複雑なケースが多い。口座においてあらかじめ設定されている資産のアロケーションは必ず疑うべきだ。一部の管理会社は自分たちの取り分が最も多いという理由で、あなたにとっては必ずしも最善ではない商品を勧めることがあるのだ。

また、口座に保有するすべての資産に対して手数料が課せられることも忘れてはならない。各ファンドに運用手数料がかかるため、どの投資信託に投資しようか検討する際は、それぞれの手数料を確認しよう。もし0・3％を超えていれば、その手数料は高すぎであり、ほかの選択肢を検討すべきだ。

インデックスファンドを勧める理由

あなたは株式を買うとき、実際の企業の所有権の一部を買っていることになる。つまり、あなたは文字通りその企業のわずかな一部を所有しているのだ。その企業が利益を上げる、もしくは人々がその企業の価値が上がると思えば、株価も上がる。その株式に対する投資家の需要が大きいほど、より多くの投資家がその会社の価値を信じるほど、株価はより高く上昇するのだ。

その反対で、株式に対する需要が減れば、株価は下がる。株式は世界中の多くの取引所（株式のネットワークのようなもの）で取引されている。本書の投資戦略では、株式をふたつの種類に分ける。国内株（米国の企業）と海外株だ。

株式市場を比較的短い期間で見た場合、株式への投資は確実に儲かる賭けというよりはギャンブルに近いと思えるかもしれない。ただ、長期的に見ると株式投資は非常に信頼性の高い投資であることが証明されている。株式市場全体は日々大きく変動することがあるため、株式への投資は確実にリスクを伴うものだが、企業が成長していけば、その会社の資産も増え、企業の価値――つまり、その株式の価値――も上がり続ける。

１９８７年10月19日、米国株式市場は1日で22・61％暴落した（1日としては過去最大の下落率）。一方、１９３３年3月15日には15・34％上昇した（1日としては過去最大の上昇率）こともある。非常に大きな値動きだ。ただ、過去１００年という長期のスパンで見ると、米国株式市場全体は平均で年間7・3％上昇している。次ページのグラフを見れば、株式市場の値動きを確認できる。長い目で見るとトレンドは上昇基調だ。

残念なことに、多くの投資家は長期的な視点を備えておらず、きょう1日でできる限り最大のリターンを得ようと奮闘してしまう。資産の価格が下がったときにはその資産を売り、損失を確定させるのだ。

個別銘柄は短期でも長期でも大きく価値を変動させるものだ。比較的短期で見ると、大きな利益をもたらすこともあれば、大きな損失をもたらすこともある。もし上場直後の１９９７年にアマゾンの株式を５０００ドル買っていれば、２０１９年時点ではその株式はおよそ５００万ドル

米国株式市場全体を長期で見れば上昇基調

ダウ平均株価——米国株式と連動（1900～2017年）

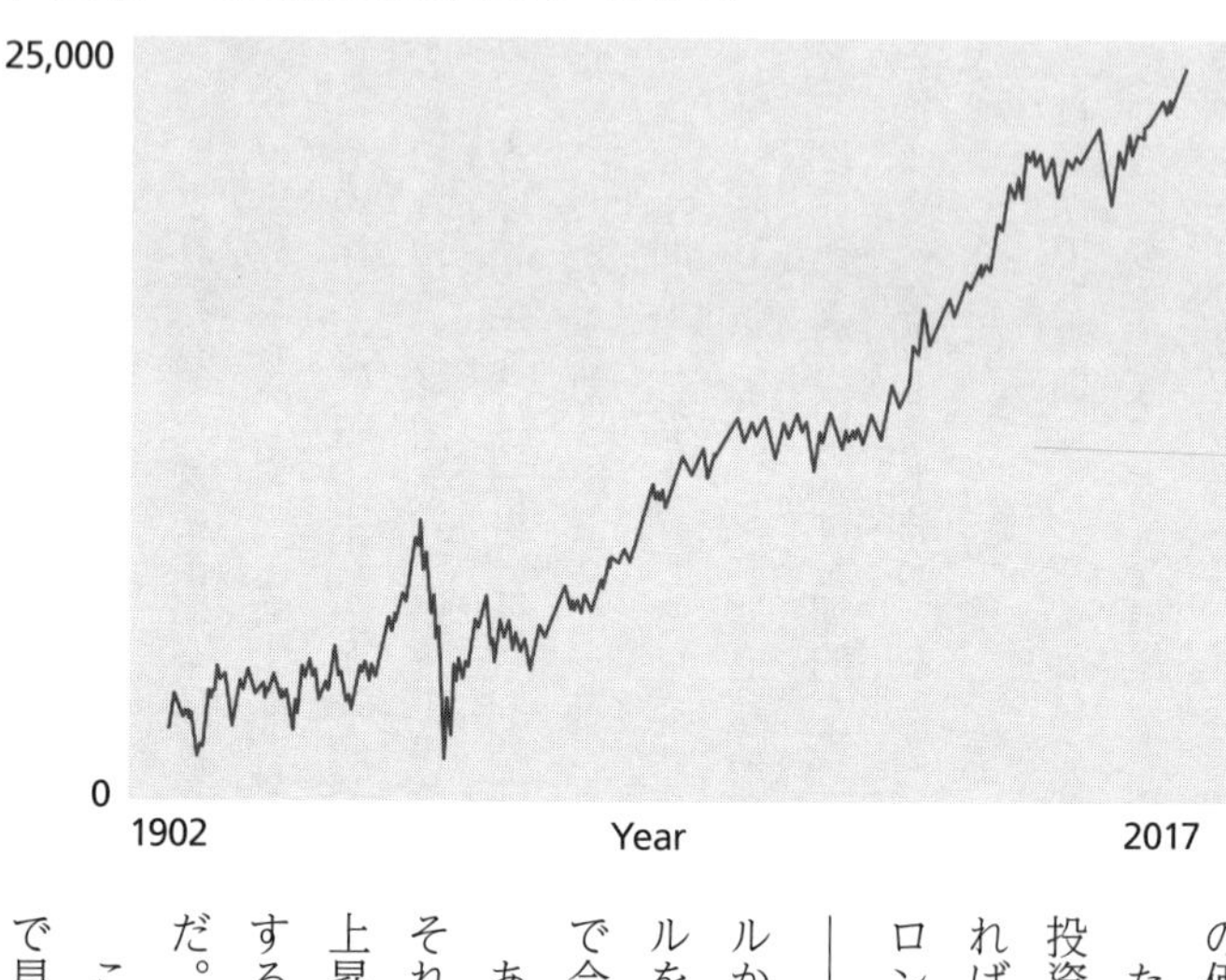

の価値がある。

ただ、株式を買うということはその会社に投資していることであるため、会社が倒産すれば資産のすべてを失う可能性もある。エンロン——エネルギーのトレーディング会社——の株価は２０００年に付けた高値の90ドルから急落に転じ、２００２年１月には１ドルを割り込んだ。株主はエンロン株への投資で合わせて７４０億ドルもの資産を失った。

あなたは銘柄選別の天才かもしれないが、それでも勝算は少ない。株式市場全体よりも上昇が期待できる企業を調べ、分析し、投資する作業は、その労力と時間に見合わないのだ。

これまでの研究によると、15年という期間で見ると、９割のアクティブファンドは株式市場全体を下回る成績だという。次のアマゾンを求めてひとつの銘柄や少数の銘柄にしぼるのではなく、シンプルに米国株式市場に幅広く分散投資することで、アクティブファンドの投資家の9割を負かすことができる。株式市場全体に投資すれば、長期的には市場全体と同じリターン――すでに指摘したように、平均で年間7・3%――を上げられる可能性は非常に高い。

ありがたいことに、この投資手法は非常にシンプルであり、買う必要があるのはたったひとつのファンドだけだ。いずれの口座でも、そのファンドは購入できる。あなたの投資資産をできるだけ効率的かつ効果的にしておくために、米国株式市場の銘柄を幅広く保有しているシンプルなファンド（トータル・ストック・マーケット・ファンドとして知られる）、もしくは米国の最も大きな500銘柄（S&P500として知られる）を少しずつ保有しているファンドに投資すべきだ。

トータル・ストック・マーケット・ファンドは米国の2000以上の銘柄に投資することによって、米国株式市場のパフォーマンスと連動した動きをする。S&P500ファンドも似ているが、米国の上位500銘柄のみのパフォーマンスに連動させるものだ。

幅広い銘柄をそろえているため、トータル・ストック・マーケット・ファンドを買えば、簡単に分散したポートフォリオを組むことができる。受け身の運用［調査に基づいた主体的な銘柄選択をしない運用］であるため運用手数料が非常に安く、節税効果もある（いずれも将来のリターンを引き上げる要因だ）。インデックスファンドに投資することで配当（分配金）をもらう機会

代表的なS&P500ファンドの10年までの年率リターン

	Vanguard 500 Index Fund (VFINX)	Vanguard Total Stock Market Index Fund (VTSAX)
1年（2017年12月31日時点）	21.79%	21.17%
3年	11.38%	11.08%
5年	15.75%	15.55%
10年	8.49%	8.72%

も生じ、安定した投資収益にもつながる。

トータル・ストック・マーケット・ファンドの方がより多い数の銘柄（大企業と中小企業の両方）に投資するため分散効果は大きいが、S&P500も十分に分散投資がなされている。米国の上位500社の企業は、株式市場全体の利益と成長のかなりの割合と時価総額のおよそ75%を占めている。米国株式市場と連動するインデックスファンドは多くの運用会社が提供しており、投資額によって手数料の異なるふたつのクラス（投資家クラス、アドミラル／プレミアムクラス）に分けられることが多い。

手数料が最も安くて最も人気のあるインデックスファンドには、Vanguard Total Stock Market Index Fund Admiral Shares（VTSAX）、Vanguard Total Stock Market ETF（VTI）がある。いずれも米国の上位2800銘柄を保有するファンドだ。そのほかには、Schwab Total Stock Market Index Fund

（ＳＷＴＳＸ）、ブラックロックのiShares Edge MSCI Min Vol USA ETF（ＵＳＭＶ）、Fidelity Total Market Index Fund Premium Class（ＦＳＴＶＸ）などがある。

また、多くの運用会社がＳ＆Ｐ５００のファンドを提供しており、Vanguard 500 Index Fund Investor Shares（ＶＦＩＮＸ）、Vanguard 500 Index Fund Admiral Shares（ＶＦＩＡＸ）、Schwab S&P 500 Index Fund（ＳＷＰＰＸ）、Fidelity Spartan 500 Index Fund（ＦＵＳＥＸ）などが一般的だ。

トータル・ストック・マーケット・ファンドを選ぶべきか、Ｓ＆Ｐ５００ファンドを選ぶべきか迷っているかもしれないが、あなたの退職金口座を管理している会社やあなたが選ぶ運用会社によって、そのどちらかしか提供していない会社もある。いずれもすばらしい選択であり、長期的なリターンはおそらく似たようなものになるだろう。

Vanguard 500 Index Fund Investor Shares（ＶＦＩＮＸ）、Vanguard Total Stock Market Index Fund Admiral Shares（ＶＴＳＡＸ）を例に、過去1年、３年、５年、10年の年率リターンを前ページの表にまとめた。結果はほとんど似たようなものだ。

社会的責任インデックス投資

トータル・ストック・マーケット・ファンドのリターンを上回ることはなかなか難しいが、

もしかしたらそのリターンはある種の犠牲の上に成り立っているのかもしれない。同ファンドに対して私が感じているひとつの問題点は、米国市場のほぼすべての株式を保有しているため、労働慣行や環境汚染、健康被害への配慮に疑問のある会社の一部も投資対象に含まれるということだ。

例えば、インデックスファンドを買えば、自動的に大手タバコ会社や大手製薬会社、児童労働法への違反で捜査の対象となったことのある会社も支持していることになる。

年齢を重ねるほど、私にとって社会的責任投資はより重要な課題になってきている。そのため、私は一部の資産をバンガードのFTSE Social Index Fund Investor Shares（VFTSX）といった社会的責任をテーマとしたファンドに移し始めている。ほかにも検討すべきETFとして、iShares MSCI KLD 400 Social ETF（DSI）がある。

リターンを一部犠牲にすることになり、手数料もやや高めだが、夜ぐっすり眠るには最適な投資だ。世の中にプラスの貢献をしている、もしくは少なくともマイナスの影響のない会社に投資しているという安心感がある。定期的に新たなファンドが組まれており、社会的責任投資がしやすい環境はますます整っている。ただ、あらゆる投資と同じで自分でしっかりと調べ、どれくらいのリターンを犠牲にしているのかを理解しておくようにしよう。

もし米国株式市場の将来性に不安があるなら、米国株式インデックスファンドへの投資に加えて、グローバル株式インデックスファンドへの投資も検討してみよう。より大きな分散効果を得られる。米国以外の国への投資は一般的にはリスクが高いと考えられているが、海外のマーケットは歴史的に見て米国市場とは異なる動きをしてきたことから、分散効果は得られるはずだ。

ポートフォリオにグローバル株式インデックスファンドを加えることで、長期的にはより大きな成長を享受できる可能性もある。投資アドバイザーの多くはポートフォリオの30%を勧めているが、私は5%以下にとどめておいた方がいいと思う。

あなたの投資資産をできるだけ効率的かつ効果的にしておくために、可能な限り常にすべての口座でインデックスファンドに投資しておくべきだ。また、インデックスファンドからの分配金はすべて、自動的に同じファンドに再投資するよう設定しよう。つまり、企業が配当を出すたびにその資金を使ってインデックスファンドを買い増し、資産を複利で増やし続けるということだ。

もしアセットアロケーションの目安が株式8割、債券2割であれば、8割の資金を株式インデックスファンドへ、残りの2割を債券インデックスファンドへ投資すべきだ。必要な分散効果は、それぞれひとつかふたつのファンドで十分に得られる。

「スリー・ファンド」、もしくは「フォー・ファンド」ポートフォリオと呼ばれるやり方だ。過度に複雑にしないようにしよう。シンプルにしておくことで、手数料や税金が抑えられ、パフォーマンスを把握しやすくなり、分散投資を維持しつつ、目安とするアセットアロケーションを維持するためのリバランシングも容易になる。

株式のアロケーションに関しては、可能な限りトータル・ストック・マーケット・ファンドを選ぼう。やや積極的に行きたいのであれば、大半をトータル・USストック・マーケット・ファンドに投資しつつ、少額だけグローバル・ストック・マーケット・ファンドに投資してもいい。私の投資口座は常に少数のシンプルなインデックスファンドで構成されている。もしトータル・ストック・マーケット・ファンドを選べなければ、次に良いのはS&P500インデックスファンドだ。

自分でトータル・ストック・マーケット・ファンドを作る

もしトータル・ストック・マーケット・ファンドを購入できないのであれば、別のファンドを買ってそのポートフォリオを模倣するやり方もある。つまり、トータル・ストック・マーケット・ファンドへの投資によって得られる大型株と中小型株のアロケーションに基づいて、自分自身で分散ポートフォリオを作るのだ。自分自身で分散ポートフォリオを作るのは少し手間がかかるが、実際は非常に簡単であり、最適な分散を得るためにはそれだけの時間をかける価値はある。

米国の上場株式はすべて、3種類に分類される。大型株（時価総額が100億ドル以上）、中型株（時価総額が20億~100億ドル）、小型株（時価総額が3000万~20億ドル）のいずれかだ。トータル・ストック・マーケット・ファンドに似たポートフォリオを模倣するためには、それぞれの規模のファンドにひとつずつ投資すればいい。私はポートフォリオの4割を大型株、3割を中型株、3割を小型株に投資することをオススメする。そうすることで、適切な分散効果を得られるはずだ。

債券に関しては、確定拠出年金プランで購入可能な債券ファンドは概ね似ている可能性が高いため、最も手数料が安く、最も多くの債券に分散しているファンドを選ぶべきだ。ファンドに組み込まれている資産は目論見書を読めば確認できる。目論見書はあなたの確定拠出年金プランのホームページ、もしくはグーグル検索でも入手可能だ。複数の公債と社債に投資しているファンドを探そう。

債券への投資はあくまで株式のリスクを緩和する目的であることを忘れてはならない。債券で過度なリスクを取る必要はないのだ。債券ファンドの年間リターンは通常、平均2~4%であり、1年、5年、10年の運用パフォーマンスを確認して、相対的にリターンが高くて安定しているファンドを選ぼう。

また、レバレッジド地方債への投資を検討するのも悪くない。地方自治体が発行している債券

	100%/0%	100%/0%	100%/0%	ターゲットファンドを利用	80%/20%	70%/30%	60%/40%
	100%				80%		60%
		100%					
			40%			40%	
			30%			20%	
			30%			10%	
					20%	30%	40%
				100%			

サンプルポートフォリオ／アセットアロケーション

リスク（株式／債券アロケーション）	
株式ファンド	
トータル・ストック・マーケット・インデックス	株式市場全体と連動。即座に得られる分散効果と手数料の安さが大きな利点。もしこのタイプのパッシブ・インデックス・ファンドを購入できるのであれば、すばらしい選択肢だ。
S&P500インデックス	S&P500指数と連動するため分散効果はあるものの、大型株にアロケーションが偏っている。
大型株	時価総額100億ドル以上の企業で構成されるファンド。米国で最も大きな企業で構成されており、安定度は高く、一部の企業は配当も支払う。
中型株	時価総額20億～100億ドルの企業で構成されるファンド。成長の余地が大きいため、潜在的なリターンは高いがリスクも大きい。
小型株	時価総額3000万～20億ドルの企業で構成されるファンド。リスクの高い投資だが、潜在リターンは最も高い。
債券ファンド	
国内	短期と長期の米国債で構成される。
海外	外国債券で構成され、米国債よりもリスクは高い。
アセットミックス型ファンド	
ターゲット・デート（例えば、ターゲット2050ファンド）	ファンズ・オブ・ファンズ［複数の投資信託に投資するファンド］であり、ターゲット・デート［リタイアする予定の時期］に近づくにつれて自動的にリバランシングを行う。自分で同じような資産配分のポートフォリオを作れば、手数料を安く抑えられる。ただ、もしインデックスファンドが購入できないのであれば、ターゲット・デート・ファンドも悪くない選択肢だ。

で、節税の観点からは優れた選択肢であり、安定したリターンを稼げる。地方債ＥＴＦを通じて簡単に投資でき、固定収入を得たい早期退職者の間では人気のある債券投資だ。

前ページの表には、人気のあるファンドや確定拠出年金プランで買えるファンドを掲載している。企業によって、提供しているファンドの名称が異なることに注意しよう。これらの口座で通常手に入るファンドを使って、目安となるアセットアロケーションを達成する方法も載せている。ほかの選択肢がある場合には購入を勧めないファンド（インカム・エクイティ・ファンド、インターナショナル・ボンド・ファンド）に関しては、推奨割合を記載していない。この表をたたき台にして、独自の分散ポートフォリオを作ろう。

これ以外のオプション――ゴールド、ＲＥＩＴ（不動産投資信託）など――は、無視してもらってかまわない。分散効果はあるものの、必ずしも必要なものではなく、株式と債券だけに集中した方が良い結果が得られる。トータル・ストック・マーケット、Ｓ＆Ｐ５００、トータル・ボンド・マーケットだけのシンプルな投資を心がけるべきだ。

ステップ６：税優遇口座を最大限活用する

税金はあなたの将来の投資収益を大きく左右する要因だ。そのため、節税によってその影響をできるだけ最小限に抑えることが重要になる。もしあなたがまだ節税マニアでないならば、本項を読むだけであなたも節税マニアになれる。税の最適化についてのお勉強など退屈に聞こえるかもしれないが、投資においては資金を大幅に節約し、大きな儲けにつながる要因だ。どれくらいの効果があるのか、以下で簡単に見てみよう。

あなたの年収が10万ドルで、そのうち1割（1万ドル）を投資に回すとしよう。税優遇のある口座とない口座、どちらに投資するのかを選ばなければならない。仮にあなたの所得税率の区分が30％で、あなたの会社は確定拠出年金に対して年収の４％まで拠出してくれるとする。

税優遇のある口座とない口座で、パフォーマンスにどれくらいの差が現れるのかを見てみよう。確定拠出年金など税優遇のある口座に投資する場合、税金を払わずに給与からそのまま掛け金を拠出できるため、もし1万ドル拠出すれば、会社負担の４％（４０００ドル）と合わせて１万４０００ドルの掛け金になる。30年間、毎年７％増えた場合、その１万４０００ドルは10万６５７２ドルもの価値になる。

1万４０００ドルの掛け金を30年間続けた場合、あなた自身が合計30万ドル、会社が合計12万ドル拠出することになり、毎年の掛け金と7％の複利効果によって、その資金は１５２万１５９４ドルにもなるのだ！　あなた自身が拠出した金額は30万ドルであるため、投資リターンは１２２万１５９４ドルにもなる。

リタイアに伴いその資金を引き出すころには、あなたの年収も大きく下がっているはずだ。あ

税優遇口座で得られる節税メリットは大きい

	税優遇のない口座	税優遇のある 確定拠出年金口座	税優遇口座の利益
総額	$760,797	$1,521,594	+$760,797
総リターン	$550,797	$1,221,594	+$670,797
税引き後総額	$760,797	$1,369,434	+$608,637
税引き後総リターン	$550,797	$1,069,434	+$518,637

なたが結婚していて、夫婦共同で資金を受け取り、所得税率の区分が12%だとする。その場合、およそ136万9434ドル手にすることになり、元本に対して106万9434ドルのリターンを得ることになる。

一方、同じ1万ドルを税優遇のない口座に投資したとする。投資する前に給与から30%の所得税を支払わなければならず、会社負担も得られない。つまり、あなたの投資額はたった7000ドルになるのだ。7000ドルが毎年7%増えたとしても、30年後には5万3286ドルの価値にしかならない。

毎年、税優遇のない口座に7000ドル投資し、年間7%のペースで増えたとすると、30年後には71万4512ドルになる。拠出額は21万ドルで、投資リターンが50万4512ドルだ。同じように結婚し、夫婦共同で資金を受け取るとしても、この場合はキャピタルゲイン課税を支払わなければならない。ただ、収入を7万7200ドル未満に抑えれば、キャピタルゲインに対する課税は免除される。

会社負担のある税優遇口座から得られる投資リターンは非常に大きい。税優遇のある口座に投資するだけで、口座に残る資金は76万797ドル増え、資金を引き出した後の税引き後でも60万8637ドル多い資金を手にすることになる。

次の場面で戦略的になることが、税制優遇措置を最大限活用する鍵だ。

1. お金を投資口座に入れるとき。
2. お金を投資口座から引き出すとき。

税優遇のある口座であれば、新たにお金を口座に入れるとき、もしくはお金を口座から引き出すときに控除が受けられる。いずれのタイプの口座でも、大きな税優遇措置がある。税を最適化することで、きょう使える生活費だけではなく、将来に備えた投資資金にも大きな影響があるのだ。

決して税金を払うべきではないという意味ではない。税法をうまく活用して、払うべき税金だけ払うようにすべきだという意味だ。多くの人は実際に払うべき金額よりも、ずいぶん多くの税金を払っている（政府が税法を冗長でわかりにくくしているのはそのためかもしれない）。

正しい口座を正しく、自分の最大限の利益になるように活用することで、あなたのお金を最適化できる。投資口座には多くの種類があり、会社が提供する退職プランのための口座や、個人投資家のための口座などがある。多くの会社は退職金口座を用意しているものの、投資対象資産には制限があることが多い。

通常、会社が管理する口座の投資対象資産は少数のファンドに制限されるため、投資における自由裁量は小さい。例えば、会社が提供する確定拠出年金口座では個別銘柄は買えないが、自分で開いた個人退職金口座や証券口座であれば個別銘柄も買うことができる。

何に投資すべきかがわかれば、次はそれぞれの口座をいかに最大限活用すべきか考えよう。最初に、税優遇のある退職金口座を最大限活用するようにしよう。ほかの口座に資金を入れるのは後回しだ。税優遇口座にはふたつの種類があり、ひとつは大半の会社が提供する確定拠出年金口座、もうひとつは個人で開設する個人退職金口座（ＩＲＡ）だ。一部制限はあるものの、これらふたつの税優遇口座には限度額まで拠出すべきだ。

ステップ7：課税口座への投資

税優遇のある口座を最大限活用した上でまだ投資資金が残っている場合、課税口座を開設しよう。できるだけ早く経済的自立に到達したいのであれば、かなりの資金を課税口座から投資する必要がある。税優遇のある口座には拠出限度額があり、それだけの資金ではすぐにはリタイアできないからだ。

課税口座にお金を入れる際は、所得税を払った後の収入から入れているため、税優遇を受けていないことを忘れてはならない。また、1年以上保有している資産を売却する際にはキャピタルゲイン課税を支払う必要がある。通常は所得税よりも税率は低い。

最も一般的な課税口座は証券口座だ。手数料の安い証券会社であれば、複数の口座を開設してかまわない。人気のある会社をいくつか挙げると、バンガード、チャールズ・シュワブ、フィデリティなどが挙げられる。シンプルで手頃な売買手数料（注文当たり5ドル以下）を課している会社を探そう。投資収益の一部を手数料として取る会社はオススメしない。

課税口座で稼いだ投資収益の一部に対しては、年末に税金が課される。例えば、投資先の会社が現金で支払う配当だ。配当に関しては、口座から引き出しても再投資に回しても税金が課される。

ただ、配当の種類によって課税の仕方が変わってくる。運用会社が発行する年末の納税証明書を確認したり、証券会社に連絡して、課税の仕方について確認した方がいい。ある銘柄を十分長く保有している（必要な長さは銘柄によって変わってくる）限り、配当の一部は適格配当とみなされ、所得税率よりも低いキャピタルゲイン課税の税率が課されることがある。

また、課税口座で資産を売却するたびに、当該年度に投資収益に対して税金を支払う義務が生じる。課税口座では売買を繰り返さないほうがいいのはそのためだ。年末に大きな税金を支払う羽目になるのだ。もし売却で損失が確定した場合、毎年の税金から3000ドルまでは控除できる。損失が3000ドルを上回れば、損失を翌年以降に何年でも繰り越しできる。

課税口座の資産を1年未満で売却した場合、所得税率が課される。売却までに1年以上保有していた場合は、通常は所得税率よりも低いキャピタルゲイン課税の税率が課される。

課税口座では、資産を売却した際に得た資金を口座から引き出さなくても税金が課される。一方、税優遇のある口座では、課税されるのは売却して得た資金を口座から引き出した場合だけだ。

株式を長期保有すべきもうひとつの理由は、課税所得を結婚している場合では7万5900ドル未満、独身の場合では3万7950ドル未満に抑えた場合、課税口座から資金を引き出しても税金を払う必要がないのだ。そう、無税だ。所得を低く抑える大きな利点のひとつがこれだ。資金の引き出しに税金が課されないということは、経済的自立に到達するまでに必要となる資金を抑えられるということだ。

課税口座で何に投資すべきか

課税口座でも税優遇のある口座と同じ投資戦略を基本的に採用すべきだ。つまり、確定拠出年金口座やＩＲＡと同じ株式と債券のアロケーションを維持すべきだということだ。もしそれらの口座のアロケーションが株式８割、債券２割であれば、課税口座でも同じ割合で投資すべきだ。また、同じように手数料の安いトータル・ストック・マーケット・ファンドと債券ファンドに投資すべきだ。それらのファンドはほとんど売買することがないため、税金も抑えられる。

課税口座に債券／フィクスト・インカム資産を保有する

運用資産残高が大きくなるにつれて難しくなる戦略だが、節税効果の高い債券ファンドをすべて課税口座で保有するというやり方も検討に値する。そうすれば、年末に税金を払わなくて済む。

例えば、あなたがアロケーションの１００％を株式で保有し、すべて税優遇口座から投資しているとする。これからアロケーションを株式９割、債券１割に変更したい場合、もしすでに税優遇口座を限度額まで利用しているのであれば、課税口座から債券に投資すればいいのだ。

つまり、税優遇口座のアセットアロケーションには手をつける必要がない。さらに債券は通常、株式よりもリターンが低いため、年末に払う税金も可能な限り抑えることができるのだ。

個別銘柄を買う

トータル・ストック・マーケット・ファンドが投資戦略の核であるべきだが、もしＩＲＡ、もしくは課税口座で個別銘柄に投資したいのであれば、長期で保有する予定の銘柄のみを買うべきだ。個別銘柄の選別で利益を出すのは至難の業だが、その企業のファンダメンタルズを信じて長期的に保有すれば、利益を出せる可能性は高くなる。

株式を買うときは、その企業のわずかな一部を買っているということを肝に銘じておこう。所有者のひとりであることに誇りを持てる企業だけに投資すべきだ。正しい銘柄を選べば、企業の価値が高まるにつれて長期的には大金を稼げるはずだ。

銘柄選別の自称エキスパートや個別銘柄の投資戦略は巷にあふれているものの、そんな雑音に惑わされてはいけない。実際に成功する個別銘柄の投資戦略は、バリュー投資――過去50年の間に世界で最も成功した投資家であるウォーレン・バフェットが採用している戦略だ――として知られている。実際の価値よりも安く評価されている会社が出てくるのを待ち、見つけたら投資するというやり方だ。つまり、割安銘柄を探すということだ。もし個別銘柄への投資に興味がある場合は、ベンジャミン・グレアムの『賢明なる投資家』を読んでみよう。グレアムはバリュー投資の生みの親であり、バフェットの師匠でもある。

個別銘柄の投資戦略で人気のあるもうひとつの戦略が、高配当投資だ。すでにご存知のように、一部の企業は定期的な現金支払い、つまり配当の形で会社の利益を株主と分け合っている。配当こそがトータル・ストック・マーケット・ファンドへの投資が賢明な理由のひとつだ。同ファンドに投資すれば、多くの異なる銘柄から安定して配当を受け取れるからだ。

配当を支払う銘柄を中心にポートフォリオを組んでいる投資家は多い。株価が上がり続ける一方、配当の形で安定したフィクスト・インカムも受け取れる。二度おいしい思いができるのだ。

この戦略のリスクのひとつは、企業は一度配当を出してくれたからといって、今後も永続的に出し続けるわけではないということだ。また、高配当銘柄を買い集めるのは、シンプルなインデックスファンドへの投資に比べるとずいぶん手間を要する。ただ、もし興味があれば検討してみる価値はある。

個別銘柄に投資すると決めたら、どの戦略を選ぶにしても、投資金額はすべての銘柄を合わせてもポートフォリオ全体の5%以下にしておくことをオススメする。株式市場全体に投資することで安定したリターンを望めるのに、それ以上の資金をひとつの銘柄に投資するのはリスクに見合わない賭けだ。

ポートフォリオの全体像をイメージしやすいようにするためにお話しすると、私が経済的自立を目指して投資しているとき、資産の100％を株式に投資し、そのうち95％をインデックスファンド、残りの5％をアマゾンやアップルなど長期的に保有する予定の個別銘柄に投資していた。ただ、時間とともに保有している個別銘柄の株価が上昇したため、私のポートフォリオに占める個別銘柄の割合はいまは上がっている。

私の投資ポートフォリオ

400ページの表に、2010～15年にかけての私の実際の資産と貯蓄率の推移をまとめている。資産はその5年の間に、2・26ドルから125万ドル以上に増えた。私は資産の大半をインデックスファンドに投資することを強く勧めているが、どうしても投資せずにはいられないほど価値を認める個別銘柄が出てくることがある。私も最初は個別銘柄への投資を控えめに始めたものの、アマゾンやフェイスブック、アップルの長期的な潜在力を確信したため、5年の間に個別銘柄への投資割合を大きく増やした。

私は学生時代からフェイスブックを使っており、同サービスの初期の2万人のユーザーのひとりだ。そのため、IPO（新規上場）の際には投資せずにはいられなかった。私は投資した企業のミッションを強く信じ、株価も上がるとは思っていたが、この7年の間に見せたような上昇は予想だにしていなかった。

個別銘柄の保有リスクを緩和するために、最近ではインデックスファンドに追加投資している。大切なのは、トータル・ストック・マーケット・ファンドをポートフォリオの基盤としつつ、受け入れられるリスク／リターンのレベルに基づいて、独自のポートフォリオを構築していくことだ。端的に言うと、個別銘柄への投資に際しては十分に注意した方がいい。まだ始めたばかりであれば、純資産の5％以上を個別銘柄に投資しない方がいいだろう。

この表に掲載していない資産は、私がこの期間に損失を出して売却した銘柄（損失は合わせても5000ドル未満）、ビットコインへの投資（非常に投機的であり、投資は純資産の1％以下にとどめた方がいい）、そして不動産投資だけだ。

100万ドルに到達するためのたったひとつの結論

投資にお金を回せば回すほど、あなたのお金は増えていく。もし同じペースで貯蓄していけば、最初の10万ドルを貯めるまでに最も時間がかかる。そこから複利効果が加速することで、20万ドルに増やすのはそれほど時間がかからず、30万ドル、そして100万ドルまでにかかる時間

	2012	2013	2014	2015
	6903	9821	12552	14616
	$35.65	$46.69	$51.60	$50.79
	$246,092	$458,542	$647,683	$742,347
	1892	2785	3218	3449
	$25.05	$28.01	$26.00	$24.24
	$47,395	$78,008	$83,668	$83,604
	200	300	300	400
	$250.87	$398.79	$310.35	$675.89
	$50,174	$119,637	$93,105	$270,356
	800	900	900	1070
	$25.91	$54.65	$78.02	$104.66
	$20,782	$49,185	$70,218	$111,986
	100	300	300	400
	$69.00	$74.57	$104.86	$101.70
	$6,900	$22,371	$31,458	$40,680
	$233,000	$248,000	$239,000	$271,000
	55.97%	68.10%	57.45%	60.48%
	$130,402	$168,895	$137,317	$163,901
	$273,012	$441,907	$579,224	$743,125
	36.00%	64.68%	59.89%	68.07%
	$371,343	**$727,743**	**$926,132**	**$1,248,973**

著者の資産ポートフォリオと貯蓄率の推移

投資資産	2010	2011
インデックスファンド		
Vanguard Total Stock Market Index Fund(株数)	520	4894
株価(年末時点)	$31.57	$31.30
総額	$16,416	$153,182
Vanguard Total International Stock Index(株数)		
株価(年末時点)		
総額		
個別銘柄		
アマゾン(株数)	30	200
株価(年末時点、株式分割調整済み)	$180.00	$173.10
総額	$5,400	$34,620
フェイスブック(株数)		
株価(年末時点、株式分割調整済み)		
総額		
アップル(株数)	100	100
株価(年末時点、株式分割調整済み)	$41.46	$52.05
総額	$4,146	$5,205
総収入	$43,000	$294,000
貯蓄率	53.49%	40.68%
各年の総投資額	$23,000	$119,610
ポートフォリオへの累積投資額	$23,000	$142,610
増加率	12.88%	35.34%
ポートフォリオの総資産額	**$25,962**	**$193,007**

はさらに短くなる。貯蓄率を毎月1ポイント引き上げることができれば、複利効果はより加速する。貯蓄額が1ドル増えるだけでも大きな違いを生む。根気強く続けよう。

あなたの目標とする数字は遥か先で、いまは達成不可能なように思えるかもしれないが、すぐに始めて、毎日着実に前進するしか道はないのだ。投資に関する理解が不十分だと手をこまねいているのであれば、すぐにやめよう。手をこまねいたり、完璧な投資を目指すよりも、早く始めることがより重要なのだ。

もし「マーケットの頃合いが来る」まで待っているのであれば、ただ時間を浪費しているだけだ。頃合いを測るなど私にはできない。専門家でもできない。誰にもできないのだ。マーケットの頃合いを測るなど不可能だ。長い目で見た方がいい。

あなたはすぐに学習し、やりながら理解も深まっていくはずだ。きっと過ちも犯すだろう。私も犯している。誰もが犯すのだ。そして我々は過ちから多くを学ぶ。自動化すれば簡単に始められる。確定拠出年金やロスＩＲＡなどの投資口座では、自動的に給与や銀行口座から一定額を天引きするよう設定できる。

また、投資の自動化も簡単に設定できるので、定められたスケジュールで投資信託、ＥＴＦ、株式、債券などの資産を自動的に買えるようになる。ＥＴＦはほとんどの投資口座で買え、売買手数料は安く、最低投資額もない商品が多い（そのため5ドルで口座を開設し、毎日少しずつ投資できる）という利点がある。

ただ、自動化だけでは十分ではない。すでにお話ししたように、投資を自動化すれば安定的なペースで貯蓄が増えていくため、十分に貯蓄していると錯覚してしまうかもしれないが、まだまだ限界には挑戦できていない。十分な貯蓄と限界の貯蓄とは大きく異なるのだ。

トラヴィスのことを覚えているだろう。彼は長い間、給与の5％を自動的に確定拠出年金口座に拠出してきた。彼はそれだけで十分と満足し、毎月の貯蓄額をそれ以上増やさなかった。貯蓄率を5％以上に引き上げなかったことで、彼は自分が思っているよりもずっと長く――おそらく20～30年長く――働かざるを得ないだろう。

誰もが忙しいし、人生にはいろいろなことが起こる。優先順位も変わるだろう。それでももし最高の投資リターンを得たいのであれば、自動の運用と手動の運用の両方をやる必要がある。次のふたつのことをやる必要があるのだ。

1．収入から自動的に投資口座に拠出する割合を限界まで引き上げ続ける。
2．副業からの収入やボーナスを全額、できるだけすぐに手動で投資に回す。

例えば、あなたが確定拠出年金で給与の1割を自動的に口座に拠出するよう設定しているとする。あなたが何もしなくても、その1割は拠出されるのだ。ただ、その割合を徐々に引き上げることを推奨したい。貯蓄率を30日ごと、もしくは90日ごとに、少なくとも1％引き上げるよう心がけてみよう。簡単な月もあれば、そうでない月もある。それでも自分を追い込むのだ。

こうした自発的な追い込みが、貯蓄の限界につながるのだ。もし昇給やボーナスを手に入れたら、できる限りその多くを貯蓄に回そう。隣人の猫の面倒を見て60ドル稼いだら、それを投資に回すのだ。携帯電話を使って数分でできる作業だ。

もしくは、AcornsやDigitなどのマイクロ投資アプリを活用することもできる。買い物のお釣りを利用したり、銀行口座から少額を引き出すことで、投資口座に入れる金額を少しずつ増やすことができ、この戦略の補完的な役割を果たしてくれる。ただ、これらのアプリはあくまで正規の戦略を補完してくれるものにすぎない。それだけでは投資の手段としては十分ではない。

決して現状に満足してはいけない。日々の投資額を増やすほど、経済的自立にいち早く到達できる。本心から経済的自立に到達したいのであれば、そのための時間を作れるはずだ。日々の10ドルの貯蓄が、経済的自立に到達するまでの期間を数日、数週間、もしくは数カ月も早めてくれる。投資額を増やすことで、将来の時間がどのくらい買えるのか、想像力を働かせよう。

どの戦略もあくまで指針であり、自分の経済状況やライフスタイル、目標に合わせて自分自身でカスタマイズしよう。あなたの目標とする数字と同じように、自分の進捗状況と投資戦略のパフォーマンスも少なくとも年に一度は確認してほしい。税率や税制が変わるかもしれないし、誰かが新たな法の抜け穴を見つけ出すかもしれない。常に最新情報の確認を怠らないようにしよう。

私も含めて、あなたよりも前に同じ道を通った人はたくさんいる。私は将来（特に株式市場の推移や税制・税率の変更）を予測することなどできない。ただ、私の経験と数年に及ぶ研究から自信を持って言えることは、本章の戦略を実行すれば世界中の投資家の中で上位1割に入るパフォーマンスを達成でき、あなたの数字にもできる限り早く到達できるということだ。

第10章まとめ

1 投資は不労所得の究極の形態であり、経済的自立への到達を早めてくれるものだ。自分の時間をいっさい差し出すことなく、自分のお金に働いてもらうことでお金を稼ぐやり方だ。

2 この戦略はあなたが直接コントロールできる5つの重要なコンセプトに基づいている。

Ⅰ. リスクを最小限に抑える
Ⅱ. 手数料を最小限に抑える
Ⅲ. 掛け金に対する税金を最小限に抑える
Ⅳ. リターンを最大化する
Ⅴ. お金を引き出す際の税金を最小限に抑える

3 あなたの投資ポートフォリオの中心は株式、債券、不動産であるべきだ。最も手軽で、最も信頼性の高い資産であり、多くのお金を稼いでくれる。

4 どうしても投資に関してアドバイスが必要であれば、手数料のみで雇えるファイナンシャル・アドバイザーを数時間だけ雇って、ポートフォリオの設定を助けてもらおう。時間やプロジェクトベースで料金が決まるアドバイザーだけを雇うようにしよう。運用資産残高を基準に料金が決まるアドバイザーは決して雇ってはいけない。

5 ステップ1：短期と長期の投資目標を区別しよう。

a. そのお金が短期的（5年以内）に必要か、長期的（5年後以降）に必要かで投資手法を変えるべきだ。亡くなるまで投資資金に頼って生活できるよう、大半の資金は長期で運用すべきだ。

b. 短期投資は現金、譲渡性預金（CD）、もしくは債券で運用しよう。

c. 長期投資は株式か債券で運用しよう。

6 ステップ2：いくら投資しなければならないかを把握しよう。

a. すでにご存知のように、貯蓄率が上がるほど、投資に回せる資金も増え、あなたの目標とする数字により早く到達できる。腰を据えて、毎日、毎月、毎四半期、毎年、いくら投資できるのかを考えてみよう。基準値――それぞれの期間にそれぞれの口座に投資したいと思うベースとなる数字――を設定するのだ。

7 ステップ3：アセットアロケーションの目安を決めよう。

a．次にアセットアロケーションの目安、つまりあなたの投資口座におけるそれぞれの資産（株式、債券、現金など）の割合を決める必要がある。アロケーションの目安によって、投資ポートフォリオのリスク／リターンの水準が決まってくるため、最も重要な投資判断のひとつと言えるものだ。

b．アセットアロケーションの目安を選ぶ方法としては、資金を取り崩すまでにどれくらいの期間があるのかを基準に選ぶ方法が最善だ。

c．あなたのリタイアが10年以上先であれば、当面は資産の100％を株式に投資することをオススメする。

d．アセットアロケーションの目安を決めたあとは、あなたの持つあらゆる投資口座をならすとそのアロケーションになるよう維持すべきだ。目安と一致するようアロケーションを再調整することをリバランシングと言う。これは四半期に一度（年に4回）行うべきだ。

8 ステップ4：いまの手数料を計算する（そしてできるだけ安く抑える！）。投資にかかる手数料はあなたの資産の増加ペース、一定の期間内にどれだけの資金を手にすることができるか、経済的自立に到達するのにどれくらいの年数がかかるかなどに多大な影響を与える。

9 ステップ5：正しい資産を選択する。

a. あなたは株式を買うとき、実際の企業の所有権の一部を買っている。

b. 個別銘柄は短期でも長期でも大きく価値を変動させるものだ。比較的短期で見ると、大きな利益をもたらすこともあれば、大きな損失をもたらすこともある。

c. これまでの研究によると、15年という期間で見ると、9割のアクティブファンドの運用成績は株式市場全体を下回っている。

d. あなたの投資資産をできるだけ効率的かつ効果的にしておくために、米国株式市場の銘柄を幅広く保有するシンプルなファンド（トータル・ストック・マーケット・ファンドとして知られる）か、もしくは米国の最も大きな500銘柄（S&P500として知られる）を少しずつ保有するファンドに投資すべきだ。

e. もしいずれのファンドも購入できないのであれば、別のファンドを買ってそれらのファンドのポートフォリオを模倣するやり方もある。

f. これ以外のオプション――ゴールド、REITなど――は無視してもらってかまわない。分散効果はあるものの、必ずしも必要ではなく、株式と債券だけに集中した方が良い成果が得られる。可能であればインデックスファンドを使ったシンプルな投資を心がけよう。

10 ステップ6：税優遇口座を最大限活用する。

a．税金はあなたの将来の投資収益を大きく左右する存在だ。そのため、節税によってその影響をできるだけ最小限に抑えることが重要になる。

b．税制優遇措置を最大限活用する鍵は、(1)お金を投資口座に入れるとき、そして、(2)お金を投資口座から引き出すときに戦略的になることだ。

c．投資口座には3つの種類がある。

i．拠出の際の課税免除口座：お金を口座に入れるときに税金が免除されるが、引き出すときには税金を払う。

ii．引き出す際の課税免除口座：お金を口座に入れる前に税金を払うが、引き出すときには税金が免除される。

iii．課税口座：お金を口座に入れる前にも引き出すときにも税金を払う。

11 ステップ7：課税口座に投資する。

a．税優遇のある口座を最大限活用した上でまだ投資資金が残っている場合、課税口座を開設しよう。

b．課税口座の資産は売却するたびに、当該年度に投資収益に対して税金を払う義務が生じる。

c．課税口座の資産を1年未満で売却した場合、所得税率が課される。売却までに1年以上保有していた場合は、通常は所得税率よりも低いキャピタルゲイン課税の税率が課される。

12 自動化では十分ではない。自動化投資と手動の投資を両立させるには、(1)収入から自動的に投資口座に拠出する割合を限界まで引き上げ続ける、さらに、(2)副業からの収入やボーナスを全額、できるだけすぐに手動で投資に回す必要がある。

第11章

不動産投資

REAL ESTATE INVESTING

他人のお金を使っていかに1万ドルを数百万ドルに増やすか

不動産投資はポートフォリオとリスクを分散するための卓越した手段だが、利点はそれだけにはとどまらない。多くの点において、株式よりも優れた投資なのだ。不動産の購入には住宅ローン（つまり、他人のお金）が利用できる上、税制面でも非常に恵まれている。

主に利用している住宅（プライマリー・レジデンス）を売却した際の利益は、50万ドルまで税金が免除される（あなたが既婚者で、税金を夫婦合算申告する場合）。本章で詳しく紹介するが、不動産投資にはほかにも多くのキャッシュフローと税制優遇措置があるため、非常に魅力的な投資だ。

不動産投資こそまさに王道だ。ハウス・ハッキングを活用することで、いかにあなたの最大の支出である住居費を抑えられるのかに関してはすでに説明した。家を持てる、家賃をタダにできる、毎月数千ドルの副収入が手に入る。それだけにはとどまらず、最初の家を買うときに3％の頭金さえ支払えば、数年後には数百万ドルの価値を持つ不動産ポートフォリオに成長させることだって可能だ。

やり方はいろいろある。税金のかからないキャピタルゲイン目的で不動産を転売してもいいし、家賃収入を安定したキャッシュフローにして、生活費と住宅ローンの返済に回すという手もある。家賃収入を使って、もっと多くの不動産を買うことだってできる。もちろん、亡くなるまであなたの生活費をカバーしてくれる安定したキャッシュフローの担い手としても活用できる。

多くの投資家が、5年以内に経済的自立に到達するための中心的な手段として不動産を利用してきた。以下にその詳細なやり方を説明する。

不動産を支持する理由

不動産投資にはリスクが伴い、不動産の価値も株式と同様に値上がりが保証されているわけではない。そのことはしっかりと肝に銘じておこう。実際、不動産の価値が大幅に下落したこともある。米国が、1000万人以上の人の住宅の価値が住宅ローン残高を下回る状況に陥る不動産危機を経験したのは、つい最近の話だ。その主な理由は、銀行が返済能力のない借り手に対して住宅ローンを見境なく貸し出したことにある。

ただ、不動産投資は歴史的に見ると、株式投資よりもボラティリティが低い。住宅市場は2010年の底値から、見事な回復軌道を描いている。2010~16年にかけて、国内の住宅価格は平均で43%上がっている。住宅価格の上昇は通常、住環境の改善、需要の増加、もしくは増築やキッチンの改装などリノベーションによってもたらされる。不動産価格は特に都市部で顕著に上がっている。世界的に見ても、人口の54%は都市部に住み（米国ではその割合は62・7%）、2050年にはその割合が66%まで上昇すると見られている。

すでにご存知の通り、インフレと配当を調整した株式市場の上昇率は年間およそ7%だ。一方、不動産価格は平均で年間3～5%上昇してきた。つまり一見すると、不動産は昔ながらの株式投資に勝る投資戦略には見えないが、不動産には株式にはない利点がいくつかある。第一に、不動産は他人のお金を使って買うことができる。すでに学んだように、自分の不動産の借主に住宅ローンの一部、もしくは全額を払ってもらうことでハウスハックすることも可能だ。それだけではなく、家賃収入が住宅ローンの返済額を上回ることもあるのだ。

また、副業として不動産売買を手がけることで、ときには短期間で多額の収入を得ることができる。その利益を自分の懐に入れてもいいが、不動産の転売の真の価値は、その利益を新たな不動産の購入に充てれば税金を払う必要がないという点にある。

1031エクスチェンジと呼ばれる税制で、投資不動産の売却益で新たな投資不動産を買えば、売却益にかかる税金を将来に繰り延べすることができるというものだ。不動産の売却益を不動産投資に回し続けることで、永遠にその税制を活用できる。株式ではそうした手法は不可能だ！ あなたが亡くなったとき、1031エクスチェンジで生じた納税義務は消失して、あなたの相続人には引き継がれない。

これは株式投資と比べた際の、不動産投資の非常に大きな魅力だ。株式投資の場合、あなたの資産は投じた資金と複利収益の大きさだけに比例して成長する。ところが不動産の場合、あなたの資産は不動産価値の上昇に合わせて増えていく。不動産を買う場合は頭金だけ払えばいいので、資産を瞬く間に増やすことができるのだ。これはレバレッジと呼ばれる手法であり、責任を持って利用すれば、他人のお金を利用しながら大金を稼ぐこともできるのだ。

確かに銀行にローンを返済しなければならないが、大切なポイントは同様のレベルのリターンを上げるのに必要な元手となる資金が少なくて済むということだ。頭金として1万ドル払った場合の方が、10万ドル払うよりも同じ儲けに対しては利益率が大きくなる。

例えば、20万ドルの家を買うために1万ドルの頭金を支払い、その家の価値が25万ドルに上昇すれば5万ドルの利益が得られる。つまり1万ドルの頭金に対して5倍の利益、400%ものリターンになるのだ。同じ価格の家を買うために10万ドルの頭金を支払った場合、その家の価値が25万ドルに上がっても頭金の10万ドルに対しては50%のリターンしか得られない。400%と比べると雀の涙だ。ほとんどのケースで頭金が少ないほど、投資利益率は高くなる。自腹を切る金額を抑えつつ、利益はすべて自分の懐に入るからだ。

これこそが、不動産投資が株式投資を圧倒し得る理由のひとつだ。あなたの投資資金が1万ドルだとすると、そのお金で株を買ってもいいし、家の頭金にしてもいい。1万ドルを株式市場に投じて、3年間で30%増えたとする。株式は1万3000ドルの価値になり、収益に対する10%のキャピタルゲイン税を引いても、1万2700ドルが手元に残る。3年間のリターンとしては文句のない成果だ。

ただ、その1万ドルを20万ドルの住宅の頭金として利用し、その住宅の価値が3年間で5万ドル上昇（都市部や人気の市場では非現実的な数字ではない）すれば、1万ドルの頭金が少なくとも5万ドルの利益を生むのだ。おまけに、もしその家があなたの主な住居であれば（過去5年のうち2年間住んでいた）、その5万ドルの利益に対する税金は免除される（夫婦であれば最大50万ドル、個人であれば最大25万ドル）。そしてその利益を次の不動産（複数でもいい）の頭金に回すことができる。すべて非課税だ！

住宅ローンを使って不動産を購入するもうひとつの大きな利点は、主な住居と別荘（セカンダリー・レジデンス）の購入に利用した最大75万ドルまでのローンにかかる利息が税額控除になるということだ。

頭金にはまとまったお金が必要だ。不動産投資で元を取るには、少なくとも5年間はその家に定住しなければならない。多くの人はそんな風に考えているが、いずれも単なる思い違いだ。初めて買う不動産であれば、頭金は1～5％で済むケースもある。20万ドルの家であれば、たったの2000～1万ドルだ。

また米国の大半の都市で、賃貸と持ち家の損益分岐点（家を買うのと家賃を払うのとで同じ支出額になる年数）は2・1年だ。つまり、その家に少なくとも2・1年住むつもりであれば、家を買った方が合理的なケースが多いというわけだ。信頼できる損益分岐点の計算機はいくつもあるが、The New York TimesとZillowの計算機が最もオススメだ。

もし家を買うのであれば、余った部屋を間貸しすることもできる。それだけで毎月の住宅ローンの返済額以上を稼げることもある。家賃や不動産の価値が上がるにつれて、余ったお金を新たな不動産の購入に充てることもできる。数年で5つ以上の不動産を持つことだって可能だ。家賃収入をローンの返済に充てれば、あなたのエクイティ［資産価値から住宅ローン残高を差し引いた正味の価値］は次第に増えていくのだ。

不動産の購入で賃貸よりも柔軟になれる

いったん不動産を買えば、その土地にしっかりと根を下ろさなければならないと思うかもしれないが、それは古い考え方だ。そんな発想はすぐに忘れた方がいい。不動産投資とは創造力を発揮する場だ。どうすれば買った家でお金を稼ぎ、自分が望むような生活を手に入れられるのか。創造力を駆使して考えるのだ。そうすれば、不動産を買うことによって賃貸のときよりも柔軟になれる。その不動産の持ち主はあなたであり、あなたのライフスタイルに最も合うように、いつでも運用の仕方を調整すればいいのだ。

すべての部屋を貸し出しつつ、あなたは地下室のカウチで寝る。それが一番お金を稼げて、タダで暮らせるやり方だ。私はキッチンの外の収納室で生活していた不動産の持ち主の話を聞いたことがある。もしくは家の中の一番小さな部屋に住んで、大きな部屋を他人に貸し出してもかまわない。そのうちもっと良い部屋に住みたくなったときに、一番いい部屋に引っ越せばいいのだ。

ほかの家やほかの都市に引っ越したくなっても、いまの不動産を売却する必要はない。引き続きキャッシュフローを手にして、値上がり益も享受すればいい。もし結婚したり、子どもができて、2世帯用や3世帯用の家を持っていれば、それをひとつの大きな家に改築することもできる。不動産を買ったものの、1年後に住みたくなくなれば、住宅ローンの返済のためにその家を貸し出して、ほかに住む場所を見つければいい。不動産を買ったからといって、そこにとどまる必要はない。ただ、価値の上がる資産を手に入れたというだけだ。

不動産投資家にはすばらしい税制優遇措置も与えられる。節税であなたの手元に残るお金は増え、不動産ポートフォリオを構築しやすくなる。もし不動産を貸し出せば、固定資産税（1万ドルまで）、民間モーゲージ保険、修繕費、管理費、賃貸物件の維持・管理に絡むそのほかの費用など、様々な経費が控除の対象になる。節税に使えるだけではなく、家の修繕によって不動産の価値も上がる。

これらに加えて、賃貸物件の価値が上がっている場合でも、減価償却費を計上して所得控除に利用できる。あなたが上物（土地ではない）に払った費用の一定の割合が、長期にわたって「損耗」として所得から控除されるのだ。標準的な控除期間は27・5年であるため、上物の価値——例えば20万ドル——をその27・5で割った7273ドルに、限界税率——例えば25％——を掛けた値1818ドルが毎年、税金として免除される計算になる。

不動産投資のさらなる利点は、有形資産であるため、担保にしてローンを借り入れることができるということだ。借り換えをしたいとき、もしくは不動産のエクイティの一部を利用してマーケットや不動産に投資したいときに、簡単に現金を手に入れることができる。こうしたキャッシュアウト・リファイナンスの最大の利点のひとつが、非課税だということだ。価値の上がった不動産を売却することなく現金を入手するための、すばらしい手段と言える。

もし本当に大金を稼ぎたいのであれば、不動産の値上がり分を現金化するためにローンの借り換えをして、新しく借りたお金で2番目の不動産を買おう。3番目の不動産、4番目の不動産、5番目の不動産の購入の際も同じパターンを繰り返すことで、非常に短い期間で数百万ドルの価値を持つ不動産ポートフォリオを構築することだってできる。

頭金を抑える方法

最初の不動産を買うためには、⑴頭金のための十分な貯蓄、⑵住宅ローンを借りる資格――が必要となる。すでに学んだように、他人のお金を使って純資産を増やせることが不動産投資の最大の利点のひとつだ。銀行などから巨額のローンを借りるのは尻込みしてしまうかもしれないが、住宅ローンは「良い負債」になり得る。キャッシュフローを生み出し、価値の上がる不動産を買うのが目的だからだ。

もし住宅ローンで割安な家を購入できれば、瞬く間にプラスのエクイティを得られるかもしれない。信頼できるクレジットヒストリーがあれば、頭金も抑えられ、1~5%程度で済む可能性もある。

住宅ローンには一般的にふたつの種類がある。ローンの期間中、金利が固定されている固定金利住宅ローンと、一定期間経てばマーケットの要因に従って金利が変動する変動金利住宅ローンだ。金利水準や利用できる住宅ローンの種類は、あなたのクレジットスコアに主に左右される。クレジットスコアが高ければ、あなたのローンにかかる金利の水準も低くなる。

金利は様々な要因で変動し、貸し手によっても千差万別だ。複数の貸し手の住宅ローン金利を参照することは極めて重要だ。私が最初の住宅ローンを検討しているときには、金利は貸し手によって2ポイント以上違っていた。ローンの期間を考えると、数十万ドルの金利負担の差につながるのだ。

固定金利住宅ローンは通常、返済期間が15~30年だ。期間が長ければ長いほど、毎月の返済額は抑えられるが、より多くの利息を払うことになる。金利自体も30年の住宅ローンの方が通常高い。銀行側から見ると長期間貸し出すことで、借り手が債務不履行に陥るリスクが高まるからだ。

大半の米国人は30年の住宅ローンを利用し、最初の数年間はほとんど——返済額のおよそ8割——が利息の支払いになる。もし毎月の返済額を増やせる金銭的な余裕があれば、15年ローンを選ぼう。初期の返済額に占める利息の割合が低くなる。地域によっては3％の頭金で15年ローンを利用することも可能で、15年ローンで有利な金利の条件を得るために多額の現金が必要だというわけではない。

変動金利住宅ローンはリスクが高い。金利が固定されている期間が限られる（通常は5年間）からだ。その後は足元のマーケットの金利動向に従って上下に変動する。金利が5年後にどうなっているのかは予測不能のため、変動金利住宅ローンはギャンブルに近い。ただ、低い金利で借りられて、5年以内に不動産を売却するつもりであれば、賢い選択肢かもしれない。不動産を売るまでローンを借りている数年の間、少ない利息しか払わずに済むからだ。

どの住宅ローンを選ぶにしても、返済期間の途中でローンを借り換えることは可能だ。もし金利が下がれば、同じ貸し手、もしくは違う貸し手からいつでも借り換えができる。金利が下がれば、利息を減らせる。もしくは15年ローンから30年ローンに借り換えて、毎月の返済額を減らすことだって可能だ。

すでに説明したように、借り換えのもうひとつの利点は、もし不動産の価値が住宅ローン残高を上回っており、あなたが保有する不動産を増やしたいのであれば、キャッシュアウト・リファイナンスをし、手にしたお金で新しい不動産を買うことができる。ただ、借り換えにも費用がかかるため、利息の減少分で借り換えの費用を穴埋めできる場合のみ有効な手段だ。

家に3～5年未満しか住まないのであれば、利息を払う期間が短いため借り換えはおそらく意味がない。ただ、もし家に永く住むつもりであれば、もしくは住宅ローンを払いつつ不動産を5年以上貸し出すつもりであれば、利息の支払いを大きく抑えられるかもしれない。もし借り換えを考えているのであれば、まず自分にプラスになるのかどうかを確認するために、候補となる貸し手に損益分岐点を計算してもらおう。

身の丈に合ったお家はいくら？

持ち家にはいろいろな費用が絡んでくるが、そんなことで尻込みしてはいけない。一般的なアドバイスは、住宅ローンと税金などを合わせて手取り収入の4割を超えてはならないというものだ。私はリスクを取る投資家だが、それでも4割という数字は高すぎると感じている。3割、もしくはそれ以下が安全な水準だと思う。

手取り収入のほとんどが住宅ローンに消え、投資や自分の生活に使うお金が残らない持ち家貧乏にはなりたくないだろう。どんなに気に入った家でも、自分の持ち金をすべて投じるほどの価値はない。そうすることは非常に大きなリスクだ。投じた資金だけではなく、自分の家すらも失いかねないからだ。

必ず安定した仕事とほかの安定収入（不動産で稼ぐ家賃収入以外のものだ）を確保するよう心

がけよう。そのどちらかでもいい。そのためには、自分の身の丈に合った家を買うことだ。銀行などの貸し手が勧めてくる家ではない。

ほとんどの場合、真っ当なクレジットスコアがあれば、必要とする金額を上回る住宅ローンが承認される。

利息で稼ぎたい銀行は、できるだけ多くの資金を融資したいと思っているのだ。ただ長期的に見ると、それはあなたのためにはならない。絶対にその家を買ってはいけない。ローンの返済が手取り収入の3割以内に収まる不動産を買い、必要最小限の住宅ローンだけを借りるのだ。

また、家の購入や所有にまつわるもろもろの費用のことも忘れないようにしよう。住宅ローンの返済は銀行に対する借金だけの話で、そこには固定資産税（高額な地域に住んでいれば毎月の大きな負担になり得る）やアセスメント（共同で負担する支出を賄うためにマンションの管理組合や地域の自治会から請求される負担金）は含まれていない。それらの費用も大きくなるため、自分の不動産に関して毎月、何にいくら払っているのかをきちんと正確に把握するようにしよう。一例として、シカゴで30万ドルのマンションを買うのに必要な費用の内訳を次ページの表にまとめている。

あなたの年収がどんなに高くても、一部の都市や地域の不動産は決して手頃な価格とは言えない。大金を稼ぐか、創造力を駆使する必要がある。例えば、家の頭金を抑える（1～5％の間か、ルームメイトに間貸しして住宅ローンの一部、もしくは全額を負担してもらう手もある。

シカゴで30万ドルのマンション購入に必要な費用の内訳

1度限りの費用	
不動産売買手数料	$1,000
税金とその他の手数料	$2,400
引っ越し費用	$3,000
合計	$6,400
毎月の支払い	
元本(ローン残高)の返済	$1,256
利息の支払い	$721
固定資産税	$420
アセスメント	$600
維持・修繕費	$200
合計	$3,197
年間支出	$38,364

ニューヨークやシアトル、サンフランシスコ、ロサンゼルス、ワシントンなどの都市では、不動産価格が非常に高い。ただ、もしあなたの収入が増えたり、友人と共同で不動産を買えたり、両親から資金を一部援助してもらえるのであれば、不動産投資にはうってつけの都市でもある。価格がすぐに上昇するからだ。

堅調な市場で価値が高いと思える不動産に遭遇したが、十分な現金を持ち合わせていないのなら、もしくは金利4%未満か5%未満の住宅ローンを借りられるが、自己資金は投資に回した方が高いリターンを得られると思うのなら、頭金として20%も払う必要はない。頭金に20%必要だというのは単なる神話にすぎず、そこまでの金額は必要ない。もし指をくわえてずっと待っていたら、すばらしい不動産と投資の機会を逃すことになるかもしれない。

私の知り合いの男性（スコットとしておこう）はロサンゼルスに住んでおり、4年間も20％の頭金のために貯蓄に勤しんでいた。その間、ロスでは不動産市場が高騰してしまい、彼がもともと住みたかった地域では家を買えなくなってしまった。もし4年前に頭金3％で家を買っていれば、そのマーケットの波に乗れ、自分の住みたい家に住み、価格高騰の恩恵を受けていたのだ。

私が確認したデータによると、その地域の不動産価格の上昇はすさまじかった――彼が見ていた物件はいずれも、その間に40～50万ドル値上がりしたかもしれない。彼はいまだに賃貸に甘んじているばかりか、家を買って大儲けする機会を逃した。いまでは完全に彼には手の届かない価格になっている。すべては頭金に2割貯めようと辛抱していたからこそ起きてしまったことだ。

ただ、頭金を20％以下に抑えられるのは、あなたの主な住居だけだということに注意しよう。あなたが住まない投資不動産だと、頭金は20～25％必要となるだろう。

主な住居に関して言えば、もし5％以下の金利でローンを借りられるのであれば、頭金として使う予定だった資金は引き続き株式市場に投資しながら、不動産には銀行から借りた資金を充てることによって、あなたは得をする可能性が高い。

一方、ローン金利が5％を上回る場合は、20％近くまで頭金を払った方がおそらく無難だろう。いずれにせよ、キャッシュプア（緊急時用のファンドの資金が十分ではない状態）に陥るのであれば、頭金に20％も払ってはいけない。マーケットに投資することによって、ずいぶん高いリターンを得られる場合も同様だ。純資産の3割以上を不動産の頭金のために使うのも御法度だ。

私がシカゴで最初の家を買ったとき、頭金は5%で市役所から少額の補助金をいただいた。もし20%の頭金を貯めるまで待っていれば、1年以上はかかったはずだ。欲しかった不動産を手に入れられなかったばかりか、価格は2割も上がっていただろう。それほどの急な値上がりはめったにないが、それでも頭金を少なくしてすぐに市場に参加し、手元に残った資金は住宅ローン金利よりも高いリターンが期待できる資産に投資した方が合理的な場合は多い。

過去5年の間に、私の不動産の価値は25万ドル以上上がった。20%の頭金を貯めるまで待っていれば、数十万ドルもの利益を逃していたことになるのだ。自分の不動産の価格がこれほど上がると知っていた？　もちろん知る由もない。確かにいろいろと幸運には恵まれたが、シカゴの不動産市場が低迷しているのは知っていたため、割安な物件に巡り会えることはわかっていた。私は価格が下がる真冬にその不動産を買った（誰が冬のシカゴで物件めぐりをするだろうか？）。私が買ったのはユニークな物件（ロフト付きで、国定歴史建造物の古い印刷所の建物）で、雰囲気が気に入っていた。

もし有利な条件でローンを借りられれば、銀行のお金で不動産を買うのは極めて容易になる。例えば、私は固定金利2・625%の15年ローンを借りているが、かなりの好条件だ。自己資金を住宅ローンの返済ではなく株式市場に投じたことで、ずっと高いリターンを得ることができた。株式市場はこの1年堅調で、リターンは23％だった。私の住宅ローンの金利は低いので、これからもローンの返済を優先することなく、資金は投資しておくつもりだ。ただ、リタイアすると決めて投資収益だけで生活するタイミングでは、住宅ローンを全額返済する予定だ。

これも結局は、正しい数字の計算ができるかどうかの問題だ。こんなことがこれまで可能だったのは、住宅ローンの金利が歴史的な低水準だった一方、株式市場が過去8年間、堅調だったからだ。同金利が10～12％だった1980年代には、ローン残高をできるだけ早く返済するのが正しい選択だった。投資でそこまで高いリターンを出せる可能性が低かったからだ。

不動産に投資するふたつの方法

不動産に投資する方法は主にふたつある。買って転売するか、そのまま長期的に保有するかだ。本章では長期保有することに主眼を置いているが、あなたの目標とする数字に到達する上で、これらふたつの戦略がいかに異なる役割を果たすのかを見ておきたい。

不動産の転売とは、ある不動産を買って、数年以内（数週間というケースもある）に売却することを意味する。修繕が必要な物件があれば、必要ではない物件もある。いずれにせよこの戦略の目的は、お買い得物件――あなたが支払う金額よりも価値がある、もしくは修繕によって大きく価値が上がる物件――を見つけ出すことだ。

転売はすばらしい副業であり、ほぼどこの町にもお買い得物件は見つかる。あまりに転売目的の投資家の数が多く、お買い得物件を見つけるのが難しい都市もあるが、あなたができることはそうした物件を探し続け、見つけたときにすぐに買える準備を整えておくことだ。

家の転売によって副収入が得られれば、さらに不動産を買い増したり、株式への投資を増やしたりできる。すでに学んだように、1031エクスチェンジのおかげで売却益を次の不動産の購入に充てることで、キャピタルゲイン税を繰り延べし続けることができる。転売を繰り返してより大きな家に買い換えることで、最終的に夢のマイホームを手に入れることも可能だ。マンション1棟を買って、部屋を貸し出すことだってできるのだ。

株式の長期保有と同じで、不動産も保有し続ける方が転売よりも経済的自立にいち早く到達する上ではより効果的な戦略だ。家賃収入という毎月の安定収入でローンの返済と毎月の支出を賄いつつ、時間とともに価値の上がる不動産ポートフォリオを構築できるからだ。株式ではそんなことはできない。節税メリットも大きい。賃貸不動産の所有に付随する利息や経費の多くが控除の対象であり、改修や修繕、管理にかかる費用が所得から控除できるのだ。

あなたの目標とする数字にいち早く到達する上では、キャッシュフローの方が不動産価格の上昇よりも重要だ（毎月の家賃収入で生活費を賄うことができるため、資産を取り崩すことなく生活していくことができる）。

また、キャッシュフローの方が収入としてより安定している。住人が家賃を払ってくれさえすればいいからだ。もし家賃を払ってくれなければ、立ち退きを求めるだけだ。一方、不動産価格は自分ではコントロールできない需給など多くの要因に左右される。

あなたの目標とする数字や毎月の支出次第では、必要なキャッシュフローを確保するのに多くの不動産を保有する必要はない。あなたの毎年の生活費を6万ドルとすると、月に直せば5000ドルだ。

賃貸物件を管理する費用――建物の修繕に加え、利用していれば管理会社の費用など――として、少なくとも25％は追加で必要となるだろう。そうすると毎月の家賃収入の目標額は、5000ドル×1・25＝6250ドルとなり、それだけの収入が得られる不動産が必要となる。

毎月6250ドルの収入が得られる不動産をひとつ保有してもいいし、毎月1250ドルの収入が得られる不動産を5つ保有してもいい。家賃を上げるという手もある。米国の家賃は通常、毎年3～5％上がる傾向にある。需要が多い地域の場合、さらに上げることも可能だ。現実的には、住人がなんとか払ってくれる上限の金額を請求するべきだろう。

5つの不動産を10年かけて購入することで、いかに月6250ドルのキャッシュフローを確保しつつ、純資産を増やせるのか。その工程を433ページの表にまとめている。

この例では、すべての物件で家賃収入が上がっていくため、毎月のキャッシュフローも増えていく。また、不動産の価値は上がる一方、借金の総額は減っていくため、資産価値から借金の総額を差し引いたエクイティも増える。あくまで10年間に限った計算だ。これらの物件を継続して保有すれば、家賃収入もエクイティも増え続けるだろう。キャッシュアウトしたくなれば、不動産を売却してエクイティの増加分を現金として手にすることができるが、そのまま保有し続けて、家賃収入とエクイティをずっと増やし続けた方が戦略としては優れている。

この例に関して言うと、不動産をさらに買い増したり、保有する不動産の価値がもっと上がれば、毎月のキャッシュフローの目標額にも経済的自立にもずっと早く到達できるだろう。5つは多いように思えるかもしれないが、たいていの人は副業として5つの不動産を問題なく管理できる。週に5時間もかからないだろう。

信頼できる管理会社や便利屋を見つけて、管理を委託することだってできる。不動産投資は規模を拡大しやすく、自由度も高い。あなたが稼ぎたい金額や管理に費やせる時間に合わせて、いくらでも物件を買えるはずだ。副業からフルタイムの仕事に昇格させた不動産投資家はたくさんいるが、あなたは自分の望むライフスタイルに合った投資戦略を選べばいい。

もし不動産の管理に時間を使いたくなければ、管理会社を簡単に見つけられる。管理費用(入居者探し、修繕計画などを含む)として、毎月の家賃収入の7~10%を支払うことになる。信頼できる管理会社が見つかれば、あなた自身はその不動産のある都市に住まなくてもいい。実際に多くの投資家がそうしている。バリ島(生活費は比較的安い)に住みながら、米国の不動産を運用して不労所得を簡単に稼げるのだ。

不動産投資でいかにしてキャッシュフローを確保していくのか

月6250ドルのキャッシュフローを生み出す5つの不動産ポートフォリオの例

年数	不動産	住宅ローン	毎月の 関連費用	家賃収入	キャッシュフロー	不動産の価値	エクイティ
1	1	$200,000	$2,000	$2,000	$0	$250,000	$50,000
2	1	$190,000	$2,000	$2,100	$100	$260,000	$70,000
3	2	$380,000	$3,500	$4,200	$700	$475,000	$95,000
4	2	$365,000	$3,500	$4,500	$1,000	$500,000	$135,000
5	3	$500,000	$5,600	$7,000	$1,400	$700,000	$200,000
6	4	$780,000	$8,400	$10,400	$2,000	$1,100,000	$320,000
7	5	$980,000	$10,100	$12,900	$2,800	$1,450,000	$470,000
8	5	$940,000	$10,400	$13,700	$3,300	$1,480,000	$540,000
9	5	$880,000	$10,400	$16,700	$5,300	$1,520,000	$640,000
10	5	$840,000	$12,100	$18,350	$6,250	$1,550,000	$710,000

すでに学んだように、株式市場と住宅市場の先行きは誰にも予想できない。そんなことができると言っている人は、大口を叩いているだけだ。ただ株式と同様に、不動産も割安で価格の上がりそうな物件を買うことはできる。例えば、学生は住む場所が必要なため、大学近くの不動産は優良な投資物件だ。また、魅力的な地域の特徴あるユニークな物件や歴史的な物件、もしくは人気のリゾート地にある物件も格好の投資対象だ。通常、不動産は魅力的なほど、価値も上がりやすい。少なくとも、不動産市場が荒れている場合を除いて、価値を維持してくれる。

初めて買う家というのは、あなたの人生において最も重要な投資判断のひとつだ。適正価格で売られている優良物件を探すのに少し余分に時間をかけるだけで、家賃収入と価格の上昇によって、短期間で大金を稼げるかもしれないのだ。

都市部に住もうが田舎に住もうが、どこにでも割安物件はある。最初はひるむかもしれないが、不動産投資も株式投資と同じでそれほど複雑なものではない。ただ気をつけてほしいのは、株式投資と同様で自分が理解しているものだけに投資し、耐えられるリスクだけを取るべきだ。その市場とその地域への理解が深まるほど、あなたは優れた投資家になれる。インターネットで物件価格に常に目を光らせ、自分の縄張りと決めた地域の物件を実際に見ておくことで、市場に関する知識は独学で身につけられる。もしくは、その地域に精通している不動産業者に委託して、割安物件を探してもらうという手もある。

経験を重ねていけば、複数の世帯が住める家やマンション1棟にも手を広げていくことができる。本章ではマンション1棟への投資は詳しく取り上げないが、あなたが思っているほど難しいものではない。シカゴでは、6戸のマンション（すでに入居済み）がおよそ100万ドルで手に入る。頭金は15~30%だ。5戸以上ある建物は商業用物件と見なされ、商業用不動産ローンの対象となる。ただ、家賃収入がローンの返済額を賄ってくれれば、ローンを借りることは難しくない。家賃収入を確保しつつ、値上がり益を享受することだってできる。

投資家を募って不動産投資を拡大する

たまたま不動産投資が気に入ったという人には、不動産ビジネスを手早く拡大できる方法がある。共同事業パートナー、つまりあなたとあなたの物件に投資してくれるほかの不動産投資家を見つけるのだ。ほかの投資家と手を組むメリットは、大きく言って3つある。まず第1に、銀行以外の貸し手からより有利な条件で融資を得られるということだ。2番目に、そのパートナーが経験豊富な投資家であれば、多くのことが学べる上、マーケットの変動に対してもうまく対処できる。

不動産投資を長く続けていると、マーケットの変動に合わせて投資の仕方を変える必要性が出てくる。例えば、あなたの市場で不動産価格が高騰すれば、修繕や改修目的で物件を探し始めることが必要になるかもしれないのだ。

3番目に、経験豊富な投資家の周りには優秀なチームがいるため、あなたもより優秀な専門家——修繕・改修業者、ホームインスペクター（住宅診断士）、不動産管理業者、弁護士など——とチームが組めるようになるかもしれない。あなたに投資してくれる場合は、投資に対して最高のリターンが得られるように、自分たちの仲間も共に引き連れてきてくれるはずだ。

不動産投資において、価格の上昇は予想したりコントロールできるものではないが、経費やキャッシュフローはあなた自身がコントロールできる。経験豊富なパートナーは経費やキャッシュフローの面でアドバイスをくれる存在であり、あなたのビジネスを急速に成長させてくれる。投資パートナーを探す決断をした場合は、必ずあなたよりも業界での経験が長く、所有物件数の多いパートナーを探そう。最も経験が豊富な投資家とパートナーを組むようにすべきだ。ただ、プロに投資してもらうためには、価格が上がりキャッシュフローも増えている物件に投資してきたというあなたのトラックレコードも必要となる。

私も最初の（もしくは2番目の）不動産を買って、不動産投資でお金を稼ぎたい。これまでの文章を読んで、あなたがそう思ってくれることを願っている。ある賢明な投資家の言葉だが、「稼げるかどうかは、物件を売るときではなく買うときにすでに決まっているのだ」。おそらくあなたも、できる限り一番いい掘り出し物件を探したいと思っているはずだ。どうすればすばらし

い物件に巡り会える可能性が高まるのか、いくつかのアドバイスを以下にまとめてみた。

すばらしい物件に巡り合うための9つのアドバイス

1. 投資判断の際に従うべき基準をつくる。

あなたはどのようなタイプの物件に投資したいのか？　どのような地域の物件か？　投資に基準を設けることで対象が絞りこまれ、特定の物件や地域の専門家になれやすくなる。結果的に、割安物件も見つけやすくなるのだ。

ほとんどの成功者は自分の縄張り以外の物件には手を出さず、理解しているものだけに投資する。ワンルームであれ、一軒家であれ、マンション1棟であれ、トレーラーハウスであれ、商業用不動産であれ、はたまた駐車場であれ、自分のニッチな市場を持ち、その縄張りの外に出ないことで物事はずいぶん楽になる。

2. 予算を設定し、住宅ローンを事前に承認してもらう。

物件を探し始める前に、住宅ローンを事前に承認してもらうことをオススメする。そうすれば前もって予算の範囲が決められる。事前承認をもらうことで不動産業者には真剣さが伝わり、お気に入りの物件が見つかったらすぐに買えるようになる。やることは、融資してもらえる会社に書類を提出するだけだ。最も有利な条件のローンを見つけられるように、4社以上から資料を取り寄せて比較するようにしよう。

3．すぐにキャッシュフローがプラスになり、高い収入と価格の上昇が見込める物件を探す。

すぐにキャッシュフローがプラスになる（家賃収入が少なくともローンの返済額や税金、予想される支出をカバーできる）物件だけを買うべきだ。買った直後からキャッシュフローがマイナスになるのであれば、そんな物件を買う意味はない。

あらゆる市場（特に価格の高い市場）でうまくいくわけではないが、1％ルールというのが投資家の間ではやっている戦略のひとつだ。毎月の家賃収入が不動産の販売価格の少なくとも1％を見込める物件を探すというものだ。

例えば、ある物件が20万ドルで売り出されているとすると、毎月の家賃収入が2000ドルであれば1％ルールをパスしたと言える。もしその収入を下回れば、家賃収入では住宅ローンの返済や必要な経費を賄えない可能性が高い。家賃収入がいくらになるのかを把握するために、似ている物件がいくらで借りられているのかをインターネットで調べてみよう。もっと保守的に計算したいのであれば、2％を目指してもいい。1～2％の間が始めるには手頃な水準だ。

また、少なくとも住宅ローンの返済額に1～2割加えたキャッシュが生み出せる物件を買うべきだ。その1～2割は必要な経費に加えて、数カ月入居者が決まらない場合に備えたクッションとしての役割も果たす。

さらに、家賃が最も上がりそうな地域で、値上がりの可能性が最も高い物件を買うようにしよう。家賃はいまのところ手頃だが、様々な施設や市の中心部、大学などに近いことから、今後上がりそうだと思える住宅地を探すのだ。開発途上の地域、もしくは高齢者の売却物件が多く、若い買い手や家族が流入しつつある地域を探すようにしよう。

アーティストやミュージシャン、ヒップスター（流行に敏感な人）、学生の動向にも目を凝らそう。彼らは今後5年で最も価格が上がりそうな、クールな地域やユニークな物件に流れ込むことが多い。他人が5年後に住みたくなるような物件を買おう。もし資金的な余裕があれば、ニューヨークのマンハッタンやロサンゼルスのヴェニス、サンフランシスコのノースビーチなど常に需要が上向きの地域の物件でもかまわない。

4．あなたのために汗をかいてくれる優秀な不動産業者を探す。

あなたが掘り出し物件を探すのにかける時間の多寡を問わず、優秀な不動産業者は我々にとってかけがえのない資産だ。彼らは市場を知り尽くし、あなたの基準を理解し、目にしたときに瞬時に優良物件を見分けることができる。

私の経験によると、不動産業者は巷にあふれているものの、優秀な業者は非常に少ない。優秀な業者とは自分たちだけのためではなく、あなたのために掘り出し物件を探してくれる業者だ。優秀な不動産業者を見つけるのは、優秀な医者を見つけるようなものだ。気が合う上に、あなたの最善の利益を考えてくれる業者を見つけよう。

まずはZillowなどのサイトのレビューを見ることから始めよう。それから何人かと面談を取り付けるのだ。ほとんどの不動産業者は潜在的な買い手との面談には積極的だ。質問をしっかりと用意して、彼らが顧客に仲介した直近の2、3の掘り出し物件について話を聞こう。販売用物件だけではなく、投資用物件に関しても具体的な質問をし、彼らがこれまで顧客に仲介した物件がどうなったのかを聞き出すのだ。

5．閑散期に物件巡りをしよう。

ほとんどの物件は春の数カ月の間に売買される。価格も一番高い時期だ。掘り出し物件を見つけるには、ほかの誰も動いていない閑散期に探すというのがひとつの手だ。寒さの厳しい都市では冬の間などがオススメだ。10～12月の間に買われた家は、ほかのどの時期に買われた家よりも価格が下がる。競争相手が限られるため、販売価格が抑えられるからだ。

見通しの悪い時期に不動産を売却している売り手は、すぐに売ろうと必死なケースが見られる。そのため、割安な価格で手放してくれるかもしれない。また、年末もオススメの時期だ。一部の人や銀行は不動産を始末して帳簿から落としたいと思っている。

6. フォークロージャーやショートセールを探そう。

フォークロージャーとは、所有者が住宅ローンを払えないため、銀行が差し押さえて売りに出している物件だ。忍耐強く待てば、すばらしい掘り出し物件に巡り会えるかもしれない。ただ、一部のそうした物件はひどい状態であることを肝に銘じておこう。不動産が非常に安いときには、それなりの理由がある。必ずお金をかけて隅々まで調べてもらうようにしよう。

ショートセールとは、貸し手（通常は銀行）が所有物件［未回収のローン残高が資産価格を上回る物件］を損失覚悟で売りに出すことによって、帳簿から落とす行為だ。銀行が物件を所有しているため、取引の手続きが終わるまでに時間がかかるかもしれないが、それだけの労力の甲斐はある。申し込んでおいて損はないだろう。

ZillowやTruliaなどのウェブサイト、もしくは不動産会社などでフォークロージャーやショートセールのリストを見ることができる。いつでもすぐに動ける準備をしておこう。割安物件は待ってはくれない。

7. 試しに近くに住んでみる。

興味のある地域に試しに住んでみる簡単な方法は、AirbnbやVRBOなどホームシェアリングのサイトを利用して、近くの家やマンションを借りてみることだ。週末はどういった雰囲気なのか？　夕方は？　徒歩で簡単に歩いていける場所は？　物件を数回見たところで、こうした質問に対する答えは得られない。メインの住居を買う場合でも、賃貸用の不動産を買う場合でも、必ず試しに近くに住んでみよう。あなたが気に入れば、ほかの人もきっと気に入るはずだ。第三者の意見を得るために、必ず友人や家族、パートナーにも見てもらうようにしよう。

8．経験豊富なホームインスペクターを見つけよう。

見た目がどんなに立派でも、家は必ずどこかしら具合が悪く、売主はその瑕疵をあなたに報告する必要はない。だからこそ買いたいと思っている物件をしっかりと検査することは極めて重要なのだ。すべてのホームインスペクターが等しく優秀なわけではない。資格がなくても商売ができる仕事だ。ホームインスペクターを探すときは、グーグル検索で終わらせずに、しっかりと時間と手間をかけて探した方がいい。

長く従事しているホームインスペクターを探し、彼らが最近手がけた検査報告書を見せてもらおう。すべてのホームインスペクターが家を買う前に見ておくべき箇所を漏らさず確認しているわけではない。例えば、害虫検査をしないホームインスペクターは多いが、実際は必ずやるべきことだ。また、検査には立ち会って、彼らにどこが具体的におかしいのか指摘してもらおう。できるだけたくさん質問するべきだ。買った後に高額の修繕費用が必要な瑕疵を見つけることほど、避けたい事態はないだろう。

もし気に入らないことがあれば取引から手を引けるように、ホームインスペクションの結果次第で買いのオファーを入れるという手もある。少なくとも、修復すべき瑕疵が見つかれば支払う金額を減らしてもらうよう準備をしておくべきだ。特に大きな修繕が必要な瑕疵を見つけた場合は、多くの売主が快く交渉に応じてくれるはずだ。

9. 取引から手を引く準備をしておこう。

不動産取引とは当たりよりもハズレが多い。株式の売り買いと同じように、感情をコントロールすることが極めて重要だ。あまりにも多くの人が感情的になりすぎる。可能な限り最良の投資物件を探す覚悟を持つべきであり、あなたの基準に満たない物件（高額すぎる、あまりに多くの修繕が必要、何かがしっくりこない）であればすぐに取引から手を引く準備をしておこう。署名欄にサインするまでは、取引は成立していない。もしそれが最善だと思えば、思い切って取引から手を引こう。

あらゆるタイプの投資と同様に、不動産投資にもリスクはつきものだ。ただ、上記の原則に従って、余裕のある頭金だけを払い、ハウス・ハッキングを利用して不動産の保有に伴う費用を削減できれば、リスクを最小限に抑えられる。あなたが目指す不動産ポートフォリオの規模を問わず、不動産投資は非常に融通がきいて、大金を稼ぐことができ、経済的自立への到達も大いに早めてくれるものだ。

第11章まとめ

1 不動産投資はポートフォリオとリスクを分散するためのすばらしい手段だが、ただそれだけではない。値上がりが早く、資産を急速に増やしてくれるものであり、多くの点で株式よりも優れた投資だ。

2 株式投資の場合、あなたの資産は投じた資金と複利収益の大きさだけに比例して成長する。ところが不動産の場合、あなたの資産は不動産価値の上昇と共に増えていくが、資金の投入は頭金だけで済むため、資産を株式よりもずっと早く大きくすることができるのだ。

3 最初の不動産を買うためには、⑴頭金のための十分な貯蓄、⑵住宅ローンを借りる資格――が必要となる。

4 一般的なアドバイスは、住宅ローンの返済や税金などを合わせた支出が手取り収入の4割を超えてはいけないというものだ。私はリスクを取る投資家だが、4割という数字は高すぎると感じている。3割、もしくはそれ以下が安全な水準だと思う。

5 不動産に投資する方法は主にふたつある。買って転売するか、そのまま長期的に保有するかだ。

6 たまたま不動産投資を気に入ったという人には、不動産ビジネスを手早く拡大できる方法がある。共同事業パートナー、つまりあなたとあなたの物件に投資してくれるほかの不動産投資家を見つけることだ。

7 すばらしい物件に巡り合うための9つのアドバイスは、

・投資判断の際に従うべき基準をつくる。
・予算を設定し、住宅ローンを事前に承認してもらう。
・すぐにキャッシュフローがプラスになり、高い収入と価格の上昇が見込める物件を探す。
・あなたのために汗をかいてくれる優秀な不動産業者を探す。
・閑散期に物件巡りをする。
・フォークロージャーやショートセールを探す。
・試しに近くに住んでみる。

・経験豊富なホームインスペクター（住宅診断士）を見つける。
・取引から手を引く準備をしておく。

第 12 章

十二分な資金を確保するための戦略

MORE THAN ENOUGH

亡くなるまでいかにして投資収益だけで生活するか

数年が経ち、あなたは早期リタイアに向けた最終コーナーを回り、いまや仕事を続けるのかどうかを選択できる状況に近づいている。そんな未来を想像してみよう。そのころにはあなたは本書で書かれている以上の知識や技術を習得し、経済的基盤も盤石だ。過去4年間、収入の半分以上をこつこつと貯蓄に回し、それを賢く運用している。あなたの計算によれば、今後3年間、株式市場が二桁の下落をしない限り、5年以内にリタイアできる状況だ。

早期リタイアに近づくにつれて、毎月のお金のやりくりも上達してきた。懸命な試行錯誤を通じて支出を最適化しており、無駄なお金は使っていない。支出の目的は幸福でいるため、必要なものを手に入れるためだけだ。支出の最適化を反映させて、新たに目標とする数字も設定し直し、いまはその数字にも届こうとしている。ついにあなたはエグジット戦略を考える時期に来た。そのためには、次の3つのことを真剣に考えなければならない。

1. 収入と投資資金からの取り崩しと手持ちの現金を使ったキャッシュフロー戦略（つまり、いかにして毎月の支出を賄うか）
2. いかにして亡くなるまで投資資産だけに頼って生活できるようにするか
3. リタイアした暁には、何をするのか（なんでも好きなことをしてかまわない！）

投資資金を取り崩す戦略において一番重要な目標は、あなたが亡くなるまで資金を持続させるということだ。もし一歩踏み間違えれば、再び働かなければならなくなる。45歳であればまだ難しくないが、75歳になると大変だ。目標とする数字を計算する際と同じで、亡くなるまで投資資金だけで生活するための戦略は決して厳密な科学ではなく、時間とともに変化していくものだ。

ただ、その可能性を大いに高めてくれる多くの原則や戦略がある。大切なのは、まずできるだけ大まかな数字を計算するということだ。これは一度限りのプロセスではない。定期的なルーティンの一部として、目標とする数字を四半期に一度（年に4回）計算し直した方がいいということを忘れないでおこう（心配しなくても、作業には5分ほどしかかからない）。

資金を取り崩すための戦略は、できるだけ早く計画を始めた方がいい。決して早すぎるということはない。そうすれば、59歳6カ月になる前に税優遇口座からお金を引き出して罰金を払うような羽目に陥らなくて済むし、課税口座にかかる税金も最小限に抑えられる。最も損の少ない資金の取り崩し方を知っておくことで、あなたは確実により賢明な投資家になれるのだ。

私は今のところまだリタイアしていないが、過去数年間、どうすればリタイアできるのかを計画してきた。本章では、目下利用されている取り崩し戦略の中で一番オススメできるものをまとめている。ただ、あなたが実際に早期リタイアのタイミングに近づき、投資資金だけに頼って生活しなければならなくなったときには、時間をかけて最新の戦略を自分自身で調べてみた方がいい。税法の改正や法の抜け穴が新たに見つかる（新たな抜け穴ができれば、それは必ず誰かが見つける！）ことによって、おそらく戦略も変わっていくからだ。

本章で書かれていることは決定版ではなく、あくまでフレームワークを提供するものにすぎない。あなたが投資資金だけで生活しなければならない時期に近づいたときには、自分のニーズに合わせて各々カスタマイズしてほしい。

キャッシュフロー戦略を計画し、資産を調整する

早期リタイアが差し迫ってくると、どのように毎月の支出を賄えばいいのか考え始めたくなるだろう。戦略を左右する主な要素は、毎月の必要額に加え、すぐに投資資金を取り崩す必要があるのか、もしくは家賃収入など信頼できる収入源に頼ることができるのかどうかだ。すぐに投資資金を取り崩す必要がある場合は、債券などのフィクスト・インカムからの収入に頼れるよう、投資戦略をより保守的な債券寄りのアロケーションに変更したいはずだ。

早期退職者の間でよく使われているアセットアロケーションは、株式6割／債券4割、もしくは株式4割／債券6割だ。長期的な株式市場の上昇の果実を享受しつつ、債券から固定収入を得て、生活費として利用できるアロケーションだ。より保守的なアロケーションの場合、フィクスト・インカムの資産に頼って生活しているのであれば、株式資産は放置して、複利で増やし続けることができる。

一方、毎月の支出のためにポートフォリオの3～4％未満しか取り崩せない早期退職者の中には、資産の長期的な成長性を最大限活用するために、株式に全額投資している人もいる。どれくらいのリスクを取るのかはあなた次第だ。保証された固定収入に頼って生活したいと言うのであれば、そのようなアロケーションにしてもらってかまわないのだ。債券の優れた特徴のひとつは、毎年どれくらい増えるのか正確に先が読めるため、収入が保証されているということだ。

できるだけ長く副収入や不労所得に頼って生活する

もし可能であれば、投資収益に手をつける前に、不動産の家賃収入、副業からの収入、不労所得からの収入を使って毎月の支出を賄うようにしよう。あなたの目標とする数字を計算する際にも言及したことだが、ここで改めて触れておくと、どのような形であれ収入があれば、投資資産から取り崩さなければならない金額を抑えることができる。

例えば、毎月の支出を5000ドルとして、家賃収入で月に2000ドル稼いでいれば、その不労所得のような2000ドルのおかげで資産を取り崩す金額は4割減り、3000ドルになる。家賃収入が月2000ドルあるだけで、年間2万4000ドルが投資口座に余分に残り、増え続けるのだ。副収入だけで毎月の支出を賄えるようになれば、亡くなるまで副収入に頼って生活でき、投資資産には手をつけなくても済む。フルタイムの仕事以外で収入源を確保することによって得られる、最大の利点のひとつと言えるだろう。

株式市場に合わせて取り崩す割合を調整

本書ですでに学んだように、既存の研究に基づけば、あなたの期待年間支出の少なくとも25〜30倍の投資資産があり、3〜4%という安全な引き出し率（インフレ率次第で調整）を継続すれば、資産が亡くなるまで持続する可能性は非常に高い。ただ注意しておきたいのは、安全な引き出し率に関しては我々の仲間うちでも議論が紛糾している。リタイアのタイミングが近づくにつれて、自分で改めて詳しく調べてみた方がいいだろう。

あなたのリタイアの準備が整っているころには、新たな調査結果が出て、推奨される引き出し率が今とは変わっているかもしれない。あくまで私が調べた範囲だが、3〜4%という引き出し率は元本を取り崩すことなく、将来的に増やしていく上で保守的な数値だ。

いずれにせよ、生活に必要なお金はできるだけ切り詰め、できるだけ多くの資金を投資に回し、複利で増やしていこう。あなたがリタイアしてから最初の5〜10年の投資パフォーマンスは、資金が持続する期間に大きな影響を与える。いわゆるシークエンス・オブ・リターンズ・リスクだ。

例えば、あなたが資金をすべて株式市場に投じ、株式市場が30%下落する直前にリタイアすれば、資産が3割減った状態（もしかしたらあなたの数字を下回る資産の額）でリタイア生活を始めることになる。目標は元本に手をつけることなく、リタイアしてから最初の5~10年を切り抜けることだ。

リタイア後の数年間に株式市場がそれだけ下落したところで、次の10年の間にはその損失を取り戻せる可能性は非常に高い。研究によれば、史上最悪の株式市場の暴落の後でさえも、適切なアセットアロケーションを維持して3~4%（+インフレ率）の引き出し率さえ守っていれば、ほとんどの場合資金は亡くなるまで枯渇しない。

もし株式市場が前年に暴落すれば、リタイアを1、2年先延ばしにする、もしくは取り崩す額を減らすために副業の収入を増やすのもひとつの手かもしれない。いずれにせよ、できるだけ多くの資金を複利で増やすために、投資資産からの取り崩しは常にできるだけ抑えた方がいい。株式市場が23%上昇する年があっても、必要最小限の資金だけを取り崩し、残りの資金は増やし続けるべきだ。

正しい取り崩し戦略を実行すれば、シークエンス・オブ・リターンズ・リスクも最小限に抑えられる。例えば、債券のアロケーションを増やして、リタイア後の5~10年はフィクスト・インカムからの収入に頼って生活し、余った資金だけを株式に投じて増やし続けるといった戦略だ。

そうすれば、株式市場の推移に影響を受けない収入が保証されることになる。

あくまで現金とフィクスト・インカム資産を主体にして生活しつつ、株式資産の取り崩しは補完的な位置付けにすることを目指した方がいい。そうすれば、上昇相場でも下落相場でも、常に可能な限り多くの資金を株式市場に投じたまま増やし続けることができる。株式市場が下落している年には、フィクスト・インカムと現金だけで生活すべきであり、株式市場が上昇している年には、必要な場合のみ株式からの収益を取り崩してもいい。

3~4%の引き出し率というのは極めて保守的な戦略であり、リタイア後の5~10年間生活費を抑えられれば、それ以降のポートフォリオは楽に2倍、3倍、4倍に増えていく。そうなれば支出も簡単に増やせるし、そうしたければもっとお金を使ってもかまわない。

例えば、期待年間支出を5万ドルとし、リタイアまでに125万ドルを投資していたとする。3~4%の引き出し率で生活するつもりであれば、30数年後には投資資産が500万ドル以上に増えているというのも現実的なシナリオだ。資産が増えれば5万ドル以上引き出すのも可能で、年齢を重ねていくにつれて、支出を増やすことができる。資産が500万ドルもあれば、4%の引き出し率でも20万ドル引き出せるのだ！ ただ、亡くなるまで資金を持たせたいのであれば、必要な分だけ引き出すよう心がけた方が賢明だ。

まずは課税口座から取り崩す

あなたのパーソナル・ファイナンスの状況次第で変わってくるが、現行の税法に従えば、59歳6カ月になる前に投資収益を使って生活する必要がある場合、次の順番で資金を引き出した方がいい。最初に課税口座、つまり早く取り崩しても罰金を払う必要のない口座から資金を引き出そう。取り崩すのは投資から得た収益の一部だけにとどめ、元本自体に手をつけてはいけない。そうすれば、可能な限り多くの収益と元本を投資したまま増やし続けることができる。

課税口座から取り崩すメリットは、大きく3つある。まず、早期に取り崩したところで罰金がないため、いつでも資金を引き出すことが可能だ。また、課税対象となるのは収益の部分だけだ。さらに、1年以上保有している資産で得た収益に対しては、通常の所得税よりも税率が低いキャピタルゲイン税が課される。まず課税口座の投資収益から手をつけることによって、税優遇口座の資金をそのまま増やし続けることができるため、最終的により大きな節税につながるのだ。

補足説明をさせてもらうと、安定的な配当収入が得られるように配当銘柄中心に課税口座の株式ポートフォリオを構築していた場合、その配当収入だけで毎月の生活費を賄えれば、亡くなるまで投資元本には手をつけることなく生活できる。

課税口座の投資収益を完全に使い切った後も、税優遇口座の資金に手をつける前に課税口座の元本を取り崩そう。税優遇口座に手をつけるのは、課税口座の中の資金がすべてなくなってからだ。

収入をできるだけ抑え、控除を最大限活用する

あなたの収入が低ければ低いほど、投資収益に対して払う税金も少なくて済む。もし収入を所得税とキャピタルゲイン税が課される最低限度額以下に抑えれば、支払う税金がゼロになるかもしれない。主に投資資産に頼って生活すると決めたら、税金をできるだけ抑えるために、ほかのあらゆる収入を必要最低限にしておくことは重要になる。

大変な作業のように思えるかもしれないが、決してそんなことはなく、経済的自立の到達に近づいているころには、税金をできるだけ抑える資金の取り崩し方についてもっと学べるはずだ。支出が少なければ少ないほど、税負担も抑えられ、あなたの資金は長持ちする――生活費を抑えるもうひとつの利点だ！

所得控除も投資資産の取り崩しに伴う税負担を緩和してくれる（ときには免除してくれる）。

本書の執筆時点では、合算申告した夫婦の基礎控除額は2万4000ドルであり、子どもの扶養や適格株式配当、医療費、仕事の経費なども控除の対象となる。税コストの最適化に関してはできるだけ学ぶよう心がけよう。早期リタイア戦略について詳しい税理士を時間給で雇って、税コストの最適化に関するあらゆることを教えてもらうのもひとつの手だ。

税コストの最適化と聞くと退屈に思えるかもしれないが、知れば知るほど節税につながり、より多くの資金を投資に回せる。結果的に、資産はより大きく増えて、長持ちしてくれるのだ。ほかの資金管理と同じで、税コストの最適化も時間とともに負担を感じなくなる。

で、何をする？

もしあなたが早期リタイアするつもりであれば、持て余した時間を何に使うのかきちんと計画しておきたいところだ。しばらくはゆっくりする時間に当ててもいいが、ある程度は働いた方が健全な生活が送れる。

ただ、「働く」の定義は自由だ。どこまでも開かれている。これまでやりたかったことを自由にやればいい。好きなことをパートタイムの仕事にする、情熱を傾けられるプロジェクトを実行する、新たなベンチャービジネスを立ち上げる、個人的なミッションや社会奉仕活動に従事する、世界中を旅して回る、体を鍛えるなど、何をやってもかまわない。「リタイア」の意味は、あなた自身が決められることを忘れないでほしい。それこそが自由というものだ。

早期退職者の中にも、リタイアするために懸命に戦略的に働いてきたものの、いざリタイアした後に思い悩むケースは少なくない。「いったい何をやったらいいのか?」と感じるのだ。仕事生活のすべてをこの目標の達成に捧げてきた場合、いざ達成してしまった後は、そのエネルギーを何か別のことに傾ける必要が出てくる。あなたのアイデンティティを支えていたものが肩書、給与、専門的地位であっても、次の人生への移行に備えておく必要がある。

そうした移行が簡単かどうかは、様々な要因——例えば、あなたの個性、お金の稼ぎ方、経済的自立への到達の仕方、自分の仕事が好きかどうか——に左右される。移行すると決めた際は、徐々に移行してもいいし、思い切って一気呵成に移行してもいい。

自分にとって最善の計画を立て、正しいと思えることをやろう。自分がこれまでずっとやりたかったことに挑戦し、時間をかけて新しいことを見つけるのだ。自分を成長させ、変化させよう。私も自分が5年後、10年後、20年後、30年後にどこにいるのかなど想像すらできない。

自由とはどこまでも開かれ、不確かなものだ。ただ、あなたが自由を受け入れたとき、人生は無限の豊かさを持つ。

第12章まとめ

1 リタイアの準備が整ったら、投資資産ができるだけ長く持続するよう、正しい取り崩し戦略を考える必要がある。

2 投資資産を取り崩すための戦略は、できるだけ早く計画を始めた方がいい。決して早すぎるということはない。そうすれば、59歳6カ月になる前に税優遇口座からお金を取り崩して罰金を払うような羽目に陥らなくて済むし、課税口座の資金にかかる税金も最小限に抑えられる。

3 できるだけ長く副業の収入と不労所得だけで生活しよう。

4 まず課税口座から資金を取り崩そう。

5 控除を最大限活用しよう。

6 本気で早期リタイアするつもりであれば、持て余した時間を使ってやることや常に忙しくいられる興味の対象を持つべきだ。理想的には、何か目的を持ってリタイアすべきだ。情熱を傾けられるプロジェクト、強い使命感を感じること、世界を舞台にした旅行など、あなたがこれまでずっとやりたかったことだ。自由とは広大で、不確かなものだ。あなたが自由を受け入れたとき、人生は無限の豊かさを持つ。

第 13 章

将来を最適化するためのフレームワーク

THE FUTURE-OPTIMIZATION FRAMEWORK

毎日、毎週、毎月、毎四半期、毎年の習慣

あなたはこれまで本書を通して、純資産の把握の仕方、目標とする数字の計算の仕方、小さな目標に落とし込む方法、貯蓄率の計算の仕方、お金を将来の潜在価値の視点で見る方法、昇給を勝ち取る方法、フルタイムの仕事を踏み台にする手法、儲かる副業を見つけ、大きくするやり方、不動産への投資の仕方、税金と手数料を最小限に抑えるやり方、投資収益を最大化する方法など、できる限りお金を稼ぐ上で役に立つ考え方とフレームワークを学んできた。

誰しもすぐにお金持ちになりたいし、あなたはなれるかもしれないが、本書で学べることはより現実的で、すぐにお金持ちになるやり方ではなく、より早くお金持ちになるやり方だ。困難さの度合いは人によって異なるが、あなたの目標とする数字に到達するのに5年かかっても、20年かかっても、ゲームのルールはみな同じだ。支出を減らし、もっとお金を稼ぎ、税金を最小限に抑えて、できるだけ投資に回すのだ。

本書の前の方でも説明したが、エンタープライズ・マインドを持つということはつまり、時間当たりの稼ぎをできるだけ増やすやり方を見つけ出すということだ。私がお金について真剣に考え始めたのは2010年だが、100万ドルをできるだけ早く貯めることに照準を合わせた。好きでもない仕事を40年間もしたくなかったからだ。それから数年後、5年でその目標を実現できるかもしれないことに気づいた。ただ、真っ当な計画を立てるだけではダメだ。

経済的自立を可能にする戦略はすでに学んだが、実践しなければ絵に描いた餅だ。本章では、将来を最適化するためのフレームワークについて学ぶ。これまで学んできたことをすべて日々の生活に落とし込むことを目的としている。

次に掲げる４つの原則はこのフレームワークの土台であり、お金だけではなく、あなたの人生のあらゆる局面において、成功の可能性を大きく高めてくれるはずだ。

とにかく始めよう

本書はあなたのお金とあなたの時間の両方を最大限活用することについて書かれている。すなわち、学んだ戦略をできるだけすぐに実行に移さなければならないのだ。時間を無駄にしてはいけない。すぐに何かを始めよう。きょう始めるのだ。確定拠出年金の掛け金を増やす、昇給してもらえる方法を計画する、副業を始める、５ドル多く貯蓄する。何でもいいから、とにかくすぐに始めよう。

すぐに始めることは、完璧な決断をするよりも大切なことだ。「これくらいでいい」と決めてすぐに始めることは、完璧なタイミング、完璧な仕事、完璧なアイデアを待つよりも大切なのだ。過度に分析しすぎてはいけない。友人や家族の中で、あなただけがこの道を歩いているかもしれない（彼らを改宗するまでは！）が、すべてを学び終えるまで待ってはいけない。やりながら学んでいくのだ。この道を歩むのは決してあなたが初めてではない。他人から学べるのだ。私からだって学べる。歩きながら学んでいくのだ。学習とは果てしなく続くものだ。

何冊の本を読んでも、どれだけの数の授業を受けても、実践に勝るものはない。経験を積めば積むほど、予測可能な結果に基づいて決断することが容易になる。お金を稼ぐ機会を見つけるのも、投資することも、リスクと付き合うことも、リスクを取るべき時期を図るのも、イエスとノーのタイミングを知るのも、すべて楽にできるようになる。

私はこれまで、数え切れないほどの過ちを犯した。きっとあなたもこれから過ちを犯すはずだ。大切なのは引きずらないことだ。とにかく諦めずに続けるのだ。私からお願いがある。本書を机の上に伏せて、すぐにあなたの銀行口座にログインしてほしい。残高のページを写真で撮ってプリントアウトし、トイレかクローゼット――どこか毎日目にする場所――にその写真を貼り付けてほしい。その後に、futureme.orgのサイトを開こう。そこには将来のある特定の日に、あなた自身にメールが送れる無料のツールがある。次の3つの質問に答えて、1年後、5年後の自分にメールを書いてみよう。

1. 経済的自立とは、あなたにとって何を意味するのか？

2. あなたは何に幸せを感じるのか？

3. 1年後にどこまで到達していたいか？　5年後は？

これはまさに、33歳でリタイアしたアニータが実践したことだ。彼女は経済的自立を目指す旅の間、ずっとモチベーションを維持できるように、将来の自分に宛ててメールを送った。将来、それぞれのメールを開くたびに、自分がどこまで到達したのか、どれだけ成長したのかを実感する。5年後のあなたは、おそらく今のあなたとはずいぶん違う人間になっていることを忘れないでおこう。あなたの目標、優先順位、夢も、あなたと一緒に変わっていくものだ。

ここがあなたの出発点だ。1年後に振り返り、自分の進歩に驚くはずだ。8年前には私は完全に無一文で、本書で書かれていることについても何も知らなかった。その1年後には貯蓄率をゼロからおよそ60%に引き上げ、収入源をひとつから7つに増やし、10万ドル以上を貯蓄した。

次に並べたのはきょう始めるために、今すぐできる10のことだ。

①確定拠出年金の拠出割合を少なくとも1%上げる。5%以上を目指そう。

②まだ持っていなければ、ロスIRAを開設しよう。すでに持っていれば、少なくとも5ドル拠出しよう。もし口座を開設する資格がなければ、トラディショナルIRAを開設し、少なくとも5ドル拠出しよう。

③毎日、もしくは毎週、ロスIRA、もしくはほかの口座に少なくとも5ドル自動的に振り込むよう設定しよう。

④福利厚生を見直し、最大限活用しておくようにしよう。

⑤自分の現在の市場価値を分析し、昇給を求める際に使える証拠を集めよう。
⑥5つの新しい副業のアイデアを書き出そう。
⑦新たに興味のある人3人にコンタクトし、ランチやコーヒーの約束をしよう。
⑧家が賃貸なら、家を買った方が得かどうか計算し、買うにはいくら必要か計算しよう。
⑨家を持っているなら、収益物件を探してみよう。
⑩貯蓄率を記録するスプレッドシートを作成、もしくはオンラインのツールを利用しよう。

大切なことだけに集中し、ノーと言うことを学ぼう

お金を稼ぐのと同じように、時間の浪費もかつてないほどしやすくなっている。我々は数時間、何も考えずにネットサーフィンをしたり、週末を使って一気にテレビドラマをまとめて見たりしている。時間の浪費のプロだ。ただ、時間とはあなたにとって最も貴重な資産であることを忘れてはならない。自分の時間を最大限活用しなければならないのだ。

デスクでどれだけ長い時間を過ごそうが、どれだけの数のメールを送ろうが、どれだけの会議に出席しようが、どれだけ忙しかろうが、どれだけ一生懸命働こうが、どれだけのことをこなそうが、そんなことは重要ではない。正しいことに取り組んでいなければ、価値のあることは何も

成し遂げられない。

お金に関して（人生のほかのことでも）自分を前に進ませたいのであれば、自分自身にイエスと言い、ほかのほぼすべてにノーと言えるようにならなければならない。他人はあなたほどあなたの時間やお金を大切にしない。そうしたいときは時間もお金も他人に寛大に与えていいが、そうしたくないときは何が何でも死守しよう。

人生を流れに任せれば、あなたのお金と時間はいずれも根こそぎ持っていかれる。そんな風に世の中は動いている。しっかりと抵抗しないと、あなたはおそらく流されてしまう。ノーと言えるようになるということは、私が学んできたことの中で最も大変かつ重要な教訓だ。今でも試行錯誤していることだ。

お金を稼げるようになることにもっと多くの時間を割き、そうではないことに割く時間を減らせば、より成果を出せるようになる。仕事の後に友人から一杯やろうと誘われたとしよう。もし副業にもっと時間を使うべきだと思うのであれば、その誘いを断ることで、あなたは目標にさらに一歩近づけることになる。妻や夫から火曜日の夜、一緒にネットフリックスを見ようと誘われても、その日にやっておきたいことがまだ終わっていなければ、誘いを断って、長期的にはお互いのためになることをしていると自分を信じればいいのだ。

もちろん、どんなときでもノーと言えるわけではない（言いたくもないだろう）が、明日の5倍、10倍の時間のために、いま多くの時間を投資するのは機会であって犠牲ではない。きょう稼いで投資した1ドルが、20年後には10ドルになるかもしれないし、きょう働いた1時間が、将来の20~30時間（もしくはそれ以上）の自由につながるかもしれない。そのことを忘れてはいけない。

自分の時間や集中すべきことを強く意識しよう。自分にとって重要なこととそうでないことをすぐに見分けられるようになるはずだ。そしてトレードオフも、もっと強く意識できるようになる。どうすればすぐにノーと言えるようになり、大切なことに集中できるようになるのか。10の方法を挙げてみる。

1. 自分のTo-Do（やるべきこと）リストをよく見る。優先順位が高くなく、あなたの目標にも合致しておらず、すぐにでもノーと言えることを探してみよう。

2. 自分の予定表をよく見る。キャンセルできる会議はないだろうか？

3. 自分の予定表を今すぐに見て、お金を管理するための時間を少なくとも毎日5分あらかじめ確保しよう。朝一番にそれをやって、朝のルーティン作業の一部にすることをオススメする。

4. 自分の予定表を見て、お金を稼ぐこととは関係ないが、心から好きで、あなたを幸せにしてくれることのための時間を予定に入れよう。これは何も考えずに、人生の貴重な時間をフェイスブックやインスタグラムに浪費することとは全く違う。読書でも、草バスケでも何でもいい。とにかくそれをするための時間を予定に入れよう。いたずらに過ごしていると、その大切な時間が取れなくなる。

5. もしメールボックスが無駄なメールであふれているなら、新しい個人のメールアドレスを作り、親しい友人や家族だけに教えよう。メールに強力な境界を設けるのだ。メールは大半の人にとって、最も時間を浪費する要因だ。

6. 集中するために、携帯電話を機内モードにし、パソコンのWi-Fiをオフにしよう。

7. 会議と電話に使う時間を、週のうち特定の日時だけに制限しよう。私は電話のための時間として週に1日と夕方1回を確保することがよくある。何よりもまず先に、自分のための時間を確保することを忘れないようにしよう。

8. あなたの目標達成の妨げになり、それ以外でも特に役にたたないと思うあらゆるサブスクリプションや授業、契約はキャンセルしよう。

9. もし配偶者がいるのであれば、あなたの新しい進路について一緒に話し合う時間を予定に入れ、彼／彼女を仲間に引き入れよう。これには時間がかかるかもしれないが、強引に引き込んではいけない。我慢強く話し合おう。お金について話し合う前の橋渡しとして、人生の目標について語り合おう。本書のサイトで手に入るマネー・トーク・カードを見て、どのように話し合いを進めたらいいのか確認してみよう。

10. 次に誰かがあなたに頼みごとをしてきたときには、自分のより大きな個人的目標とキャリア目標に沿ったものかどうか考えてみよう。どちらかわからない場合は、ノーと言おう。

ブレずにやり遂げる

本書で書かれている戦略を実行しても、一夜にしてお金持ちになれるわけではないものの、やり続ければいずれお金持ちになれる。だからこそ、ブレずにやり遂げることが大切なのだ。成功とは日々の習慣を通して成し遂げられるものだ。毎日数分間、自分のお金と向き合い、稼ごうと努力し、貯蓄率を上げ、最適化することが大事だ。成果は一次関数ではなく指数関数的に増えていく。毎日数分間、自分のお金に集中すれば、より意識は高まり、お金の管理も楽になるだろう。30日ほど続ければ、それは習慣になる。まずは良い習慣を身につける努力をしよう。気がつけば、正しい判断が当たり前のようにでき、もはやそれが習性になってくる。

自分のミクロ（毎日）の目標とマクロ（1年以上）の目標の間で、バランスを取るよう心がけよう。すでにあなたは自分の数字を毎日、毎週、毎月、毎年の目標に落とし込んでいる。目標とする数字に届くよう最善の努力をし、その数字を上回れるよう自分をさらに追い込もう。目標に届かない日があっても、次の日には追いつけるよう努力するのだ。

次に挙げた項目は、私が経済的自由を目指していたときに毎日、毎週、毎月、毎四半期、毎年行っていたことをまとめたものだ。ほぼ自分の収入や支出、投資を最適化するためにやっていたことだ。これを叩き台にして、あなたの現状に照らし合わせながら自由にカスタマイズしてほしい。進捗状況をこまめに記録しておくために、ネット上の純資産計算ツールだけではなく、自分の手で記入するスプレッドシートの両方を使った方がいい。私が使ったスプレッドシートのテンプレートと純資産計算ツールは、本書のサイトからダウンロードできる。

毎日（5分）

・アプリを使って自分の純資産を確認する。

・少なくとも毎日5ドルを口座に入れる。
・きょういかにして50ドル稼ぐか、戦略を練る。
・ここ数日間、何にいくら使ったのかを振り返る。モノを買ったときにどう感じたか、いまどう感じているか？　満足している買い物とそうでない買い物からお金の使い方を学ぶ。

毎週（10分間）

・副収入と不労所得（例えば、投資収益、ホームページからの収入、家賃収入、副業の収入など）を確認する。
・誤請求がないか、前の週のクレジットカードの明細を確認する。
・仕事相手などからお金がきちんと振り込まれているか確認する。

毎月（1時間）

・毎月の貯蓄実績を見直す（ドルとパーセンテージで）。
・貯蓄率を少なくとも1％引き上げる。
・副収入と不労所得を確認する。
・毎月の請求金額を支払う。自動引き落としではなく、自分の手で支払うことをオススメする。
毎月自分の手でお金を払うと、支出をより実感できて見直すことができ、貯蓄を増やす方法が見つけられる。

・プライベートとビジネスのキャッシュフローを分析する（いくら収入があり、いくら支出があるか）。

・翌月と年末までのキャッシュフローを予測したスプレッドシートを見直す。特に収入が一定ではない場合、今後3～6カ月の間にどれくらいの現金が入ってくるのかを予測するのは重要な作業だ。支出と投資をきちんと賄えるかどうか確認しよう。キャッシュフローの管理は芸術であり、やっていくうちに必要な金額のバランスを取るのが上達していく。

毎四半期（1時間）

・あなたの数字への進捗状況を確認し、数字を改めて分析し直す。

・アセットアロケーションの目安を確認し、必要であればリバランシングを行う。

・それぞれの収入源と総収入に対するあなたの実質時給を計算し直し、スプレッドシートに書き込む。

・無料サービスを使って、自分のクレジットスコアを確認する——見覚えのない借金がないか、返済が間違って遅延や滞納扱いされていないかなど、おかしな点を探す。

・副収入と不労所得を確認する。

・プライベートとビジネスのキャッシュフローを分析する。

・キャッシュフロー予測を見直す。

毎年（3時間）

・自動処理している投資と支払いを見直す。
・税コストを最適化し、最小限に抑えるための準備をする。
・翌年のキャッシュフローを予測し、過去1年の予測を分析する。
・雑誌の定期購読、ストリーミングサービスのサブスクリプション、会員になっているものを見直す。
・正しいことに時間とお金を使っているかどうか、その年の戦略を見直す。

経済的自立に到達したいま、私の日々のルーティンは少し変わった。個人的な支出の把握にはあまり時間を使わず、より多くの時間を割いているのは、投資パフォーマンスの見直し（投資資金を最大限活かせているか）、税コストの最適化（可能な限り節税できているか）、自分のホームページとネット収入の分析だ。投資資産が次第に増えていくにつれて、お金の使い方、稼ぎ方、投資の仕方を最適化するために行う定期的な作業も加えていった方がいい。

J．P．は28歳でリタイアして以降、絶えず把握すべき項目と順番に精査していく項目を使い分けている。純資産と毎月の支出については絶えず把握している。一方、交際費にいくら使っているかなどほかの項目に関しては、一定の期間を定めてひとつひとつ順番に精査していくというやり方だ。

積極的にシェアし、助けを求めるべきタイミングを知る

自分があることをいくら熟知したつもりでも、自分よりもそのことに精通している人は必ずいる。お金に関する話題は世間一般では御法度だ。お金に関しては、家族、友人、恋人、同僚ともあまり話さない。自分の給与額を恥ずかしく思っている、満足していない、もしくは上司に気後れするあまり、同僚とも給与については話さない。結果的に、もらうべき金額の給与をもらっていないかもしれない。

何が正しい答えなのかわからないとき、もしくは借金まみれになったとき、我々は助けを求めることを恐れる。配偶者に隠れて借金をしたり買い物したりする。彼／彼女からどう思われるか不安だからだ。

お金についてもっと話をすれば、あなたも周りの人ももっと多くのことを学べるはずだ。本書をパートナー、友人、家族、同僚に紹介してみよう。自分のチャレンジやお金儲けの戦略をシェアするための話し合いの場を、毎月セッティングしよう。どのようにスムーズに会話を進めたら

いいのかに関しては、本書のサイトのマネー・トーク・カードを参考にしてほしい。また、https://millennialmoney.comをのぞいてみて、地元に経済的自立のグループや経済的自由のコミュニティがあれば、参加してみよう。

経済的自由に到達するための一番手っ取り早い方法は、ほかの人から絶えず学ぶことだ。常に好奇心を失ってはいけない。立ち止まってもいけない。本を読み、ポッドキャストをダウンロードし、授業に参加しよう。学んだことはすべて、亡くなるまで複利となって返ってくる。脳は自分でも気づかないうちに、自然にパターンを学習し、新しい情報とつなげてくれる。周囲がアイデアにあふれるほど、より多くのことが学べ、もっと稼げるようになるのだ。

私は最近、有限責任会社の資本構造についてやっかいな疑問を抱えたとき、その分野で世界トップの専門家にコンタクトし、300ドル払って15分だけ時間をもらった。通常であれば、彼は時間当たり1200ドル請求しているが、昼食を食べながら15分だけ話をしてもいいと了承してくれた。世界レベルの専門家にアクセスし、インターネットでは決して目にできないような情報を入手できた。法律や税に関する疑問でも、私は同じことを何度もしたことがある。

お金に関する疑問や、複雑な問題に直面したときも同じことができる。あなたの都合のいい時間にスカイプで話をしてくれるファイナンシャル・アドバイザーはいくらでもいる。理想的には、彼らにお金を管理してもらうのではなく、知識の穴を埋めてもらおう。ファイナンシャル・アドバイザーに協力を仰ぐときは、あなたの資産残高を基準に料金が決まるアドバイザーではなく、時間で料金が決まる手数料だけのアドバイザーを選ぶようにしよう。

働くときと同じくらい一生懸命リラックスしよう

お金を稼ぐ作業には中毒性があるため、経済的自立の追求に自分のすべての時間とエネルギーを注いでしまう。これは誰にでも起こり得ることだ。2010~2015年の間、私は四六時中全力疾走していた。ほとんど睡眠をとらず、多くのことを犠牲にした。友人を何人か失い、健康を害することもしょっちゅうだった。全力で働いた後は、数週間寝込む。その繰り返しだった。あまりに燃え尽きてしまって、カウチから離れられないときもあった。どう考えても健康的ではなかった。

いま振り返ると、こうすればよかったと思えることがたくさんある。最大の過ちは働きすぎたことだ。仕事とプライベートの境がなかった。24時間365日休むことを知らないデジタルエコノミーの時代において、私たちの多くが警戒すべき非常に大きなリスクだ。いつでもどこでも働けることでメリットはたくさんある一方、きちんと休むことも難しくなっている。私は5年間ずっと、週80時間くらい働いていた。

いま振り返るとよくわかるのだが、シンプルにもっと休んでいれば、もっと成果を上げられたし、もっと稼げたかもしれない。疲れているのに無理矢理プロジェクトを進めようとして多くの時間を浪費したり、体力を回復させるために数週間を無駄にしたこともあった。将来の20年、30年の自由のために、いま数年間だけ頑張って、週20～30時間余分に働くことはもちろん大事だ。ただ、自分が本当に時間をうまく使えているのか、もっと意識するようにしよう。あなたに必要なことは休むことかもしれないのだ。

疲労困憊（こんぱい）だと感じたら、あなたがやるべきことはすぐに立ち止まり、休みを取ることだ――仕事の手を休めるという意味ではない、実際にベッドに入って寝るという意味だ。追い込み続ければ、いずれ身体は壊れるだろう。スローダウンし、外に出て自然を感じ、歩行瞑想をし、健康的な食事を取り、青汁を飲み、睡眠をとり、運動し、ヨガをやり、呼吸を忘れないようにしよう。呼吸こそが最良の薬だ。あくまで、人生＞お金なのだ。

第13章まとめ

1 経済的自立を可能にする戦略はすでに学んだが、実践しなければ絵に描いた餅だ。

2 とにかく始めよう。本書はあなたのお金とあなたの時間の両方を最大限活用することについて書かれたものだ。すなわち、学んだ戦略をできるだけすぐに実行に移さなければならないのだ。時間を無駄にしてはいけない。

3 ここがあなたの出発点だ。1年後に振り返り、自分の進歩に驚くはずだ。

4 大切なことだけに集中し、ノーと言うことを学ぼう。お金を稼ぐのと同じように、時間の浪費もかつてないほどしやすくなっている。数時間、何も考えずにネットサーフィンをしたり、週末を使って一気にテレビドラマをまとめて見たりしている。我々は時間の浪費のプロだ。ただ、時間とはあなたにとって最も貴重な資産であることを忘れてはいけない。自分の時間を最大限活用しなければならない。

5 ブレずにやり遂げよう。本書で書かれている戦略を実行しても、一夜にしてお金持ちになれるわけではないものの、やり続ければいずれお金持ちになれる。だからこそ、ブレずにやり遂げることが重要なのだ。

6 助けを求めるべきタイミングを知ろう。自分があることをいくら熟知したつもりでも、もっとそのことに精通している人が必ずいる。

7 働くときと同じくらい一生懸命リラックスしよう。将来の20年、30年の自由のために、いま数年間だけ頑張って、週20～30時間余分に働くことはもちろん大事だ。ただ、自分が本当に時間をうまく使えているのか、もっと意識するようにしよう。あなたに必要なことは休むことかもしれない。呼吸こそが最良の薬だ。あくまで、人生＞お金なのだ。

第 14 章

より豊かな人生を送る

LIVING A RICHER LIFE

経済的自立への道

あらゆることはほかのすべてのことにつながっている。

――ブッダ

暖かい夏の朝だ。空気には花の匂いが漂っている。太陽の光を浴びて、あらゆるものが色づいている――緑はより映えて、アジサイのピンクと青は光り輝き、幻覚のような効果をもたらしている。オレンジジュースは甘く、熟している。コーヒーは芳醇だ。きょう、私はまさに自由を感じている。まるでただ存在し、探検し、好奇心に満たされている時間しかなかった子どものころのように。

私はこの文章を、両端にブドウが垂れ下がっているバルコニーで書いている。空は澄み渡り、空気はすがすがしい。太陽のおかげで顔は火照っている。私が滞在しているのはイタリア北部、ドロミーティ山中に佇むカステルフラグスフルグというホテルだ。道路のはるか上から渓谷を見下ろしている。道路を行き交う車の数は増えており、人々が急いで仕事に向かっているようだ。また新しい月曜日の朝が始まろうとしている。

これこそまさに私が求めていたものだ。成功とは結局、お金ではなかった。平穏だったのだ。心は静まり、開放的で、生を実感している。ここ以外にいるべき場所はない。

数年前までは、こんなシーンは夢の中だけだった。いまではそれが現実だ。確かにお金を貯めたおかげだが、不思議なことに、今ではお金のことを考えることはほとんどなくなった。無一文だったときは、お金とは不安であり、ストレスであり、失われた機会だった。お金を持っていないときは、そのことばかり考えていた。

そんな私が大きく変わった。銀行に1万ドル預けた瞬間、ギリギリの生活から抜け出したことに気づき、ストレスがなくなった。5万ドル（1年分の生活費）を貯めたときには、お金についてあまり心配しなくなった。お金を稼げば稼ぐほど、経済的自由の次の段階に足を踏み入れるほど、人生をコントロールできていると感じるようになった。機会も増えた。30歳で経済的自立に到達すると、私の時間と空間は広がった。自由を感じたのだ。

あなたも同じ自由を享受できる。中産階級のそれなりの収入を得て、生活費があまり高くない場所に住み、収入の4～5割を貯蓄に回すことができれば、10～15年であなたの目標とする数字に到達できるはずだ。もしアクセルを目一杯に踏めば、5年もかからないかもしれない。生活費の高いところに住んで、年収が2万5000ドル以下であればもっと時間がかかるかもしれないが、どこに住んでいようとも、収入と貯蓄を増やせば増やすほど、いち早く働くことを選択肢にできる。あなたならきっとできるはずだ。

私は30歳で経済的自立に到達して一息入れたあと、私と同じように35歳までに経済的自立に到達した人を探し始めた。仲間を見つけられて、私はうれしかった。人数は決して多くはないが、少しずつ増えている。幸いなことに、いまでは彼らは私の友人だ。これから彼らのうち、何人かの話を紹介する。経済的自立に到達した後、彼らはいったい何を感じたのだろうか？

スティーヴは12年間、ＩＴ業界で働いた。一度も仕事を好きになったことはなかった。結婚して、妻であるコートニーと合わせていくら貯蓄できるのかに気づいたとき、彼にとってのアハ！の瞬間が訪れた。結婚後は、収入の７割を貯蓄に回した。単純に人生でより多くの選択肢を持ち、自分たちが幸せだと感じること――エアストリームのキャンピングカーで国内を旅して回り、人生を流れに任せる――をするためだった。

貯蓄率を上げて、ほとんどの投資を自動化すると、彼らの純資産はみるみる増えていった。35歳で目標である89万ドルに到達したとき、ふたりとも仕事を辞めた。亡くなるまで、年間２万５０００～３万５０００ドルで生活する計画だった。生活費が投資収益を下回ったため、１年も経たずに純資産は１００万ドルを超えた（まだ増えている）。

スティーヴにとって、経済的自立とはノーと言う自由であり、お金のための決断をする必要のない自由だ。「自由に迷いなく考えられるようになったよ。自分の幸せに直接つながる選択ができるんだ。財布のことなんて考えなくていいんだ。世界中のお金を積まれても、こんな自由は手放せないよ。結局、死ぬときに覚えているのはいくら稼いだか、何を持っていたかじゃなくて、幸せな経験なんだ。幸福と自由こそが人生の鍵で、お金はそのための手段でしかないよ」。スティーヴはthinksaveretire.comで働いたあと、いまは自分の生活をブログに書いている。

ミッシェルは金融アナリストとして働いていたが、2013年にフルタイムのブロガーになるためにその仕事を辞めた。その前にmakingsenseofcents.comで2年間、ブログを書いていた。ブログで多少の収入を得て、学生ローンを早めに返済した後、貯蓄率を上げて（ピーク時は9割に達した）、ブログの収入で毎月の生活費を賄えれば、経済的自立に到達できることに気づいた。

ミッシェルは幸せでいるためには、多くのお金を使う必要がないことにも気づいた。「多くの人は幸せな生活を送るために、大きな家、車なんかが必要だと思ってるけど、全然そんなことないわ」と彼女は言う。

ミッシェルはブログで150万ドル以上稼いだ後、28歳で経済的自立に到達した。明確な目標額を持っていたわけではないが、投資からの収益が毎月の支出を十分に賄っているので、すでに十分なお金を手にしていることはわかっている。ミッシェルはリタイアするつもりはなく、自分がやっていることが大好きだ。「最高の生活よ。週の労働時間も10時間以下だし、一番好きなことをやれてるの。夫と2匹の犬と一緒に、フルタイムで旅をすることよ」。

アニータは鬱病に苦しんでいたが、いまでは症状は落ち着いている。もはや週に70時間働く必要はないし、ストレスがずっと少ない生活リズムができている。大学を卒業した後の最初の仕事は保険会社で、年収は4万～5万5000ドルだった。ただ、働くことをできるだけ早く選択肢にするには、もっとお金を稼ぐ必要があることに気づいた。

彼女はロースクールに行き、学生ローンとして10万ドルを借りた。給与が破格の仕事に就き、たくさんお金を貯めることが目標だった。ロースクールを卒業してすぐ、大きな法律事務所で企業法務の弁護士としての仕事を得た。専門はM&A（合併・買収）だ。5年ほどは年収が16万～31万ドルだったが、質素な部屋に住み、中古品だけを買って、年収の85%を貯蓄に回した。低金利の学生ローンは1年で返済した。

アニータは33歳で目標とする数字に到達すると、すぐに高給の弁護士としてのキャリアからおさらばした。同僚や上司は彼女が本当に会社を辞めることが信じられなかったが、それは一貫した彼女のプランだった。「自分の時間や人生をコントロールできるとずいぶん違うの。自分が思い描いた生活をしていたら幸せに決まっているじゃない」。彼女はthepowerofthrift.comで自身の冒険的な人生をブログにしたためている。

ジャスティンはノースカロライナ州ローリーで、土木技師として10年間働いた。2004年当時の初任給は4万8000ドルで、退職する2013年には年収は6万9000ドルに上がっていた。大学で職を得た後は、毎月お金が余るようになったため、彼は投資を始めた。試算してみると、65歳よりずいぶん前に十分な老後資金が貯まることに気づいた。

ジャスティンと妻は目標とする貯蓄率を掲げていなかったが、倹約に努め、余ったお金を貯蓄に回した。ほとんどの年で貯蓄率は5～7割だった。当初の目標額は250万ドルだったが、貯蓄を続けていく中でそれほど必要ないことに気づき、130万～140万ドルに落ち着いた。33歳で彼は職を失ったが、試算してみると再び働く必要がないことに気づいた。「自分がいかに恵まれているのか考えるたびに、いまでも思わずにやけてしまうよ。週のど真ん中の午前11時なのに、俺はハンモックに横になって本を読んでる。しかもそれが毎日できるんだ。そういうのが幸せなんだ」。彼はrootofgood.comで自分の人生やお金について、ブログに投稿している。

クリスティーとブライスはカナダのＩＴ業界で働いていた。持ち家信仰に与しなかったことで、すぐにお金は貯まった。ふたりは単に企業社会からおさらばしたかった。会社で働いているときは、毎日が単調な仕事の繰り返しだと感じた。お金を貯めて、そこから逃げ出すことしか考えられなかった。「ただ生き延びることだけを考えていた、それ以外のことを考える暇なんてなかった」とふたりは言う。

お金はどんどん貯まっていき、ふたりは31歳と32歳のときに100万ドル超を貯めて経済的自立に到達した。経済的に自立したいま、「朝起きたとき、自分たちのことじゃなくて、世の中を良くするために何ができるかを考えている」。つまり、世の中にお返しするために自分たちの時間を使っているということだ。子どもたちの本の多様性を増やす活動をしている非営利団体、

We Need Diverse Booksでの慈善活動もその一環だ。ふたりのブログ、millennial-revolution.comでは投資について教えている。

J．P．は金融サービス業界で働いて大金を稼ぎ、200万ドル以上貯めた後、28歳でリタイアした。彼女はずっと作家になりたくて、大学ではリベラルアーツを専攻していたが、キャンパスで金融サービス会社との面接を受けたとき、その仕事を利用すればいち早くリタイアできることに気づいた。

たくさん稼いだら、たくさん使わなければならない。彼女はそんなたわ言を真に受けなかった。300平方フィート〔28平方メートル〕のアパートに住むなど、ニューヨークでは生活費をできるだけ抑え、収入の80％以上を貯蓄に回し、5年で仕事を辞めた。今では執筆や犬の散歩、家族とのお出かけ、ブログの投稿（themoneyhabit.org）に時間を使っている。

ブランドンはウェブ開発の仕事をしていた。最初の仕事に就いてすぐに、限界までお金を貯めることに心血を注いだ。10年の間に働いたそれぞれの会社で15～25％の昇給を得て、リモートワークの権利も勝ち取った。彼と妻のジルは生活費を抑え、自分たちが幸せだと感じられる支出額を把握するのに少し時間はかかったが、年間3万8000～4万5000ドルで十分だと気づいた。

税優遇口座を重点的に活用することで、税金をできるだけ抑え、貯蓄を増やし、32歳で経済的自立に到達した。欧州と米国で生活した経験から、ブランドンは米国こそが「できるだけ早く経済的自立に到達するには完璧な場所だ」と考えている。収入は高く、支出は抑えられ、税の抜け穴も多い。今ではブランドンは作曲をしたり、彼のブログ（madfientist.com）で金銭管理の最適化について教え、ジルは大好きな仕事を続けている。

「先日、夜遅くまで遊んじゃってさ。朝起きたらたぶん疲れてるだろうって思った。でも、次の日にやらなきゃいけない予定なんて何もないことを思い出したんだ。毎日を充実させたいって思いはある。けど、そうじゃなくてもいいんだ。毎日が自分のものだって思えるのが最高なんだ。みんなに勧めてるよ。こんな生活を送れるんだったら、それまであらゆる犠牲を払ってもいいって思えるね」とブランドンは話す。

お金にはあなたの人生を変える力がある。あなたにより多くの機会を与えてくれる。お金さえあれば、家族やコミュニティ、信奉する理念を支えることができる。お金とはあなた自身を映す鏡だ。貯蓄や投資の仕方、何を買うか、どういった慈善活動を支持するかなど、すべての行為にあなたという人間が表れている。何にお金を使うかは、いかに世の中を評価するかだ。お金とは手段だ。お金さえあれば、自分の内にあるもの、自分の周囲にあるものを、世界を変える力にできる。

私がお金に関して学んだ最も意義深い教訓のひとつは、お金とは支配するか、支配されるかしかないということだ。もしあなたがお金でストレスを感じ、お金を神だと思っていたら、勝つのはお金の方だ。

一方、お金の力を自覚し、その仕組みを理解すれば、勝つのはあなたの方だ。お金をマスターするということは、あなた自身をマスターするということだ。我々はみんなお金に心を動かされるが、毎日数分間、お金の管理に時間を使えばより意識的になり、お金を理解し、コントロールしやすくなる。

お金とはもはや抽象的でわかりにくいものではない。すでに持っているもの、どうしたら手に入れられるのかわかっているものだ。お金は仕組みさえ理解すれば、自分の思い通りに使い、稼げる。お金は心配の種ではなく、機会になる。お金を稼いで貯蓄し始めると、あなたの人生にはほかの変化も起こり始める。心配は減り、人生をコントロールできていると感じ、機会も増える。お金をマスターすると、お金を通じて自由が手に入る。

ただ、目標はお金ではなく、時間であることを肝に銘じておこう。あなたに喜びをもたらしてくれることをするための時間。あなたが愛する人と過ごす時間。あなた自身をケアする時間。あなたが求める人生を過ごすための時間だ。目標とする数字に到達するのに5年かかろうが、20年かかろうが、到達するころには全く違う自分になっているかもしれない。いつになるかわからないリタイアのために、夢を先延ばしにしないようにしよう。変化を恐れてはいけない。意味を探し求めるのだ。自分自身を成長させよう。

お金よりも家族や友人が大切だ。ともに楽しむ人がいなければ、お金があっても何の意味も持たない。子ども、兄弟姉妹、両親、祖父母、友人と一緒に時間を過ごそう。お金よりも健康の方が大切だ。燃え尽きないようにしよう。回復や充電のための時間を取るのだ。どんなに一生懸命働いても、振り子は左右に振れることを忘れてはいけない。働くのと同じくらい、一生懸命にリラックスする必要がある。

あなたは人生で何を手に入れたいのか、実際に手に入れるためにはいくらかかるのかを懸命に考えてほしい。実際にいくら必要なのか、自分自身に正直になろう。あなたにとっての成功の意味を明確にするのだ。

隣人や同僚、ソーシャルメディア上の人々の人生ではなく、自分自身の人生を送ろう。あまりに多くの人の人生が既成概念にとらわれている。他人がこうあるべきだと考える人生だ。ただ、人生はあなたのものだ。他人のものではない。時間はあなたのものだ。他人のものではない。

人生は一度きりしかない。自分自身の人生を送ろう。すばらしい人生を送るために、かっこいい車や大きな家は必要ない。車や家自体、必ずしも必要ではないのだ。自分の人生を振り返り、ありのままの自分でいるべきだったと後悔する人になってはいけない。世界はありのままのあなたを必要としている。

両親が頼ってきた制度や仕事は崩壊しつつある。ただ、その先には新たな道が拓けている。本書で紹介した戦略に本気で取り組めば、稼ぐ能力をマスターでき、思うがままにお金を稼げるようになる。

人生とは投資と同じで、リスクを承知で賭けに出ることだ。身を引いて、安全にやることは簡単だ。我々のＤＮＡにはそう刷り込まれている。火に触れるな、崖から下をのぞくな。恐怖心によって我々の身は守られ、生かされている。ただそれと同時に、真の人生を送り、成長し、前進することを妨げる要因にもなっている。より大きなお金を手にするほど、より大きなリスクを取れるようになる。リスクを取ることで、より大きな機会、経験、物語が生まれる。そしてより豊かな人生につながるのだ。

人生とお金について、私がここ数年で学んだもうひとつのことは、リスクを覚悟で挑戦すればするほど、より幸せになるということだ。火を迂回する方法、崖を飛び越える方法を探そう。昇給を求める、新たな副業を始める、貯蓄率を5割まで上げる、より良い機会を求めて仕事を辞める。何でもいいが、リスクを覚悟で挑戦することで、経済的自由にいち早く到達できる。

常に試してみよう。そして常に最適化しよう。再調整することを恐れてはいけない。人生とは学習であり、バランスを取ることであり、適応することであり、お金を使い、貯めることであり、リスクと見返りを求めることだ。あなたが本書で学んだ戦略は必ずうまく行く。実践し、諦めてはいけない。そして他人を助けよう。お金について話をしよう。あなたの物語を共有しよう。心を開いて、親切であろう。我々はみんな、ともに太陽の周りを回っているのだ。

立ち止まって、深呼吸をしてみよう。そして周囲を見渡すのだ。時間、光、音、人々を受け入れよう。手にしているものに感謝しよう。あなたはすでに、世界のほとんどの人よりも多くのものを持っている。世界の収入の中央値は年間たった1225ドルだ。もし3万4000ドル稼いでいれば、全世界のトップ1%に入るのだ。

経済的自立とは、やりたいことを何でもできる自由を持つことだ。あなたは自由を手にすることができる。時間をかけずに大金を稼ぐことは可能だ。もっと自由な時間を持つことも可能だ。思うがままの人生を送ることだって可能だ。あなたは多くの人が持っていない自分だけの機会を持っている。人生に必要なお金をすべて、あなたは必ず手にすることができるのだ。

貴重な時間を私と共に過ごしてくれてありがとう。あなたの幸運、お金、自由、幸福を祈る。

連絡お待ちしてます！　ハッシュタグは#financialfreedombook
ツイッターの宛先は@sabatierか@millennialmoney
インスタグラムの宛先は@millennialmoneycom
メールアドレスはgrant@millennialmoney.com
（そう、私の個人のメールアドレスだ）。
さらにボーナスコンテンツを読みたい人は、
https://financialfreedombook.com/bonusをチェックしてほしい。

訳者あとがき

本書を手にしている読者は、「ＦＩＲＥ」という言葉をすでに聞いたことのある方が多いと思う。一度も耳にしたことがない方のために説明しておくと、Financial Independence（経済的自立）とRetire Early（早期リタイア）の頭字語で、雇われ仕事をすることなく不労所得だけで毎年の生活費を賄えるよう貯蓄と節約に励み、できるだけ早くリタイアしようという考え方だ。著者は「お金の悩みから解放され、お金のために働く必要がなくなること」だとシンプルな言葉で定義している。

経済的自立の概念やそこに到達するための具体的なプロセスを初めて詳しく紹介したのはヴィッキー・ロビンの著書『Your Money or Your Life』で、ＦＩＲＥ界隈ではバイブルとされている。その本が出版されたのは１９９２年までさかのぼるが、ＦＩＲＥを実践する著名なブロガー（著者やMr. Money Mustacheなど）の登場によって、２０１０年代に入ってＦＩＲＥはムーブメントとしての広がりを見せ始めた。数年ほど前から英米の主要メディアでこぞって取り上げられるようになり、ことしに入ってから日本でも日経新聞など様々な媒体で取り上げられ始めている。

震源地である米国は言うに及ばず、欧州でも「FIREhub.eu」という関連情報を実践者の間で共有するコミュニティサイトが立ち上がるなど、ＦＩＲＥムーブメントは先進国を中心にグローバルな支持を集めている。デジタルネイティブで従来の価値観に縛られないミレニアル世代（１９８０〜２０００年ごろまでに生まれた若者）が運動の中心であり、過剰消費へのアンチテーゼ、人生を仕事に捧げることに対する反発、より豊かな生き方の模索といった側面を併せ持っている。

経済的自立とは一般的に日々の支出を可能な限り抑えつつ、投資収益を主な収入源にするという点では共通しているものの、その解釈は幅広い。完全にリタイアして悠々自適の生活を送る人だけではなく、自分の好きな副業を手掛けたり（サイドＦＩＲＥと呼ばれる）、パートタイムの仕事を続ける（バリスタＦＩＲＥと呼ばれる）ことで、投資収益だけでは不足する収入を補うといったやり方も一般的だ。逆に、投資によって莫大な収入を稼ぐことで、支出をいっさい切り詰めることなく経済的自立を享受している人もいる。

ＦＩＲＥコミュニティの間では、１年間の生活費を４００万円とした場合、亡くなるまで投資収益だけで生活するにはその25倍、つまり1億円程度の投資元本が必要だと考えられている。30代で実現するとなると、かなりハードルが高い。実際に、金融やＩＴ業界で働く高収入の共働き世帯にしか実現不可能だという批判の声も上がっている。

ただ本書でも指摘されている通り、思い切った節約や節税を行う、副業やパートタイムの仕事を続ける、準備により長い時間をかけるなど様々な工夫を凝らすことで、広義の経済的自立は平均的な収入の人でも十分に達成可能だ。ＦＩＲＥとは必ず30代で1億円を貯めて、完全にリタイアするといった凝り固まった考え方ではなく、その人の能力ややる気次第で様々な形を取り得る柔軟な概念だ。

ＦＩＲＥの目標は若くして仕事を辞めることではない。本当に人生でやりたかったこと、心から意味があると思えることを実行するために、貴重な人生の時間を取り戻すことだ。経済的自立に到達した後、自由になった時間をいかに使うのか？　この正解のない問いに対する個々人の答えが、ＦＩＲＥにおいて最も大切なことだと言えるだろう。

米国ではことしに入って、続々とＦＩＲＥ関連の書籍が出版されており、ＦＩＲＥ熱は一向に冷める気配が見られない。本書は本場米国の書籍が初めて日本語に翻訳され、出版されたものだ。そのため原題は『Financial Freedom』だが、邦題には「ＦＩＲＥ」という言葉をあえて使わせていただいた。およそ５００ページという分量が示す通り、ＦＩＲＥに関連するトピックをあまねく網羅しており、各章の最後にある要点のまとめを見た後に、自分の関心に沿った部分を重点的に読むといったやり方もできる使い勝手の良い一冊になっている。著者自身が5年という短期間で実際に１００万ドル以上を貯めて早期リタイアを実現しただけに、どの内容も説得力があるものばかりだ。

本書の大きな特徴のひとつは、節約よりもいかに収入を増やすかに重点を置いていることだ。そのため、収入の増やし方に関する提言が本書のおよそ半分を占めている。「経済的自由にいち早くたどりつくためには、収入を増やす方が支出を切り詰めるよりも影響力が大きい。なぜなら、支出を切り詰めるには限度がある一方、収入を増やすことでより多くの資金をより頻繁に投資に回せ」（163ページ）るからだ。

実際に読み進めると、すでに働いている9時5時の仕事から最大限の収入（福利厚生を含む）を得るやり方から始まり、儲かる副業のやり方、株や不動産への投資の仕方などを著者自身の経験を土台にして非常に詳しく解説している。あくまで米国での体験をベースにしているため、日本の読者には実践が難しい内容が一部あることは否めない（例えば、昇給の交渉などは年功序列の慣習が色濃い会社では難しいだろう）が、ほとんどはそのまま日本で実践できるアドバイスばかりだ。著者自身が最も力を入れていた副業の部分は特に読み応えのある内容となっている。

投資に関していうと、著者は複雑な金融商品や株の個別銘柄ではなく、シンプルに株式と債券のインデックスファンドへの投資を推奨している。特に勧めているのが米国株インデックスファンドだ。インフレ率を考慮して年率7パーセントで上昇してきた実績、今後も世界をリードすることが予想される米国企業への期待感の強さがその背景にある。日本株はご存知の通り、市場全体としては1990年以降、ボックス圏内の動きが続いており、年率7パーセントの上昇など夢のまた夢だ。

つまり、我々も日本株への投資を主体としている限り、ＦＩＲＥの実践は難しいことを意味する（逆に言えば、ＦＩＲＥの実践は米国株の安定した高い投資リターンあってのものだ）。日本でも最近、米国株への投資を推奨する専門家は目に見えて増えている。本書を読んでＦＩＲＥを実践しようとする方々は、米国株投資も同時に視野に入れておく必要があるだろう。

著者のグラント・サバティエの経歴は本書にも書かれているが、シカゴ大学卒業後、新聞社のリサーチャーなど複数の仕事を経て、２０１０年に経済的自立を貯蓄ゼロ（正確には2・26ドル）から目指す決意を固め、５年で目標を達成した。経済的自立に到達した後は、「Millennial Money」というウェブサイトを自ら立ち上げて意欲的に啓蒙活動を行っており、まさにＦＩＲＥの宣教師といった役割を果たしている。

彼のウェブサイトには、副業や投資、節税、節約に関するありとあらゆるアドバイスが網羅されており、本書の中でも言及されている様々な計算ツールも手に入る。同サイトは現在では複数のライターや編集者などによって運営されており、一般的なメディアのサイトと比べても遜色のない非常に充実した内容となっている。英語に抵抗のない方は一度のぞいて見ることをお勧めする。

本書は朝日新聞出版書籍編集部の佐藤聖一氏からの提案を受けて、私が翻訳する運びとなった。私は２０１８年ごろから個人的にＦＩＲＥムーブメントに興味を抱き、関連書籍の翻訳を手掛けたいと思っていたタイミングだったので、声をかけられたときにはあまりの偶然に運命的なものを感じた。私にとっても非常に思い入れの強い一冊だ。本書を翻訳する機会を与えていただいた佐藤氏には改めて深く感謝する。

岩本正明

2019年11月

本書は投資を勧誘するものではありません。
投資の判断は自己責任で行ってください。

◉著者
グラント・サバティエ

1984年生まれ。シカゴ大学卒業後、新聞社のリサーチャーなど複数の仕事を経て、2010年に経済的自立を銀行口座残高2.26ドルから目指す決意を固め、わずか5年で純資産は125万ドルを超え、目標を達成。CNBCでは「ザ・ミレニアル・ミリオネア」と呼ばれ、これまでにニューヨーク・タイムズ、ウォール・ストリート・ジャーナル、ワシントン・ポストで取り上げられる。現在は、読者数1000万人を超えるウェブサイト「Millennial Money」で意欲的に啓蒙活動を行なっている。
https://millennialmoney.com/

◉訳者
岩本正明

1979年生まれ。大阪大学経済学部卒業後、時事通信社に入社。経済部を経て、ニューヨーク州立大院で経済学修士号を取得。通信社ブルームバーグに転じて独立。訳書にジョン・プレンダー『金融危機はまた起こる』、ジョージ・ボージャス『移民の政治経済学』、ダニ・ロドリック『貿易戦争の政治経済学』(以上、白水社)、グレン・アーノルド『ウォーレン・バフェットはこうして最初の1億ドルを稼いだ』(ダイヤモンド社)がある。

FIRE（ファイア）
最速（さいそく）で経済的自立（けいざいてきじりつ）を実現（じつげん）する方法（ほうほう）

2019年12月30日　第1刷発行

著者　グラント・サバティエ
訳者　岩本正明
発行者　三宮博信
発行所　朝日新聞出版
〒104-8011　東京都中央区築地5-3-2
電話　03-5541-8814（編集）
03-5540-7793（販売）
印刷所　大日本印刷株式会社

©2019 Masaaki Iwamoto
Published in Japan by Asahi Shimbun Publications Inc.
ISBN978-4-02-331852-6
定価はカバーに表示してあります。

本書掲載の文章・図版の無断複製・転載を禁じます。
落丁・乱丁の場合は弊社業務部（電話03-5540-7800）へご連絡ください。
送料弊社負担にてお取り替えいたします。